Beltz Taschenbuch 814

Über dieses Buch:
Die Erziehung in den ersten Lebensjahren ist mitentscheidend für die
Zukunft unserer Kinder, das ist allen Eltern bewußt. Gerade deshalb entstehen immer wieder Unsicherheiten im Erziehungsverhalten, wissen
Eltern oft nicht, wie sie auf bestimmte Verhaltensweisen oder Probleme
reagieren sollen.
Für Eltern, aber auch für Erzieherinnen, Ärzte, Lehrer, Krankenschwestern, Sozialarbeiter für alle also, die mit kleinen Kindern leben und arbeiten, bringt die Autorin Alltags- und Erziehungsprobleme mit Kindern in
ihren ersten Lebensjahren zur Sprache. Dabei stehen jene Entwicklungsschritte des Kindes im Vordergrund, die es erfolgreich bewältigen muß,
um Selbständigkeit und innere Autonomie zu erreichen. Eine gelungene
Bewältigung dieser Schritte (z.B. die Entwöhnung, das Sauberkeitstraining, die Motorik und der Aufbau sozialer Beziehungen) macht unsere
Kinder stark für die Aufgaben, die das nachfolgende Leben stellt.

Die Autorin
Françoise Dolto, (1908–1988), bekannteste und erfolgreichste Psychoanalytikerin Frankreichs, ist auch in Deutschland eine der anerkannte-
sten und populärsten Autorinnen auf dem Gebiet der Kinderpsychologie
und Kindertherapie. Ihr auf einer Rundfunksendung beruhendes Buch
»Alltagsprobleme mit Kindern« wurde in Frankreich und Deutschland
zu einem der meistverkauften Bücher über Erziehungsprobleme.

Françoise Dolto

Kinder stark machen

Die ersten Lebensjahre

Aus dem Französischen
von Claus und Sylvia Koch

Titel der Originalausgabe: Les étapes majeures de l'enfance
Collection Françoise Dolto dirigée par Catherine Dolto-Tolitch
© Éditions Gallimard, 1994
Die Kapitel »À propos de La Cause des enfants« und »Repenser l'éducation
des enfants: à propos du dressage à la propreté sphinctérienne« der Originalausgabe
blieben unberücksichtigt.

Besuchen Sie uns im Internet:
http://www.beltz.de

Beltz Taschenbuch 814
2000 Weinheim und Basel

© 1997 Beltz Verlag, Weinheim und Basel
Umschlaggestaltung: Federico Luci, Köln
Umschlagphotographie: Bavaria Bildagentur, München
Satz: Satz- und Reprotechnik GmbH, Hemsbach
Druck und Bindung: Druckhaus Beltz, Hemsbach
Printed in Germany

ISBN 3 407 22814 7

Inhalt

Vorwort von Catherine Dolto-Tolitch

»Wer den Antworten von Kindern wirklich zuhört,
ist ein revolutionärer Geist.«
Françoise Dolto

Ich freue mich, mit diesem Band eine neue Schriftenreihe meiner Mutter Françoise Dolto zu eröffnen. Es handelt sich um Aufsätze und Vorträge, die bisher noch nicht erschienen sind und sich mit der Kindheit und der *Erziehung* befassen.

Ich glaube mit meiner Mutter übereinzustimmen, wenn ich den Akzent auf diesen Aspekt ihres Werkes lege, denn solange ich mich erinnern kann, fühlte sie sich zu dieser Thematik immer besonders hingezogen: Sich den Fragen der Kindheit und Erziehung mit ihrer ganzen Person hinzugeben, auf unzählige Briefe und verschiedene Anfragen zu antworten ohne jemals einen ihrer Gesprächspartner nicht ernst zu nehmen.

Die ersten Artikel in diesem Buch datieren aus dem Jahr 1946. Zu dieser Zeit war Françoise Dolto bereits Ärztin und Psychoanalytikerin, seit 1941 mit Boris Dolto verheiratet und Mutter. Sie verfügte über eine reiche klinische Erfahrung, die sie um die Beobachtung ihrer eigenen drei Kinder bereicherte, so dass auch meine zwei Brüder und ich selbst auf den Seiten dieses Buches immer wieder zur Sprache kommen. Die letzten Vorträge datieren aus dem Jahr 1988, dem Jahr ihres Todes. Françoise Dolto äußerte schon in ihrer Kindheit, sie wolle »Erziehungsärztin« werden; daran zeigt sich, welchen besonderen Wert sie auf die Dimension der Prävention von psychischen Störungen gelegt hat. Die Vorbeugung von psychischen Störungen blieb ihr Leben lang eines ihrer Hauptanliegen.

1908 geboren, wurde Françoise Dolto schon sehr früh mit den widrigen Lebensumständen konfrontiert, die auch in Frankreich durch die Verwüstungen des Ersten Weltkriegs entstanden waren. Sie wuchs im Schoß einer Familie mit sieben Kindern auf, die nach dem Tod ihrer älteren Schwester Jacqueline im Alter von sechs Jahren ins Chaos stürzte. Noch sehr jung begriff sie schon die Auswirkungen der Erziehung auf Kinder und Babys und damit die gegenseitigen Beziehungen zwischen Eltern und Kindern als Widerhall jeweiligen Leidens.

Die Beobachtung des »Unglücks in der Welt, gegen das sich nichts ausrichten lässt, mit dem man zurechtkommen muss, es ertragen und versuchen, den Kindern trotzdem ihr Leben zu geben«, bekräftigte ihren Wunsch »Erziehungsärztin« zu werden.

Diese sehr früh erworbene Sensibilität, was das Leiden noch ganz kleiner Kinder betrifft, eine aus der eigenen Kindheit gewonnene Tugend, verschaffte ihr die Gabe, den Worten und Handlungen von Kindern *anders* zuzuhören und sie zu entschlüsseln. Unter anderem ist es diese Haltung, die viele von ihrem klinischen Genie sprechen lassen.

Besonders an Werk und Leben Françoise Doltos ist der Platz, den sie der Ethik einräumt. Immer wieder hat sie betont, dass jeder therapeutische Akt sich im Rahmen einer Ethik artikulieren muss. Von daher lässt sich auch verstehen, wie sehr sie darauf bedacht war, die Psychoanalyse niemals mit Erziehung zu verwechseln.

Françoise Dolto insistierte immer darauf, dass sie außerhalb ihres Sprechzimmers keine Psychoanalyse betrieb, sondern bloß nutzte, was ihr ihre Patienten zu verstehen und theoretisch auszudrücken erlaubten, um es anderen zukommen zu lassen. Daraus bezog sie ihren Glauben an die Erziehung als Vorbeugung neurotischen Geschehens, in dem sie eine Wiederbelebung menschlichen Leides am Werk sah.

Die Aufsätze und Vorträge dieses Buches wenden sich an viele: Erzieherinnen, Ärzte, Lehrer, Anwälte, Krankenschwestern, Sozialarbeiter und Eltern. Françoise Dolto bezieht alle Themen in ihre Überlegungen ein, die sie übrigens schnell auf den Punkt bringt. Inmitten von vielen klinischen Beispielen, die ihren Vorschlägen eine große Präzision verleihen, bezieht sie sich auf alltägliche Themen und füllt sie mit Leben. Mit ihrer profunden Kenntnis der Menschen, ob Eltern oder Kinder, bereichert sie diese Themen um verschiedenartige Facetten. Immer wieder bestand sie darauf, dass man zuerst Psychoanalytikerin sein müsse um sich dann der Kinderanalyse zu widmen.

Ihre Aufsätze beziehen sich auf das alltägliche Leben, auf verschiedene Beziehungsprobleme, auf die Entwöhnung, die »zweite Nabelschnur«, auf Schlafstörungen, die Erziehung zur Sauberkeit, das Nacktsein und ebenso auf die Entwicklungsschritte und Entwicklungsstrukturen des Kindes und Heranwachsenden. Sie präzisiert ihre Auffassung von der Kinderanalyse, indem sie klar aufzeigt, worin in ihren Augen die Unterschiede zur Psychotherapie bestehen.

Alle, die ihr wie ich selbst gerne zugehört haben, werden in diesem Buch ihre Stimme wieder finden, ihre Erzählgabe, ihre amüsanten Ausdrücke und ihre Wortschöpfungen. Sie hat nie gezögert sich einen Wortschatz zuzulegen, der der Präzision, die sie anstrebte, entsprach. Fehlte ihr ein Wort oder Begriff, hat sie ihn sich ausgedacht, was ihrer Sprache häufig eine poetische Dimension verleiht.

Gerade diese ganz spezielle Sprache brachte Lucien Morisse 1968 auf den Gedanken sie im Radio sprechen zu lassen. Es wurde für sie »eine der schwersten Entscheidungen in ihrem Leben«, wie sie oft wiederholt hat. Sie schätzte die Risiken ab, aber sah auch ganz pragmatisch die Möglichkeit, ein breites Publikum zu erreichen. Der Gedanke der Vorbeugung war das Entscheidende. Sie wollte möglichst viele Kinder und Eltern erreichen. Es bereitete ihr Freude, sich an die ihr unbekannten Eltern zu wenden, denen sie immense Ressourcen virtuellen Verständnisses und Einfühlungsvermögens zuschrieb. Dabei versuchte sie ihnen keine vorgefertigten Lösungen anzubieten, sondern sie stattdessen aufzuwecken, sie die Wirklichkeit einer innerpsychischen Kommunikation von Bewusstem und Unbewusstem erkennen zu lassen, sie zu dem Verständnis zu führen, dass »alles Sprache« ist. Sie regte sie dazu an, das zu entschlüsseln, was sich im alltäglichen Leben ausdrückt. Sie beruhigte sie, indem sie aufzeigte, dass jedes Kind eines Tages ein Symptom durchmacht, das es zu verstehen gilt statt darüber selbst den Verstand zu verlieren. Indem sie ihnen dieses Vertrauen gab, von ihnen verlangte nachzudenken und lange Briefe zu schreiben, lud sie die Eltern dazu ein für ihre Familiengeschichte Verantwortung zu übernehmen. »Die Eltern«, so Françoise Dolto, »sind die Ersten, die Bescheid wissen, aber es bedarf einer autorisierten Stimme, die ihre Intuition unterstützt.« Diese fühlten sich respektiert und die Sendungen wurden zu einem erstaunlichen Erfolg.[*] Ihre Stimme, ihre direkte Art,e einsetzte um die Dinge zu entdramatisieren ohne jemals in einen ironischen oder spöttischen Ton zu verfallen, erreichten ihr Ziel mehr noch, als sie vorher selbst geglaubt hatte: Ohne es selbst gewollt zu haben wurde Françoise Dolto zu einer Persönlichkeit, einem »Medienstar«, weil sie ihr Publikum niemals verachtete.

Sie begriff sehr schnell die ganze Bandbreite dieses Phänomens, amüsierte sich darüber und zog daraus eine praktische Konsequenz: Sie brachte die Analysen, die sie hatte, zu Ende und widmete ihre ganze therapeutische Kraft den noch sehr kleinen Kindern. Diese Kinderkrippenkinder würden weniger von den Spuren ihres Medienerfolges beeinflusst sein.

---

[*] Sämtliche Fragen und Antworten der erfolgreichen Radiosendung Françoise Doltos »Lorsque l'enfant paraît« erschienen bei Beltz Quadriga in dem Buch »Alltagsprobleme mit Kindern und Jugendlichen«.

Den Sprechstunden mit den Säuglingen, die im Beisein von Ausbildungskandidaten der Psychoanalyse stattfanden, galt bis zu ihrem Lebensende ihre ganze Leidenschaft.

Ohne Zweifel hätte ihr allgemeiner Bekanntsheitsgrad der wirklichen Kenntnis ihres Werkes schaden können, das auf gewisse Weise immer noch zu entdecken bleibt. Oft spricht man von ihr als der begnadeten Klinikerin und erwähnt dabei nicht die Theoretikerin, die sie niemals aufhörte auch zu sein. Denn ihre Deutungen und Interventionen während einer Behandlung stützten sich auf ein sehr präzises theoretisches Werkzeug, das sie sich nach und nach geschmiedet hat. Im Mittelpunkt stand dabei ihre Konzeption des »Bildes des unbewussten Körpers und Körperschemas« und ihre Konzeption der verschiedenen »symbolischen Kastrationen«. [*]

Unablässig beschritt sie den Weg von der Theorie zur Praxis und zurück und war dabei stets von ihrer besonderen Beobachtungsgabe erfüllt, die jedes kleine Detail registrierte: Die Veränderungen der Hautfarbe um den Mund des Babys, den Rhythmus eines Atemzugs, den Ansatz einer flüchtig hingeworfenen Geste, die verschiedenen Gerüche der Schweißabsonderung. Auf ganz persönliche Art integrierte sie ihre intimsten Reaktionen, die vom physischen Engagement der Analytikerin während der Analyse zeugten. Sich zu engagieren war ihre Art den Dingen am nächsten zu kommen.

Wenn sich heutzutage der Status des Kindes in den Kindergärten, Schulen, Krankenhäusern, selbst vor Gerichten und in Gefängnissen geändert hat, dann deswegen, weil das, was sie in die Waagschale geworfen hat, immer noch aktuell ist. Einige Erkenntnisse, die uns heute ganz geläufig sind, sind die Frucht ihres Kampfes, den sie über Jahre hinweg leiden-

---

[*] Die theoretischen Grundlagen des Werkes von Françoise Dolto finden sich in dem bei Beltz Quadriga erschienenen Buch »Das unbewusste Bild des Körpers«.

schaftlich geführt hat. Sie hat sich nie besonders dafür interessiert, dass man ihr diese Kenntnisse zuschreibt, denn in ihren Augen zählte nicht ihre Person, sondern zählten die konkreten Fortschritte im Dienste der Zukunft der Kinder, späteren Erwachsenen oder »citoyens« (Staatsbürger), wie sie gerne sagte.

Man findet in diesem Buch Gedanken über die Kindheit und Elternschaft, die in der Zeit, in der sie niedergeschrieben wurden, einen Skandal heraufbeschworen. Das Bild von Françoise Dolto als der »getreuen Großmutter der Psychoanalyse« diente nicht aus Zufall dazu die Tatsache zu verschleiern, dass ihr Denken vom Anfang bis zum Ende subversiv war. Der geheime Erfolg derer, die sich immer über psychische Widerstände lustig machten, weil sie dort hohläugig die Effekte einer durch und durch unerfahrenen Sprache sahen, führte dazu, ihre Vorschläge mit der Zeit zu banalisieren.

Indem sie die Vision eines Kindes als ein seit seiner Konzeption begehrendes Subjekt entwarf und das Leiden der noch ganz Kleinen hörbar werden ließ und ihnen auf diese Weise ihre Würde verlieh, indem sie den Grundsatz, die Kinder immer und bei allem zu respektieren einführte, begründete sie ihren Sieg über das schmerzerfüllte Kind, das sie selbst einmal war. Ihr immer während Nachdenken über ihre Kindheit und ihr Mitgefühl mit den Erwachsenen ließen sie sagen: »Die Kinder provozieren uns bis zu einer solchen inneren Wahrheit, dass sie unsere Kenntnisse über uns selbst bei weitem übertreffen und uns dabei zutiefst in Frage stellen.«

Ich danke dem »wissenschaftlichen Komitee Françoise Dolto«, Francis Martens und Rachel Kramerman für ihre wertvolle Hilfe.

Über die Unsicherheit der Eltern in der Kindererziehung

Es ist kaum möglich die Unsicherheit der Eltern zu beseitigen. Auf der einen Seite haben sie die Tendenz zu dramatisieren, auf der anderen Seite möchten sie irgendwelche Patentrezepte als Antwort auf ihre Fragen bekommen. »Was soll ich tun?« fragen sie immer wieder. Wird die Frage einfach nur so gestellt bin ich nicht in der Lage, darauf zu antworten. Wenn ich bei den Radiosendungen manchmal eine klare Antwort geben konnte, so nur deshalb, weil mir die Eltern, die diese Fragen stellten, vorher sehr lange Briefe geschrieben hatten und durch das Formulieren ihres Problems bereits selbst eine Lösung sahen oder vorschlugen. Eigentlich hatten sie die Lösung schon gefunden, nur trauten sie sich nicht sie in die Praxis umzusetzen. Sie brauchten erst die Zustimmung durch die ermutigende Stimme einer kompetenten Person, die ihnen sagt: »Ja, es scheint eine gute Lösung zu sein, probieren Sie es aus.« Für die anderen Zuhörer war es bereichernd sich mit solchen konkreten Schwierigkeiten in der Eltern-Kind-Beziehung auseinander zu setzen und bezogen auf ihre eigenen familiären Verhältnisse Rückschlüsse zu ziehen.

Solchen Schwierigkeiten lässt sich manchmal mit Humor begegnen. Schließlich muss man davon ausgehen, dass sie nicht bis zum fünfundzwanzigsten Lebensjahr des Kindes anhalten werden, auch wenn viele Eltern die Vorstellung haben, sie würden in zunehmendem Alter schlimmer werden.

Bei der Erziehung eines Kindes lässt sich nicht vermeiden, dass es irgendwann ein Symptom bildet. Für die Eltern ist dieses Symptom oft beunruhigend, da das Kind eine Energie investiert, die nicht kreativ ist und die sich die Eltern nicht erklären können. Das Kind aber befreit sich durch die Symptombildung von inneren Spannungen, unter denen es leidet, und dies um so besser, wenn die Eltern nicht ängstlich darauf reagieren.

Eifersucht

Eifersucht ist ein enormer Energieverlust für das Individuum, sowohl für das Kind als auch für den Erwachsenen. Es gibt zunächst die Eifersucht gegenüber dem jüngeren Geschwister, dann die ödipale Eifersucht gegenüber Vater und Mutter. Wenn das Kind mit diesen beiden Eifersuchtsphasen fertig wird, gewinnt es an Sicherheit, die sich auch auf seine Eltern positiv auswirkt.

In Kindergruppen wie in kinderreichen Familien stehen Erzieher und Eltern angesichts einer nicht überwundenen Eifersuchtsproblematik vor einer schwierigen Aufgabe; geht man auf ein Kind in bestimmter Weise ein, wollen alle anderen Kinder aus Eifersuchtsgefühlen heraus ebenfalls so behandelt werden – was natürlich falsch wäre, denn jedes Kind befindet sich in einem anderen Stadium bezüglich der Lösung seines bestimmten Problems.

Eltern oder Erzieher müssen in diesem Fall ihr Recht auf Ungerechtigkeit offen und nicht »hintenherum« zugeben: »Ich bin ungerecht und werde es immer bleiben«.

Hat man es einmal auf diese Weise ausgesprochen (auch wenn man sich als Erwachsener selbstverständlich bemüht nicht ungerecht zu sein), nimmt man den Forderungen der eifersüchtigen Kinder den Wind aus den Segeln. Jetzt wissen sie, dass sie gegen die Sicherheit des Erwachsenen nichts ausrichten können. Kinder kennen den wunden Punkt der Erwachsenen ganz genau und sind richtige Experten darin, in dieser Wunde zu wühlen …

Die Eltern sollten wissen, dass sie in den Augen der Kinder immer ungerecht sind, auch wenn sie ihr Bestes tun. Irgendwann werden sogar die liebevollsten Eltern für das Leiden des Kindes verantwortlich gemacht. Wenn das Kind dann erklärt: »Ich kann dich nicht ausstehen«, antwortet man: »Das macht überhaupt nichts, du bist nicht auf der Welt um mich zu lieben.« Mit sechs oder sieben Jahren ist es eigentlich sehr spät, Kritik an seinen Eltern zu üben. Die Eltern sollten der Kritik ihrer Kinder viel Aufmerksamkeit schenken, auch wenn sie ihr eigenes Verhalten dadurch nicht ändern. Ihre Rolle besteht ja nicht darin ihren Kindern zu gefallen, sondern sie zu erziehen.

> *Kinder, die ihren Eltern immer noch gefallen wollen, wenn sie älter werden, und denken, dass ihre Eltern immer Recht haben oder gerecht sind, sind ungesunde Kinder. Je mehr ein Kind seinen Eltern gegenüber eine gewisse mit Zuneigung sich abwechselnde Feindseligkeit zeigen kann, desto gesünder ist seine psychische Verfassung.*

Denn es beweist, dass sich das Kind in seiner Beziehung zu seinen Eltern von den inzestuösen Bindungen und der totalen Abhängigkeit befreit hat. So fängt jedes Kind an Zurückhaltung zu entwickeln. Eine Mutter müsste in der Lage sein ihrem Kind zu sagen: »Ich war auf deine Geburt vorbereitet und du bist auf die Welt gekommen. Jetzt musst du selbst mit dem Leben fertig werden. Ich tue, was ich kann, damit du dich gut entwickelst und glücklich wirst, aber ich bin nicht immer dafür verantwortlich, wenn es dir schlecht geht, du unglücklich oder krank bist ... Als du in meinem Bauch warst, hast du nicht gelitten, aber jetzt bist du auf der Welt und das Leben verläuft nicht immer so, wie man es sich vorstellt. Du wirst auf jeden Fall mit dem Leben zurechtkommen, wenn du die Dinge von der positiven Seite siehst.« Aber es ist für die Eltern durchaus nicht einfach berechtigte Kritik zu ertragen, die im Widerspruch zu ihrer eigenen Meinung steht, besonders wenn sie ihre Abhängigkeit gegenüber ihren eigenen Eltern nicht überwunden haben.

Autonomie und Verspätung
in der Schule

Schon sehr früh, bereits ab drei Jahren, kann das Kind frei entscheiden, was es anziehen will und seine Kleidung dem Wetter anpassen: ob es warm ist oder kalt, regnet oder die Sonne scheint. Die Uhrzeit einzuhalten, wann es zur Schule gehen muss, fällt ihm schon schwerer. Wenn seine Eltern auf eventuelle Verspätungen aber nicht ängstlich reagieren, wird es schnell lernen zu Hause weniger zu bummeln und seinen Lebensrhythmus an den der Kinder seines Alters anzupassen. Es weiß, dass seine Lehrerin es ausschimpft oder bestraft, wenn es zu spät kommt, aber auch, dass sich daraus weder für es selbst noch für seine Mutter besonders dramatische Konsequenzen ergeben..

Systematische Verspätungen in der Schule fangen schon im Vorschulkindergarten an. Die Mütter sollten einerseits nie zu Verspätungen Anlass geben, andererseits aber den Kindern die Verantwortung für ihre Pünktlichkeit überlassen anstatt sie zur Eile zu drängen. Schließlich haben die Vorschulkinder bis zum Beginn der Schulpflicht noch ein Jahr Zeit um sich an den Stundenplan zu gewöhnen, an den sie sich halten müssen.

Natürlich haben viele Kinder Schwierigkeiten allein in den Kindergarten zu gehen. Aber warum sollte man sich einen Kindergarten weit weg von zu Hause aussuchen, um dort die »beste« Erziehung für sein Kind zu haben, wenn es einen Kindergarten um die Ecke gibt? Ich denke, dass manche Eltern sich und ihre Kinder damit unnötig verunsichern und permanente Konflikte schaffen, die eigentlich leicht zu vermeiden wären. Warum sollte man nicht erst den Kindergarten nebenan probieren, zu dem das Kind auch allein gehen kann?

Und wenn das Kind begleitet werden muss, sollte man vermeiden es dafür verantwortlich zu machen, wenn sein Vater oder seine Mutter zu spät zur Arbeit kommt. Das Kind wäre sonst in dem Glauben, über die Stimmung und die Ausgeglichenheit der Erwachsenen eine große Macht zu besitzen. Jeder hat ein Recht auf Autonomie und keiner sollte sagen: »Deinetwegen wird deine Mutter (oder dein Vater) zu spät zur Arbeit kommen«. Ich kannte eine Familie, bei der jeden Morgen alles »drunter und drüber« ging, so dass das Kind regelmäßig zu spät zur Schule kam. Eines Sonntags traf der Vater eine vernünftige Entscheidung: »Wenn du morgen zu spät fertig bist, wird sich deine Mutter gar nicht mehr aufregen, denn von nun an wirst du lernen allein in die Schule zu gehen«. Die Eltern haben sich einen Samstagnachmittag und Sonntag freigehalten um abwechselnd mit dem Kind den Weg zur Schule zu fahren bzw. zu gehen: Sie sind einmal mit dem Bus hingefahren und zu Fuß zurückgelaufen und einmal umgekehrt (man kann auch den ganzen Weg mit dem Bus hin – und zurückfahren, wenn die Schule weit weg ist). Sie haben ein Spiel daraus gemacht, indem sie das Kind aufforderten alles ganz genau zu beobachten, damit es, wenn es selbst an der Reihe war, ohne fremde Hilfe seine Eltern zur Schule »bringen« konnte: »Diesmal führst du mich hin …« Am Abend wusste das Kind den Weg ganz genau. Ab diesem Zeitpunkt war der morgendliche »Zirkus« vorbei und das Kind ging allein und pünktlich in seine Schule.

Die Eltern hatten mit mir gesprochen und ich verstand, dass das Kind mit seiner Verspätung nur eines im Sinn hatte, nämlich seine Mutter auf die Palme zu bringen. Andererseits hatte ihm niemand beigebracht allein in die Schule zu gehen. Genau dies aber war Resultat unseres Gespräches und der Bemühungen seines Vaters.

Sehr viele Schwierigkeiten können vermieden werden, wenn sich die Eltern gegenseitig helfen das »Spielchen«, das ihr Kind mit ihnen treibt, zu verstehen und das Übel sofort mit der Wurzel auszureißen, indem sie ihr Kind in einen Kindergarten in der Nähe schicken oder sich eben die Zeit nehmen ihm den Weg zu zeigen – wie in unserem Beispiel. Es ist für das Kind eine Freude, wenn es sich in seinem Bedürfnis nach Sicherheit und Autonomie ernst genommen fühlt, für dessen Befriedigung aufmerksame Eltern und Erzieher jeden Tag sorgen. Es handelt sich um eine konstruktive Freude und nicht mehr um die destruktive Lust seine Eltern ängstlich zu machen oder zu ärgern – ein perverses Spielchen übrigens, das oft durch eine fragwürdige Organisation von Zeit und Raum in der Familie bedingt ist.

Selbstständigkeit

Natürlich existiert zwischen den Menschen eine Form von gegenseitiger Abhängigkeit – ob auf emotionaler, intellektueller oder geistiger Ebene. Sie ist zutiefst menschlich. Aber eine gegenseitige Abhängigkeit, die durch Erpressungen oder Drohungen zum Ausdruck gebracht wird, zerstört das Vertrauen des Kindes zu seinen Eltern sowie sein Selbstvertrauen. Erziehung soll zu Unabhängigkeit führen: »Du tust, was du zu tun hast und ich tue auch, was ich zu tun habe, heute Abend sprechen wir noch einmal darüber …«

Wir zwingen unseren Kindern viel zu oft unsere sinnlosen Wünsche auf, die keinerlei moralischen Erziehungswert haben. Lassen wir dem Kind so viel Freiheit wie möglich ohne ihm irgendwelche unsinnigen Regeln vorzuschreiben. Sorgen wir doch nur für die Einhaltung von solchen Regeln, die für seine Sicherheit notwendig sind.

Versucht das Kind gegen diese Regeln zu verstoßen, wird es selbst erfahren, dass sie notwendig sind und seine Eltern sie nicht bloß erfunden haben »um es zu ärgern«. Es ist aber unwichtig, ob ein Kind seinen Nachtisch vor oder nach dem Essen isst. Und wenn das Kind seinen Pulli oder seine Unterhose falsch herum anzieht, seine Schuhe nicht binden kann, was macht das schon? Wenn man es nicht weiter beachtet und mit Humor nimmt, wird das Kind irgendwann von selbst darauf kommen – spätestens, wenn es sich selbst am meisten darüber ärgert.

Das Leiden ist im menschlichen Leben sicherlich unvermeidbar, kann sich aber manchmal sehr früh durch bestimmte Ereignisse oder die Geschichte der Eltern tief ins Leben eines Menschen eingraben. So viele Kinder werden in ihren eigenen Initiativen, ihren freien harmlosen Aktivitäten behindert, wegen dummer Sachen verkorkst oder mit permanenten Befehlen dies oder jenes zu tun oder zu unterlassen unnötig bombardiert! Wir haben Kinder gesehen, die – nach den Kenntnissen, die wir von den fünf ersten Monaten ihres Lebens besaßen – ebenso begabt oder sogar begabter als andere Kinder waren, im Schulalter aber geistig zurückblieben, obwohl sie nicht von Anfang an »zurückgeblieben« waren. Sie sind so geworden, weil sie in ihrer Bewegungsfreiheit, ihren Erfahrungen und im Austausch mit anderen behindert wurden und anfingen, sich vor ihren eigenen Wünschen und ihrer eigenen Wissbegierde zu schützen.

Manche Eltern erwarten von ihren Kindern, dass sie alles schnell machen: schnell essen, sofort gehorchen, sich immer beeilen. Warum muss die Mutter immer alles für ihr Kind tun, obwohl dieses so glücklich ist etwas selbst zu machen, sich den ganzen Vormittag allein anzuziehen, in seine Strümpfe zu schlüpfen, seinen Pulli »verkehrt« anzuziehen, sich in seiner Hose zu verheddern, zu spielen, in seiner Ecke »herumzustöbern«? Das Kind möchte nicht mit seiner Mutter zum Markt gehen. Na und? Die Mutter vertraut ihm, lässt es allein zu Hause und passt nur auf, dass nichts Gefährliches in seiner Nähe ist. So einfach ist das! Wenn sie dann zurückkommt, freuen sich beide wieder zusammen zu sein und von ihren jeweiligen Erlebnissen zu erzählen.

> *Die große Gefahr in der Eltern-Kind-Beziehung besteht darin, dass die Eltern die wirklichen Bedürfnisse ihres Kindes nicht erkennen, zu denen auch seine Freiheit gehört. Alles in der Familie dreht sich dann um solche Fragen, ob man gut oder schlecht gegessen, gut oder schlecht verdaut hat …*

Dabei wird das Wichtigste außer Acht gelassen, nämlich das Bedürfnis des Kindes sich möglichst früh sicher und unabhängig zu fühlen. Das Kind muss sich »zum Großwerden«* geliebt fühlen, es muss sich jeden Tag im Raum sicherer und freier bewegen, alles erforschen, seine persönlichen Erfahrungen machen und Beziehungen zu gleichaltrigen Kindern

---

* Françoise Dolto hat eine ganze Reihe von Wörtern erfunden, die sie in ihrer Praxis und auch in ihren theoretischen Texten immer wieder benutzt, so dass sie fester Bestandteil ihres Vokabulars geworden sind. Wir haben versucht sie sinngemäß im Deutschen wiederzugeben (Anm. d. Übers.)

knüpfen können. Sehr schnell wird es damit konfrontiert, dass plötzlich niemand mehr da ist, von dem es in der Gesellschaft beschützt wird. Also muss es seine Bedürfnisse auf Grund seiner eigenen Erfahrung kennen und sich durch die Kenntnisse der Gefahren, denen es ausgesetzt sein kann, selbst schützen können. Es muss sich mit zwei oder drei Jahren selbst »mütterlich umsorgen« und mit etwa sechs Jahren »väterlich umsorgen« können, d.h. mit allem, was es persönlich betrifft, zu Hause bzw. in der Gesellschaft zurechtkommen. Zwischen Eltern und Kindern sollte ein absolutes Vertrauensverhältnis herrschen. Alle Kinder vertrauen ihren Eltern, was umgekehrt leider nicht immer der Fall ist. Dieses Vertrauensverhältnis beginnt schon im Wiegenalter, besonders aber ab der Phase des Greifen- und Sich-Bewegen-Könnens: durch die verständnisvolle Begleitung der zunehmenden Autonomie des Kindes, durch Schaffung einer gelösten Atmosphäre und durch erklärende Worte zu allem, was die Erwachsenen tun, was vom Kind sehr genau beobachtet und später dann auch nachgeahmt wird. Wenn man das Kind bei seinen Erfahrungen begleitet, fördert man seine motorische Entwicklung. Durch Liebe und tröstende Zärtlichkeit hilft man ihm, mit seinen Niederlagen besser fertig zu werden. Man hilft ihm niemals dadurch, dass man alles an seiner Stelle tut und schimpft, wenn es irgendetwas verkehrt macht.

Die Kunst der Erziehung von kleinen Kindern besteht darin ihnen das zu geben, was sie für ihre Entwicklung brauchen: Zeit und Raum, damit sie sich frei entfalten können, Freundschaft mit anderen Kindern, Autonomie in ihren Spielen und in ihrem Rhythmus bezüglich ihrer natürlichen Bedürfnisse – Ernährung, Verdauung und Schlaf.

Dadurch werden die Kinder auch angeregt, den Lebensraum und die freie Zeit ihrer Eltern zu respektieren.

Wenn die dritte Person fehlt

Jedes Kind wünscht sich von seinen beiden Eltern erzogen zu werden. Das Kind braucht den einen und den anderen Erwachsenen um seine geistige und emotionale Struktur aufzubauen. In einer solchen Beziehung zirkulieren die Gedanken und Gefühle zwischen drei Personen. In einer Konstellation zu zweit ergibt sich ein Spiegeleffekt, wodurch zwangsläufig eine gegenseitige Abhängigkeit entsteht.

In der klassischen Eltern-Kind-Konstellation gibt es also immer einen Dritten, den das Kind für den Auserwählten des Vaters oder der Mutter, des geliebten und unentbehrlichen Elternteils, hält. Gott sei Dank ist dieser Dritte meist eine Person, und das Kind nimmt sich auf ganz natürliche Weise diese beiden Personen zum Vorbild. Der Dritte kann unter bestimmten Umständen aber auch ein Tier oder eine Maschine sein, was emotionale Schwierigkeiten auslöst, die das Kind in seiner sozialen Anpassung stören. Auch kann dieser Dritte eine abwesende Person oder ein Unbekannter sein. Die Mutter (oder der Vater) ist traurig und in sich versunken, quasi stumm mit dem Kind, ohne Partner.

Der andere, der Auserwählte der Mutter, kann zum Beispiel eine Nähmaschine sein. Ich habe ein Kind in Behandlung gehabt, dessen Mutter Heimarbeiterin war und Westen nähte. Den ganzen Tag drehte sich das Rad der Nähmaschine. Die »Maschine« hatte Glück, die ganze Aufmerksamkeit der Mutter in Anspruch zu nehmen, sie konnte mit dem Fuß und mit der Hand der Mutter spielen. Also dachte der Junge: »Diese Maschine muss sehr begehrenswert sein, wenn sie die Aufmerksamkeit meiner Mutter dermaßen in Anspruch nimmt. Damit Mama mich liebt und sich um mich kümmert, muss ich so werden wie die Maschine.« Natürlich handelte es sich um keine bewusste Überlegung. Aber er wurde dann so wie dieses partielle Objekt seiner Mutter. Der Junge machte immer wieder dieselbe zwanghafte Bewegung: Indem er ständig seine Hand kreisen liess ahmte er das Rad der Nähmaschine nach und damit »den anderen« der Mutter. Ansonsten taten seine Hände dasselbe wie die seiner Mutter: Er deckte wie sie den Tisch zu Hause, räumte ab wie sie, »kümmerte sich um den Haushalt«. Dadurch sei er beschäftigt, sagte die Mutter. Als der Junge in den Kindergarten kam, sprach und spielte er nicht. Mit abwesendem Gesichtsausdruck ließ er nur seine Hand kreisen. Seine Mutter sprach nie mit ihm, sonntags gingen sie zusammen spazieren, er saß in seinem Buggy und wurde geschoben. Nie spielte er mit anderen Kindern. Mit seinen drei Jahren war er unfähig sich im Kindergarten einzuleben. Ohne die Aufarbeitung der Mutter-Kind-Beziehung in der Psychotherapie wäre er asozial geworden. Es gibt übrigens auch Kinder, die sich mit Katzen, Hunden oder Gegenständen identifizieren.

Manche Eltern sind Alleinerziehende. Aber sie können regelmäßig Kontakte mit anderen ledigen Erwachsenen oder Ehepaaren mit Kindern pflegen. So haben sie Gelegenheit über sich und ihre Situation zu sprechen. Es ist wichtig, dass der oder die Alleinerziehende vor und mit dem Kind darüber spricht, warum er oder sie allein ist. Es können persönliche Gründe gewesen sein sich zu trennen, der andere kann aber auch weggezogen oder gestorben sein. Niemals aber sollte man dem abwesenden Partner die Schuld dafür geben. Wenn das Kind spürt, dass der andere wegen seines Verhaltens angeklagt wird, übernimmt es dessen Schuldgefühle. Dagegen könnte man ihm sagen: »Was mich betrifft, nehme ich es ihm (oder ihr) übel, weil derjenige (oder diejenige), den (oder die) ich liebte, mich verlassen hat. Aber was dich betrifft, ist er (oder sie) dein Vater (oder deine Mutter). Nie wärest du auf die Welt gekommen, wenn du deine beiden Eltern nicht hättest. Er (oder sie) hat dir das Leben geschenkt.«

Selbst wenn das Kind einen anderen Erwachsenen als seinen Vater bzw. seine Mutter betrachtet, muss es darüber aufgeklärt werden, dass wir alle nur einen leiblichen Vater und eine leibliche Mutter haben, denen wir das Leben verdanken. Man muss es ihm sagen, in Worte fassen.

Das Kind kann viele »Mamas« oder »Papas« haben – irgendwelche Erwachsenen, vor denen es keine Angst hat oder die es liebt, mit denen es spielt, von denen es sich akzeptiert fühlt. Erwachsene, die an dem Leben seines Vaters oder seiner Mutter beteiligt sind, Vorbilder darstellen oder eine erzieherische Funktion haben.

So kann das Kind den anderen, diese erste Bezugsperson, die abwesend ist, symbolisch in sich tragen, was für den Aufbau seiner psychischen Struktur wesentlich ist.

Ein kleines Kind, das vom anderen (Vater oder Mutter) abgeschnitten ist, das von einem einzigen Erziehungsberechtigten erzogen wird, die oder der über den anderen schweigt, ist wie ein halbseitig Gelähmter: Nur eine Hälfte funktioniert und wird vom Erwachsenen, von dem sein ganzes Leben abhängt, widergespiegelt. Man muss wissen, dass es nie zu früh ist, um über den abwesenden Dritten zu sprechen oder dessen Photos zu zeigen (es ist auch nie zu spät). Ein Leiden ist für das Kind besser als ein Schweigen, die Wahrheit besser als eine Fabel, denn so hat es die Möglichkeit anderen Erwachsenen, die Zeugen dieser Vergangenheit, des Anfangs seines Lebens waren, Fragen zu stellen.

Das Bett der Eltern

Ab und zu das Kind zu streicheln macht dem Kind, vor allem aber den Eltern große Freude. Zärtlichkeit ist zweifellos ein Teil der Liebe zwischen Eltern und Kindern. Aber man kann ein Kind oder kleines Kind nicht wie ein Kätzchen oder Heizkissen behandeln. Denn das Kind ist ein zukünftiger Mann, eine zukünftige Frau und trägt bereits alle Gefühle und die Sinnlichkeit eines im Werden begriffenen Mannes oder einer im Werden begriffenen Frau in sich. Deshalb können körperliche Berührungen (vor allem, wenn sie nicht von Worten oder Liedern begleitet werden) oder sinnliche Lust (vor allem, wenn sie in der Stille genossen wird) für das imaginäre Leben des Kindes sehr gefährlich sein.

Im Alter von drei oder vier Jahren ist die Sinnlichkeit im Vergleich zu später besonders intensiv, weil sie im ganzen Körper des Kindes diffuse und manchmal sehr heftige sexuelle Gefühle hervorruft, die die Entwicklung der zukünftigen genitalen Sexualität blockieren können, da eine unbewusste Verbindung zwischen Sexualität und archaischen, imaginären Vorstellungen hergestellt wird. Manche Kinder sind sehr sinnlich und reagieren extrem eifersüchtig auf den Elternteil des gleichen Geschlechts, den der andere ihnen vorzieht.

Diese Eifersucht wird durch enges Zusammenleben noch mehr provoziert. Es ist grausam, wenn sich Eltern vor ihrem Kind küssen um sich über seine Reaktion lustig zu machen. Wenn Eltern ihre Kinder zu sich ins Bett kommen lassen, führen sie ihnen ihre kindliche Ohnmacht vor Augen, da sie nicht so wie die Erwachsenen lieben und geliebt werden können. Zu viele Eltern machen sich über ihre Kinder lustig und spielen mit ihren Gefühlen. Das ist gefährlich und grausam.

Natürlich hängt es davon ab, was im Bett tatsächlich geschieht. Wenn alle im Pyjama zusammen frühstücken und dabei miteinander plaudern, ist es sicherlich etwas anderes.

Aber ich meinte vorhin solche Kinder, die sich an den Vater oder die Mutter kuscheln und sich mit ihnen besondere zärtliche Freiheiten erlauben. Man spricht nicht miteinander, sondern liegt eng zusammen wie in einem Nest. Diese Art von Berührung ist schädlich.

> *Das Bett der Eltern ist für die Kinder ja eine phantastische Sache. Aber sie wissen, dass dort nicht ihr Platz ist. Deshalb fangen sie auch manchmal an wild darin zu spielen, alles durcheinander zu wühlen, einen richtigen Zirkus zu veranstalten.*

Es ist ihre Art die für sie unerträgliche Situation zum Ausdruck zu bringen. Aber irgendwann muss man sie bremsen, denn sie drehen immer mehr auf und können nicht mehr aufhören. Meist endet es im Streit, man ärgert sich und schimpft. Es wäre viel einfacher gewesen, das Bett und das Zimmer der Eltern vor den Kindern zu schützen und somit die Sensibilität der Kinder zu respektieren.

Manche Eltern sind, was zärtliche Berührungen ihrer Kinder betrifft, zurückhaltend, andere weniger – und wenn sich die Gelegenheit bietet, ist die Versuchung groß. Für das Baby ist der Körperkontakt mit der Mutter notwendig, aber irgendwann muss diese symbiotische Wonne, die in der Phantasie – auch für das Baby – kannibalistische Züge trägt, aufhören. Das Beenden dieser Symbiose, das ebenso wichtig ist wie das Abstillen oder das Aufhören mit dem Fläschchen, macht aber nur Sinn, wenn das Kind spürt, dass die Mutter einen Auserwählten hat, der ihr wichtiger ist. Dieser schläft nachts in ihrem Bett , hat Rechte auf ihren Körper (so wie sie auf seinen), die das Kind selbst nicht hat und nie haben wird. Das Kind hat sie nie gehabt, sondern sich nur in seiner Phantasie vorgestellt – was es nicht daran hindert sich weiterhin vorzustellen, dass es später sie (oder ihn) heiraten wird.

Wenn die Mutter keinen sexuellen Partner hat, ist die Versuchung groß, einen Ersatz beim Kind zu suchen. Solche Gefühle kann auch der Vater gegenüber seiner kleinen Tochter haben, wenn seine Ehe ihn nicht befriedigt.

Sehr viele Kinder werden durch diese Art von zärtlichen Berührungen, diese in der Stille ausgetauschten Lustgefühle, durch diesen engen und wollüstigen Körperkontakt in ihrer Entwicklung gebremst. Später lässt sich bei ihnen eine Verzögerung der Sprachentwicklung, der Entwicklung der Psychomotorik und des Gefühlslebens beobachten.

Wenn der Vater lange abwesend oder verreist ist, ist es besonders gefährlich, wenn das Kind, ob Junge oder Mädchen, im Bett der Mutter schläft. Drei Wochen reichen bereits aus, um einiges kaputtzumachen. Ich habe Regressionen und – bei größeren Kindern – einen plötzlichen und spektakulären Absturz der schulischen Leistungen beobachtet, die keine andere Ursache hatten. Man sollte auch nicht meinen, dass Mädchen davon ausgenommen sind. Bei ihnen handelt es sich um eine Regression, die noch archaischer ist, weil sie zu den Gefühlen ihrer Frühkindheit zurückkehren, zu der Zeit, als sie noch gestillt wurden. Die Folgen sind, dass sie z.B. anfangen zu lispeln, wieder ins Bett pinkeln oder wie ein kleines Kind immer launischer werden. Kommt der Vater schließlich zurück, wird er als Spielverderber angesehen. Welch ein Jammer!

Soll man zu Kindern streng sein?

Ja, wenn man das Verbieten von gefährlichen Dingen als streng bezeichnet. Man sollte solche Verbote aber immer aus Respekt und Mitgefühl für das sich entwickelnde Kind aussprechen.

Man muss verantwortungsvoll handeln und manche Dinge verbieten, weil sie schädliche Konsequenzen für den Körper oder die Psyche des Kindes haben. Wenn wir Eltern zu nachgiebig sind, regredieren die Kinder entweder auf Grund der Schwäche der Eltern oder sie versuchen sich selbst zu zensieren. Das ist für das Kind destabilisierend, weil es dabei zu viel Energie verschwendet. Wenn die Mutter oder der Vater hingegen sagt: »Nein, tue das nicht, ich verbiete es dir. Mein Mann (oder meine Frau, deine Mutter) ist nicht da, und du darfst nicht seinen (oder ihren) Platz einnehmen, weil ich dich als Tochter (oder Sohn) liebe«, kann das Kind zwar wütend sein, behält aber seine ganze Energie für etwas anderes, anstatt ambivalente Lustgefühle auszuleben oder sich im Gegenteil diese Gefühle zu verbieten und mit sich selbst nicht mehr einig zu sein. Jede zügellose Freiheit wirkt sich negativ aus.

Soll man also **streng** sein und ihm etwas verbieten?

Alles hängt vom Alter des Kindes ab. Wenn wir vom Verhalten im Raum sprechen, gibt es eigentlich keine absoluten Verbote außer dem Inzestverbot. »Aber wie ist es mit Stehlen und Töten?«, werden Sie mir entgegenhalten. Sicher, aber man kann den Kindern nur dadurch beibringen, dass man nicht stehlen darf, wenn jeder auch »seinen Besitz« verteidigt. Durch Erfahrung und Identifikation kann jeder seine eigene Moral entwickeln. Was Körperverletzung, Gewalt und Mord betrifft, kann man kleinen Kindern den Respekt vor dem Leben nur durch vorbildliches Verhalten beibringen. Mit der Zeit, wenn das Kind größer wird, wird ihm allmählich einiges erlaubt, was früher verboten war: »Wenn du groß genug bist, wirst du ohne Gefahr dieses oder jenes tun dürfen. Im Moment bist du noch nicht so weit. Wenn du jedoch meinst, du könntest es schon, dann tue es, aber ich will davon nichts wissen.«

Das Kind braucht, solange es sich noch nicht ganz sicher fühlt, die Sicherheit durch den ermutigenden Blick des Erwachsenen. Seine eigene Unsicherheit hindert es daran, etwas anzustellen. Ein Verbot hilft ihm, sich gegenüber anderen oder angesichts einer Gefahr nicht ohnmächtig zu fühlen. Es kann immer noch sagen: »Ich darf es nicht tun, weil es mir mein Vater (oder meine Mutter) verboten hat«.

Hat sich das Kind über ein Verbot hinweggesetzt und ist ihm dabei nichts passiert, sollte man es loben, wenn es stolz darüber berichtet (oder man es zufällig erfährt): »Es ist ja toll, ich dachte, du könntest es noch nicht, aber du hast es doch geschafft«.

Das Kind ist manchmal selbst überrascht, erfolgreich etwas Verbotenes zustande gebracht zu haben. Es macht dadurch eine sehr wichtige Erfahrung, weil es den Sinn der Erziehung verstehen lernt. Etwas, was das Kind gern getan hätte, war nur »vorübergehend« verboten.

Es handelte sich nur um eine Schutzmaßnahme, weil die Eltern davon ausgingen, es sei noch nicht in der Lage allein damit fertig zu werden. Und man kann es ihm auch hinterher erklären. So wird sein Vertrauen zu den Erwachsenen nur gestärkt. Ab dem Augenblick, wo das Kind sich selbst zu helfen weiß, fällt das Verbot flach. Verbote sind – mit Ausnahme vom Inzestverbot zwischen Eltern und Kindern und unter Geschwistern – grundsätzlich nur vorübergehend. Alle Verbote sind im Grunde nur Vorsichtsmaßnahmen zum Schutz des Kindes.

Natürlich müssen die Kinder über das Verbot der sexuellen Beziehung zwischen Kindern und Erwachsenen aufgeklärt werden. Man kann ihnen in einem konkreten Fall sagen: »Dieser Erwachsene weiß ganz genau, daß es verboten ist, du musst es ihm sagen.« Kinder können Erwachsenen (z.B. dem Erzieher) zum Opfer fallen, wenn sie nicht darüber aufgeklärt sind, dass die Erwachsenen nicht alle Rechte auf ihre Person haben. Man muss es ihnen sagen und sie rechtzeitig davor warnen: »Die Erwachsenen wissen sehr wohl, dass sie keine Rechte auf das Geschlecht der Kinder haben, sie nutzen nur deren Unwissenheit aus.« Wenn ein Kind sich beschwert von einem Erwachsenen verführt worden zu sein – was leider sehr oft vorkommt –, dann meistens nur deshalb, weil es selbst mit dieser Verführung einverstanden war. Das ist etwas ganz anderes.

Der Vater, der liegt

Wenn das kleine Kind seinen Vater liegen sieht, steht die Welt auf dem Kopf. So wie die Sonne am Himmel steht und nicht auf der Erde liegt, so steht der Vater und liegt nicht. Am Strand lässt sich dieses Phänomen gut beobachten: Mit zwei oder drei Jahren scheinen Kinder nicht wahrhaben zu wollen, dass es ihr Vater ist, der da auf dem Strand liegt. Später ist diese Reaktion vorbei: Ob der Vater liegt oder steht, es spielt keine Rolle mehr, Vater bleibt Vater. Bei der Mutter dagegen lässt sich dasselbe Phänomen nicht beobachten. Wir haben alle schon einmal gesehen, mit welcher Freude kleine Kinder, die kaum laufen können, mühelos über ihre Mutter steigen, wenn sie auf dem Boden liegt. Da sollte einer etwas verstehen!

Nudismus

Eltern können sich zu Hause vor einem befreundeten Erwachsenen, der ihnen vertraut ist, natürlich auch einmal nackt zeigen. Sie zeigen sich in diesem Falle nicht »mit Absicht« nackt, es ist kein »Muss«, auch nicht für ihre Kinder. Aber in manchen Familien wird der Nudismus – wenn man dieses Wort gebraucht – geradezu wie eine Religion praktiziert. Sie sind voreingenommen und vertreten die Meinung damit ein »pädagogisches Ziel« zu verfolgen – was in Bezug auf kleine Kinder vollkommen absurd ist. Diese Nudisten sagen: »Es ist für die Kinder gut, weil wir ihnen damit demonstrieren, dass Nacktsein nicht abstoßend, sondern eine natürliche Sache ist. Warum sollte es also schädlich sein?« Aber diese Eltern irren sich. Sie wissen nicht, dass sie damit das minderwertige Gefühl anstacheln, das ein Kind vor dem Körper eines Erwachsenen (selbst wenn dieser angezogen ist) empfindet. Die Eltern merken leider nicht, wie verführerisch sie für ihre Kinder sind.

> *Für unsere Kinder sind wir wunderschön. Wir sind schöner als Adonis oder Venus, selbst wenn wir in Wirklichkeit hässlich sind. Die Kinder fühlen sich vor dem nackten Körper eines Erwachsenen (unabhängig von dessen Geschlecht), den sie lieb haben, winzig; sie fühlen sich unfähig mit der körperlichen Schönheit des Elternteils vom gleichen Geschlecht konkurrieren zu können. Dieses Gefühl kann für das Kind sehr verletzend sein und hält manchmal bis zur Pubertät.*

Ein sehr gut aussehender kleiner Junge kann sich gegenüber seinem nicht gerade hübschen Vater wie der Glöckner von Notre-Dame vorkommen. So kann sich auch ein sehr schönes

Mädchen im Vergleich zu seiner Mutter, die völlig unscheinbar ist, hässlich fühlen. Erst mit sieben oder acht Jahren sind Kinder in der Lage sich selbst und ihre Eltern durch den Blick der anderen bzw. das Bild, das ihnen von der Gesellschaft widergespiegelt wird, einzuschätzen. Bis dahin ist das Imaginäre beim Kind vorherrschend. Die Eltern sind in den Augen der Kinder König und Königin, Zauberer und Fee oder Hexenmeister und Hexe, Götter und Göttinnen im Haus. Wenn sie nackt sind, werden sie nur noch faszinierender, allmächtiger (erst recht, wenn sie so tun, als würde man sie nicht sehen, was die Nudisten behaupten).

Bis zum Alter von sieben oder acht Jahren ist der systematisch betriebene Nudismus für das Kind eher zerstörerisch. Die Auswirkungen sieht man erst, wenn die Kinder sechs oder sieben Jahre alt sind: Die Mädchen haben jegliches Schamgefühl verloren, sie fangen an, irgendwelchen Jungen oder erwachsenen Männern »hinterherzurennen«. Vor allem zeigen sie überhaupt kein Interesse für die Dinge des Lebens oder gesellschaftliche Ereignisse. Obwohl sie intelligent sind, interessieren sie sich weder für Freundschaften noch für die Schule (für nichts, was die Psychoanalytiker in ihrem Jargon orale und anale Sublimierungen nennen), noch für Spiele ihres Alters, noch für die Geschicklichkeit ihrer Hände, das Fangen und Zurückwerfen, das Ja und das Nein. Sie gieren nur noch nach Sinnlichkeit und Sexualität, die in ihren Familien unbewusst angeheizt wurden.

Bei den sechs- oder siebenjährigen Jungen können wir das Gegenteil beobachten: Sie haben in diesen Familien, die den Nudismus praktizieren, gelernt sich dem Blick zu entziehen. Sie werden krankhaft prüde. Ihre ganze Neugier hat sie verlassen und ihre Augen sehen nicht mehr die Menschen um sich, sie haben die Freude am Berühren verloren, sie wissen nichts vom Geschlecht und leben mehr vom Kopf her. Sie sind in der Regel sehr begabte Schüler, aber in sich gekehrt und schüchtern. Sie sind gute Schüler ohne außerordentliche

Leistungen zu erbringen, haben weder gute Kameraden noch enge Freunde.

Alle diese Kinder sind Zwangsneurotiker, wobei sich die betreffende Ausdrucksform nach ihrem Geschlecht richtet. Es ist nicht einfach ihnen zu helfen.

Eltern denken, dass Nacktsein keine Rolle spielt, wenn die Kinder noch klein sind. Genau das Gegenteil ist der Fall. Wenn die Kinder zehn oder zwölf Jahre alt sind, hat der Nudismus auf ihre Entwicklung überhaupt keinen wichtigen Einfluss mehr. Ich kann versuchen es zu erklären.

Der Säugling (oder das ganz kleine Kind) eignet sich alles an, was er sieht, er »schluckt« alles hinunter, die Schönheit der Mutter, die Schönheit des Vaters, er genießt sie mit den Augen, er genießt den Geruch, die passive Berührung mit den Eltern. Aber wenn das kleine Kind selbst anfängt aktiv zu sein, möchte es noch mehr haben. Zärtlichkeiten, Küsse, Streicheln sind für es Beweise von Liebe und Zuwendung, wenn sie zurückhaltend sind und von Worten oder Liedern begleitet werden. Der Geruchssinn, die Augen und das Gehör sind auch sexuelle Organe und das Kind weiß natürlich noch nichts vom Inzestverbot.

Ab einem gewissen Zeitpunkt müssen sich die Eltern jedoch den genitalen Freiheiten ihrer Kinder entziehen. In Familien, die den Nudismus praktizieren, werden die Kinder in einer symbiotischen, inzestuösen Liebe, einer wortlosen, spielerischen und sinnlichen Liebe, an der die Eltern leider sehr viel Spaß haben, gefangen gehalten (wie zur Zeit, als sie kleine Babys waren). Wenn die Kinder in einem Alter sind, in dem die Sprache schon aufgebaut ist, wenn sie über das Inzestverbot schon aufgeklärt sind, ist es für sie viel weniger gefährlich, mit der Nacktheit ihrer Eltern konfrontiert zu werden, da sie ihre Gefühle sprachlich artikulieren können. Nach zehn oder zwölf Jahren spielt es also keine Rolle mehr. Jeder ist nun mal so gebaut, wie er ist. Aber da trauen sich die Eltern plötzlich nicht mehr sich nackt zu zeigen, weil sie sich vor dem möglichen Vergleich ihrer Kinder mit dem Körper anderer Erwachsener fürchten – sowohl in Bezug auf die sichtbaren Körpermerkmale als auch in bezug auf ihre verführerische Ausstrahlung. Das Inzestverbot dient der Humanisierung der Persönlichkeit.

Die Eltern sollten ihre kleinen Kinder auch nicht ins Bad eintreten lassen, wenn sie sich waschen. Sie sollten das Badezimmer abschließen. Selbst wenn das Kind wütend an die Tür poltert und schreit: »Du kommst immer ins Bad, wenn ich nackt bin, also darf ich auch«, macht man nicht auf, sondern sagt: » Ich komme ins Bad um dir zu helfen, weil du dich noch nicht allein waschen kannst, aber sobald du es allein kannst, werde ich auch nicht einfach hereinkommen.« Wenn ein Junge oder ein Mädchen von fünf Jahren oder mehr behauptet sich nicht allein waschen zu können, hat die Mutter bzw. der Vater bestimmt dazu beigetragen. Man muss dieses Spiel beenden, das für das Kind langsam gefährlich wird.

Natürlich können sich Kinder nackt voreinander zeigen, das hat keinerlei Konsequenzen. Gefährlich ist es nur zwischen Eltern und Kindern, und besonders, wenn der Nudismus zum Dogma wird. Ebenso ohne Konsequenzen ist es, wenn das Kind seine Eltern zufällig nackt sieht: »Ich habe den Papa nackt gesehen! Ich habe die Mama nackt gesehen!« Man sagt einfach: »Na und? Was ist schon dabei, du hast doch nicht den Teufel gesehen, oder?« Das Kind hatte geglaubt, eine großartige Entdeckung gemacht zu haben! Man lacht und spricht nicht mehr darüber. Sich so zu verhalten ist erzieherisch wertvoller.

Das Kind im Schlafzimmer der Eltern

Eltern können sich meistens nicht vorstellen, dass ein Baby, das dem Geschlechtsverkehr seiner Eltern beiwohnt, mit seinen ganzen Trieben beteiligt ist – besonders dann, wenn es eingeschlafen ist. Denn das schlafende Kind kommuniziert unbewusst mit allen Menschen, die bei ihm sind. Man weiß aus Erfahrung, dass man im Schlaf – wie z.B. unter Hypnose – alles erlernen kann. Es gibt Leute, die im Schlaf durch Hören von Tonbandaufnahmen Fremdsprachen gelernt haben. Im Schlaf nehmen wir viel mehr auf als im Wachzustand. Im Falle des schlafenden Babys werden dessen Triebe während des Geschlechtsverkehrs seiner Eltern stärker aktiviert. Unbewusst versucht es auf seine Art, seine Gefühle (ob Lustgefühle oder Zärtlichkeit) mit denen seiner Eltern in Einklang zu bringen und sie dort zu befriedigen, wo es sie empfindet.

Wahrscheinlich verhielt es sich ähnlich, als das Kind noch im Bauch seiner Mutter war, denn das menschliche Individuum ist mit seiner ganzen Libido schon im Fötus anwesend und abhängig von den gefühlsmäßigen Reaktionen und Schwankungen des Kreislaufs der Mutter, die sein vegetatives Nervensystem aktiviert oder verlangsamt. In manchen Kulturen durfte eine Frau während der Schwangerschaft und in der Stillzeit deshalb keinen Geschlechtsverkehr haben – aber es handelte sich meist um Gesellschaften, die Polygamie praktizierten. Für uns existiert dieses Tabu nicht oder nicht mehr.

Ob und in welchem Maße der Geschlechtsverkehr während der Schwangerschaft das Kind belastet oder nicht, ist schwer zu sagen. Auf jeden Fall lässt sich bei einem Baby, das beim Geschlechtsverkehr seiner Eltern anwesend ist und schläft, beobachten, dass sich das Begehren der Eltern auf sein eigenes Gefühlsleben überträgt. Es wacht auf, möchte saugen, hat zu dieser späten Stunde ungewöhnlichen Stuhlgang, es weint, möchte umsorgt werden und braucht beruhigende Worte. Es manifestiert sich. Reagiert es nicht, so deshalb, weil es im Schlaf auf ein archaisches, emotionales und imaginäres Dasein regrediert, so als wäre es noch in einer vollkommenen Symbiose mit seinen Eltern und könnte sich von ihnen kaum unterscheiden: Diese werden als doppelköpfige Masse wahrgenommen, die ihm Sicherheit gibt, sie sind das »Ich-Papa-Mama«, die Triade des Begehrens wie bei seiner Zeugung.

Die Kinder wissen intuitiv sehr schnell, was geschieht, unbewusst wissen sie alles. Aber wenn man die Dinge mit Worten ausspricht, gibt man ihnen auf ihre Fragen Antworten, die sie akzeptieren können: »Ach so, so bin ich also auf die Welt gekommen …« Das Kind fühlt sich zwar etwas verlegen, aber es versteht schon.

Ich glaube nicht, daß es prinzipiell schädlich ist, wenn ein Kind seine Eltern beim Geschlechtsverkehr ertappt, vorausgesetzt, dass die Eltern ihm keine Lügen erzählen oder etwas vormachen – wie dieser Vater, der seinem Kind sagte: »Das stimmt nicht, du hast nichts gesehen, es ist nicht wahr, du lügst«. Die Eltern müssen verstehen, dass das Kind ein Zeuge ist, der reagiert. Das Kind »versteht« vielleicht nicht, was es sieht, aber es interpretiert es. Man sollte also besser vermeiden, dass das Kind im Zimmer der Eltern schläft – man kann ja die Tür zumachen, wenn man sich lieben möchte. Wird man »erwischt«, sollte man sich der Situation stellen, die man selbst hervorgerufen hat, anstatt mit dem Kind zu schimpfen, weil es eine Reaktion zeigt. Man kann es auf seine zukünftige Sexualität ansprechen, indem man es bittet, die Beziehung zwischen seinen Eltern zu respektieren: »Lass uns bitte in Ruhe. Wir sind nicht verpflichtet dir zu sagen, was wir tun. Wenn du später mit deinem Mann (oder deiner Frau) zusammen schlafen wirst, werden weder dein Vater noch ich auf die Idee kommen euch zu stören.«

Manchmal drückt das Kind seine Phantasievorstellungen

aus: »Ich weiß ganz genau: wenn du schläfst, gibst du dem Papa manchmal die Brust und Papa macht Sachen in deinem Popo …« Man sollte nie mit dem Kind schimpfen oder sich über solche Äußerungen lustig machen, sondern ihm die Wahrheit sagen – übrigens fordern Kinder mit solchen Äußerungen Erwachsene heraus um die Wahrheit zu erfahren. Man kann ihnen also erklären, selbst wenn man dabei lacht: »Nein, du irrst dich vollkommen, so ist es nicht. Sex hat mit Essen, Pipi oder Kacke nichts zu tun. Später wirst du die Erfahrung machen, was Sex ist.«

Am besten wäre es also, seine Kinder im Schlafzimmer nicht bei sich zu haben. Leider ist es nicht immer möglich. Manche Ehen gehen kaputt, weil Mann und Frau nie für sich sein können, weil immer die Kinder in ihrer Nähe sind. Viele Frauen haben mir im Vertrauen gesagt, dass sie die Anwesenheit ihrer Kinder als Alibi benutzten um sich ihrem Ehemann zu verweigern. Sicherlich ein Zeichen dafür, dass die Ehe schon in der Krise steckt. Schlimm ist, wenn die Ehefrau die Vaterschaft ihres Mannes zum Anlass nimmt um seine Männlichkeit abzuwehren, indem sie den Verlust ihrer Weiblichkeit durch die Anwesenheit des Kindes rechtfertigt. Durch diese Haltung der Mutter wird dem Kind die Rolle des Störenfrieds zugewiesen, der die Macht über seine Eltern hat. Wenn es materiell möglich ist, wäre es viel vernünftiger, das Kind von Geburt an außerhalb des Schlafzimmers der Eltern schlafen zu lassen und sich daran auch zu halten. Die mütterliche Fürsorge wirkt auch im Schlaf, ob das Kind in der Nähe ist oder nicht. Braucht das Kind nachts seine Mutter, wird sie es auch bemerken, wenn es in einem anderen Zimmer schläft. Und für das Kind ist es sogar ein noch größerer Liebesbeweis, wenn der Vater oder die Mutter aufstehen muss um zu seinem Bett zu kommen. Ab dem Alter von drei Monaten werden Eltern und Kind sich immer seltener gegenseitig stören und das Kind wird sich umso besser entwickeln können.

Wiedersehen in der Kinderkrippe

In den meisten Fällen schickt eine Mutter ihr Kind in die Kinderkrippe, weil sie arbeiten gehen muss – und tut es schweren Herzens. Wenn sie ihr Kind abends abholt, stürzt sie sich förmlich wie eine Leopardenmutter auf ihr Baby (das oft fast nackt daliegt, weil man ihm seine Kleider ausgezogen hat) um es wild zu küssen ... Das Kind ist dann völlig verwirrt. Acht Stunden lang hat es seine Mutter nicht gesehen, ihren Geruch nicht gerochen, keine Zeit gehabt sie am Gesicht, an der Stimme oder an ihrem Geruch wieder zu erkennen. Andererseits fühlt sich die Mutter frustriert ihr Kind den ganzen Tag nicht gesehen zu haben, schließlich ist es auch sehr hart sein Kind im Alter von drei Monaten so lange in der Krippe zu lassen.

Manche Mütter halten sich sogar für »schlechte Mütter«, weil sie ihr Kind den ganzen Tag in der Krippe lassen. Das ist aber nicht richtig. Wenn die Mutter »schlecht« wäre, würde das Kind nicht alles haben, was es braucht: Es würde nicht richtig zunehmen, nicht richtig essen. Die Krippe hat viele Vorteile, insbesondere die Möglichkeit für das Kind, Kontakt mit anderen Babys zu haben.

Aber die Mutter könnte etwas vorsichtiger mit ihrem Kind umgehen, wenn sie es von der Kinderkrippe abholt. Wenn sie in die Krippe kommt und ihr Kind sieht, könnte sie erst einmal mit ihm sprechen, so dass die Ohren des Babys zuerst durch ihre *Stimme* gestreichelt werden. Sie könnte ihr Kind sanft und mit ruhigen Bewegungen anziehen und ihm dabei von zu Hause, seinem Vater und seinen Geschwistern erzählen. Sobald sie dann wieder zu Hause, in der bekannten Umgebung sind, können sie ein kleines Fest veranstalten, sich küssen oder miteinander zärtlich sein ... Vier oder fünf Monate später erkennt das Kind seine Mutter an der Stimme, es lauscht aus der Ferne und rennt ihr mit offenen Armen entgegen.

Die Beziehung zwischen Mutter und Kind besteht übrigens nicht nur aus Zärtlichkeiten und Küssen. Es ist für uns Erwachsene so leicht, unsere Stärke dahingehend auszunutzen, sich auf das Kind zu stürzen und es mit Küssen zu verschlingen. Natürlich überträgt sich die Freude einer Mutter auf ihr Kind, aber deswegen muss es nicht gleich zu einem exzessiven Lustaustausch kommen. Immer sollte man bedenken, dass es die Sprache und den sprachlichen Ausdruck gibt, der auf die Sprachentwicklung vorbereitet. Der Gesichtsausdruck eines Säuglings ist sehr früh entwickelt, sehr früh fängt er mit seinem Gesicht an, sich mit dem anderen sprachlich auszutauschen. Man darf nicht vergessen, dass ein Säugling in den ersten Stunden seines Lebens schon anfängt die Grimassen seiner Mutter oder seines Vaters nachzuahmen, er streckt die Zunge heraus, wenn man ihm die Zunge herausstreckt. Alle mimischen Ausdrücke der Kommunikation sind interessanter als sich nur zu küssen. Schließlich ist das Kind kein Objekt, kein kleines Tier, dessen Berührung Lustgewinn bringt. Das Kind ist ein werdender Mann, eine werdende Frau. Es gibt Mütter, die mit ihrem Kind schimpfen, es schlagen und dann streicheln um es zu trösten. Erst entziehen sie ihm ihre Liebe, dann geben sie ihm ihre Liebe wieder – und das Kind versteht überhaupt nichts mehr, der Code der Kommunikation wird immer chaotischer. Stattdessen könnte die Mutter sagen: »Ich liebe dich und weil ich dich liebe, habe ich mich über dich geärgert. Wenn ich mit dir schimpfe, so deshalb, weil du etwas getan hast, was mir unangenehm war oder was für dich gefährlich war.«

Worte sind nämlich wichtiger als Küsse,
Schreie und Schläge.

39

Am Tisch wie die Großen

Öfter höre ich von manchen Müttern Folgendes: »Es gelingt mir nicht mein Kind zum Essen zu bewegen. Es spielt herum und bummelt, es dauert ewig.« Nehmen wir ein typisches Beispiel, wie das Essen bei manchen Familien so abläuft: Die Mutter isst mit ihren zwei Söhnen (sechs und vier Jahre alt) allein zu Mittag. Ständig nörgelt sie herum: »Iss doch, fang doch endlich an, das Essen wird kalt, du hast noch so viel auf deinem Teller.« Aber schauen wir uns das Szenario dieses Mittagessens genauer an. Die Mutter hat selbst den Tisch gedeckt, dann läuft sie ständig zwischen Tisch und Kochtöpfen hin und her, sie schneidet, serviert, gießt die Getränke ein usw. Warum muss sie diese kleinen Herren eigentlich immer bedienen? Mit zweiundzwanzig Monaten oder sagen wir mal drei Jahren ist ein Kind geistig und motorisch schon in der Lage das Essen aufzutragen und beim Kochen mitzuhelfen. Ab drei Jahren kann ein Kind allein den Tisch decken, die Teller wechseln, sich von der Schüssel Essen nehmen und Getränke eingießen. Man könnte in der Familie diese Dinge abwechselnd übernehmen, jeder kommt einmal an die Reihe, nachdem man alles vorher miteinander abgesprochen hat. Mit drei Jahren ist das Kind vielleicht noch ein wenig ungeschickt, aber es kann sich helfen lassen und dabei lernen. Wie kann man aber lernen, wenn die Mutter alles selbst tut? Dagegen ist die Anwesenheit der Mutter, wenn sie aufmerksam ist und eine schöne Atmosphäre schafft, für die jungen Gäste sehr wichtig. Wenn sie abends nicht mit den Kindern, sondern später lieber mit dem Vater zusammen essen möchte, kann sie sich zu den Kindern an den Tisch setzen und ihnen Geschichten erzählen, z.B. über die Nahrungsmittel, die sie gerade essen oder über andere Themen.

So kann das Essen zu einem schönen Augenblick werden. Wenn die Atmosphäre angenehm ist, langweilen sich die Kinder nicht und essen viel besser. Wenn ein Kind am Ende des Essens noch nicht fertig ist, während alle schon aufgegessen haben, hat es eben Pech gehabt (es wird nicht gezwungen aufzuessen). Man räumt den Tisch ab. Derjenige, der »Dienst« hat, nimmt ihm wie im Zugrestaurant den Teller weg. Wenn es schreit: »Mein Teller, mein Teller!«, antwortet man ihm: »Wenn du aufessen willst, kannst du es in der Küche tun, ich mache dir dort Platz. Wir aber wollen abräumen!«

Mit den Eltern zusammen am Tisch zu essen ist eine Art »Beförderung«. Aber dafür muss man in der Lage sein sauber zu essen und akzeptieren, dass das Essen länger dauert. Bis zu einem bestimmten Alter ist das Kind dazu noch nicht in der Lage und traurig aus diesem Grund vom Tisch ausgeschlossen zu sein. Es ist also besser, das Kind vor den Eltern essen zu lassen und es zu trösten, dass es noch zu klein ist, indem man ihm z.B. ein Stück Schokolade gibt. Man kann ihm auch erlauben sich, wenn es möchte, am Essen der Großen zu beteiligen, am Tisch zu sitzen und etwas zu knabbern oder sich um den Tisch aufzuhalten, dabei zu sein ohne zu stören. Dass Kinder erst dann am Tisch der Großen mitessen dürfen, wenn sie in der Lage sind bestimmte Verhaltensregeln einzuhalten, zeigt doch nur, dass die Eltern nicht bereit sind alles zu dulden. Es zeigt aber auch, dass die Eltern ihren Kindern, die unter diesen Umständen keine Lust haben am Tisch mitzuessen, diese für sie anstrengende Beteiligung am Familientisch nicht aufzwingen wollen. Wenn die Kinder auf eigenen Wunsch dabei sein wollen, lernen sie, wie man sich am Tisch benimmt. Und wenn sie die anderen zu sehr stören, kann man sie immer noch bitten den Tisch zu verlassen. Es gibt für die Eltern wie für die Kinder nichts Schlimmeres als eine verdorbene Atmosphäre beim Essen.

Manche Kinder lernen sehr schnell sauber zu essen und dürfen mit den Eltern ihre Mahlzeiten einnehmen. Und plötzlich benehmen sie sich eines Tages am Tisch wie die Ferkel. Irgendetwas ist passiert, man weiß nicht genau, was es war. Es nutzt überhaupt nichts einzugreifen, sich aufzuregen oder das Kind zu bestrafen. Das Kind, das sich so benimmt, darf nur nicht mehr am Tisch der Großen mitessen. »Weißt du, das Essen dauert für dich zu lange, es ist zu schwierig für dich jeden Tag mit den Großen zu essen.« Und wenn das Kind wieder gelernt hat sauber zu essen, darf es am Tisch wieder dabei sein. Aber solche erzieherischen Maßnahmen müssen nicht von Flüchen und Vorwürfen begleitet sein.

Es ist wichtig, dass das Kind auf seinen Wunsch hin beim Essen der Großen und der Eltern anwesend ist, selbst wenn es schon gegessen hat: Es fühlt sich dann nicht ausgeschlossen. Man sollte eben nur vermeiden, dass sich das Kind zu früh zusammennehmen muss, obwohl es noch nicht dazu in der Lage ist. So kann das Kind ohne Zwang und seinem eigenen Rhythmus entsprechend lernen sauber zu essen. Wenn es später bei anderen Familien zum Essen eingeladen wird, braucht es nicht immer »aufzupassen«. Tischbenehmen und gute Manieren werden durch Vorbilder vermittelt. Und diese Erziehung findet ohne Drama statt. Den Kindern vergeht der Appetit, wenn man mit ihnen schimpft, denn Appetit kann man nicht haben, wenn man Angst hat. Das Wichtigste beim Essen ist für alle Beteiligten eine entspannte und fröhliche Atmosphäre. Vater und Mutter sollen nicht ständig beobachten, wie das Kind isst oder welche Menge von Nahrungsmitteln es zu sich nimmt. Es ist für das Kind immer sehr leicht, mit den Ängsten seiner Eltern zu spielen. Wenn das Kind in der Lage ist sauber zu essen und sich eventuell schon selbst bedienen kann, ist die Portion völlig egal. Das Kind isst entsprechend seinem Appetit, nicht mehr und nicht weniger.

Bis zum sechsten bzw. siebten Lebensjahr kann sich das Kind noch nicht an große Mahlzeiten gewöhnen, die von langen Zeitabständen unterbrochen werden. In diesem Alter hat es eher Lust auf mehrere kleinere, über den ganzen Tag verteilte Mahlzeiten. Wenn es am Tisch mitisst, sollte es seinen eigenen Teller haben und sich selbst bedienen, damit es lernt je nach Appetit zu nehmen, was es auch essen kann. Das lernt man natürlich nicht an einem Tag. Aber ein Kind (auch ein Jugendlicher) sollte nie etwas auf seinem Teller liegen lassen, wenn es sich selbst genommen hat. »Du musst aufessen, was du genommen hast, also überlege dir genau, wie viel du nimmst. Du kannst dich nachher immer noch bedienen, wenn du noch Hunger hast.« Und wenn man dem Kind das Essen serviert: »Reicht das oder möchtest du noch mehr?« Manche Kinder erinnern sich später, wenn sie sprechen können, dass sie keinen Appetit mehr hatten, wenn ihr Teller zu voll war und sagen es jetzt ihrer Mutter. Andere wiederum mögen gerne große Portionen. Wichtig ist nur, dass man den Kindern das Essen nicht verdirbt. Man sollte vermeiden, dass das Kind zusieht, wie die Mutter seine Essensreste wegwirft. Wenn das Kind z.B. seinen Joghurt nicht schafft, kann man den Rest mit einer Folie bedecken und im Kühlschrank aufbewahren. So lernt das Kind mit Essen nicht verschwenderisch umzugehen.

Kinder, ob Mädchen oder Jungen, können sehr früh an der Hausarbeit beteiligt werden: in der Küche, beim Putzen oder Wäsche waschen, beim Zimmer aufräumen usw. Sie sind dazu früher in der Lage, als manche Mütter glauben wollen, die ihre Kinder viel zu lange »bedienen«. Kinder sind für das Leben gut ausgerüstet, wenn sie mit den täglichen Dingen allein klarkommen und bei der Hausarbeit mithelfen, ohne dass man von ihnen erwartet pedantisch zu sein.

Erziehung zur Sauberkeit
(im Höschen und im Bett)

Im Allgemeinen lernen Mädchen schneller als Jungen trocken zu sein. Mit etwa neunzehn oder zwanzig Monaten sind Kinder tagsüber sauber, Jungen im Durchschnitt etwas später, mit ungefähr zwei Jahren. Nachts sind Kinder in der Regel drei Monate später sauber – wenn man den ganzen Vorgang nicht mit »gut« oder »schlecht« bewertet hat. Auch hier sind die Jungen etwas später als die Mädchen dran. Das kommt daher, dass für die Mädchen die »Sauberkeit« (Beherrschung des Schließmuskels) nichts mit dem genitalen Bereich zu tun hat, während die Verwechslung bei den Jungen viel länger anhält: Der Junge kann zwischen einem Harndrang und einer Erektion lange nicht unterscheiden. Das ist wahrscheinlich der Grund, warum er länger braucht um sauber zu werden. Er verwechselt bei dieser Körperpartie Bedürfnis und Lust.

Im Winter sieht man an öffentlichen Spielplätzen oft Mütter, die mit ihren Jungen ungeduldig werden: »Musst du Pipi oder Kacka machen? Du weißt es nicht? Deine Schwester weiß es aber immer!« Natürlich ist es für die Mutter nicht dasselbe, ob sie nur den Hosenstall aufmacht oder die ganze Hose samt Hosenträgern ausziehen muss. Der Junge hat im Gegensatz zum Mädchen keine klare Vorstellung von vorne und hinten. Das hat mit seinen Erektionen zu tun, die bei kleinen Jungen den Harndrang begleiten und oft auch mit dem Stuhldrang einhergehen.

Das Vokabular trägt sehr dazu bei die Dinge entweder zu klären oder im Gegenteil Konfusion hervorzurufen.

Wenn man dem Baby beim Wickeln von seinem »Hintern« erzählt, erzeugt man nur Konfusion. Oder wenn man einem größeren Kind ganz unbestimmt sagt: »Wasche dir den Hintern …« Bei den Mädchen wie bei den Jungen ist der Hintern sowohl der Po als auch der Schließmuskel und »vorne« ist sowohl das Geschlecht als auch die Harnröhre. Man muss den Kindern über die Sprache also sehr früh klarmachen, dass man für die Funktionen Pipi und Kacke nicht die gleichen Wörter benutzt und ebenso wenig für die verschiedenen Körperpartien: Po ist hinten und Penis bzw. Scheide ist vorne. Ansonsten stürzt das falsche Vokabular ein Kind in völlige Verwirrung.

Angst vor Schulversagen

Dass heutzutage von Seiten der Eltern und Lehrkräfte die schulische Leistung so stark bewertet wird, finde ich wirklich bedauerlich. Als ob die Schule für das Kind alles wäre! Und dabei wissen wir alle, dass es nicht der Fall ist. Es gab eine Zeit, in der die Schule für die Kinder als einziger Lernort wirklich wichtig war. Aber das ist passé. Die Schule ist zwar eine unersetzliche Begegnungsstätte für die Kinder, aber auch die Straße, das Radio, das Fernsehen oder die Geschäfte sind heute wichtige Vermittler von Wissen. Heutzutage sind die Lehrkräfte nicht mehr nur Pädagogen, sondern müssen darüber hinaus noch die Erziehung bewältigen, die von der zusammengeschrumpften Familie nicht mehr geleistet wird. Im Grunde müssten Lehrer heute mehr Erzieher jedes einzelnen Kindes sein und weniger Vermittler von Wissen. Aber die wenigsten Lehrkräfte haben eine psychologische Ausbildung bekommen – wobei solche Kurse nicht unbedingt das Gespür für die Beziehung zwischen Kindern und Erwachsenen stärken. Früher hatten die Lehrer, die auf dem Land Einheitsklassen mit Kindern von sechs bis dreizehn Jahren unterrichteten, durchaus mehr Sinn dafür. Sie hatten auch mehr Erfahrungen über das Zusammenleben zwischen Kindern und Erwachsenen gesammelt, weil die Familien, vor allem in den Städten, damals Großfamilien waren.

Heutzutage werden die Kinder in den Städten entsprechend ihrem Geburtsalter wie Eier aussortiert, aber niemand kümmert sich um ihr emotionales Alter. In einer Klasse von gleichaltrigen Kindern sind manche, was ihre psychische Reife betrifft, zweieinhalb Jahre und andere zehn Jahre alt. Diese Situation ist nicht leicht zu bewältigen.

Wenn das Kind »in der Schule versagt« sollte man das Symptom ernst nehmen und nach verschiedenen Kriterien beurteilen, aber das Kind deshalb nie tadeln. Denn das Symptom drückt nur aus, dass etwas anderes mit dem Kind nicht stimmt. Warum sollte man das Kind und seine Eltern entmutigen und die Zukunft in düsteren Farben ausmalen? Man vermindert die Chancen des Kindes, wenn man dafür sorgt, dass es an Selbstvertrauen verliert. Ich sehe darin nichts Aufbauendes. Das Versagen in der Schule bedeutet für viele Kinder ein tragisches Ereignis. Der Charakter und das soziale Verhalten, die Intelligenz des Körpers, der Hände, Initiative und Sinn für Zusammenarbeit sind für das Leben unentbehrlich. Sich dafür zu interessieren, was in der Klasse (und in den Pausen) besprochen oder getan wird, ist wichtiger als die Noten. Es sind dabei sehr viele emotionale Faktoren im Spiel, die von der Vergangenheit des Kindes, seiner jetzigen Situation und auch von der Atmosphäre in der Klasse abhängen.

Geschwister

Die Beziehung zwischen Geschwistern sind bezogen auf die soziale Erziehung sehr wichtig und ich möchte zu diesem Thema einige goldene Regeln anführen, die eingehalten werden sollten.

Wenn ein Kind noch klein ist, muss man es natürlich vor dem größeren Geschwister schützen, das nicht merkt, dass sein kleinerer Bruder oder seine kleinere Schwester nicht in der Lage ist das zu tun, was es von ihm oder von ihr erwartet: »Er (oder sie) kann noch nicht mit dir spielen, aber er (oder sie) ist intelligent und irgendwann wird er (oder sie) es schaffen«. Und dem kleineren Kind kann man sagen: »Dein Bruder (oder deine Schwester) ist zu groß um mit dir zu spielen«. Aus diesem Grund haben die Kinder das Bedürfnis mehr Zeit mit Gleichaltrigen (oder auch manchmal mit jüngeren oder älteren Kindern) zu verbringen, obwohl sie Brüder und Schwestern in ihrer Familie haben. Das kleinere Geschwister hat die Tendenz alles durch die Augen des größeren zu sehen, und das älteste Kind braucht eine gewisse Zeit um sich für sein jüngeres Geschwister zu interessieren. Und wenn es so weit ist, spielt es sich auf und will für das jüngere Verantwortung übernehmen, was jedoch keineswegs seine Aufgabe ist und der Entwicklung aller Beteiligten mehr schadet als nutzt. Die Eltern sollten einem Kind niemals sagen, dass sie »seinetwegen« ein anderes Kind bekommen wollen. Sehr viele Kinder werden so für ein unerwünschtes Geschwister, das sie sich angeblich gewünscht haben, verantwortlich gemacht, obwohl sie nur den Wunsch nach einem gleichaltrigen Spielkameraden geäußert hatten.

Um noch deutlicher zu werden: Das kleinere Kind hat eine Mutter und einen Vater. Es »braucht« das größere Geschwister nicht.

47

Man sollte vom Älteren auch nicht erwarten, dass es die Rolle des Vaters bzw. der Mutter spielt. Wenn das ältere Kind diese Rolle spontan übernimmt, desto besser oder schlechter für es – aber man sollte ihm auf keinen Fall Komplimente machen. Und wenn beide Geschwister sich lieben, haben sie Glück gehabt! Wenn sie sich nicht lieben, dann haben sie eben Pech gehabt! Aus diesem Grund sollte das ältere Geschwister nicht Patenonkel oder Patentante eines jüngeren Geschwister werden. Es sei denn, es ist sechzehn oder siebzehn Jahre alt, in einem Alter also, in dem man Rechte und Pflichten, Verantwortung und ausbeuterische Machtausübung auseinander halten kann … Und selbst in diesem Alter ist es noch bedenklich. Besser wäre es, dem Neugeborenen einen Patenonkel oder eine Patentante zu geben, die nicht zur direkten Familie gehören.

Eine andere Regel: Man sollte nicht aufs »Petzen« hören. Selbst wenn es sich um etwas Gefährliches oder Verbotenes handelt. Stattdessen sollte man sagen: »Ist alles gut gegangen? Dann ist es in Ordnung!« Auf jeden Fall haben Sie, der Erwachsene, nichts mit eigenen Augen gesehen. »Es war verboten, weil es gefährlich war, und ich verbiete es jetzt immer noch, weil es nach wie vor gefährlich ist«. – »Aber wirst du nicht mit ihm (oder mit ihr) schimpfen?« – »Warum sollte ich? Ich habe ihn (oder sie) nicht gesehen. Aber ich verbiete dir, dasselbe zu tun. Er (oder sie) ist ein Risiko eingegangen – sein (ihr) Glück oder sein (ihr) Pech!« Also nicht schimpfen. Nicht bestrafen. Einfach ruhig zuhören. »Ist es wirklich so passiert?« Oft ist nämlich gar nichts passiert. Das ältere Kind hat seinem jüngeren Geschwister Geschichten erzählt, angegeben, mit Tricks gearbeitet um den anderen zu ärgern oder zu beeindrucken. Der andere ist in die Falle getappt. »Das sage ich aber der Mama.« Man muss diese Art von Erpressung sofort stoppen. Auch wenn ein Kind ein anderes bei den Eltern anschwärzt.

Manchmal prügeln sich Bruder und Schwester. Sie (der Erwachsene) haben nichts gesehen, aber der Kleinere kommt weinend zu Ihnen: »Sie hat mir wehgetan!« Wenn er wirklich Schmerzen hat, muss man ihn trösten, mit ihm Mitleid haben: »Sie hat dir wirklich so arg wehgetan? Die Arme, sie hat nicht gemerkt, wie stark sie ist und dass du jünger und schwächer bist«. Dann kommt diejenige hinzu, die angegriffen hat: »Er nimmt immer meine Sachen …!« Auch für sie findet man tröstende Worte: »Du Arme, du hast es nicht leicht mit solch einem Bruder zusammenleben zu müssen; leider hast du keine Schwester mit ähnlichen Interessen und mit der du toll spielen könntest«. Auf jeden Fall soll man vermeiden dem einen oder dem anderen Kind Recht zu geben. Der Streit legt sich dann von selbst. »Ich habe es nicht mit Absicht getan«, sagt derjenige, der für den Übeltäter gehalten wird. »Das hoffe ich doch, das wäre noch schöner … Du hast ein bisschen übertrieben …« Und dann spricht man nicht mehr darüber.

Manche Kinder »verpetzen« einen Freund oder einen »bösen« Spielkameraden bei ihren oder seinen Eltern. Handelt es sich um Verleumdung oder um falsche Anschuldigung? Man wird nicht schlau daraus. Manchmal geschieht es aus Eifersucht, weil sie die Freiheit oder den Wagemut des Kameraden beneiden oder die Mutter bzw. den Vater von diesem Freund als Eltern haben wollen. Kommt ein Kind um einen Freund oder Kameraden zu verpetzen, kann man es fragen: »Warum kommst du zu mir, warum sagst du mir das?« Wenn es irgendetwas antwortet, kann man es weiter fragen: »Was beunruhigt dich?« Auch Kinder können beunruhigt sein, wenn ihr Freund sich in Gefahren bringt. »Du würdest dich nicht trauen, was David getan hat? Da hast du Recht, wenn du dich noch nicht genügend stark dazu fühlst oder findest, dass es nicht richtig ist. Aber irgendwann wirst du es auch schaffen, wenn du größer bist«. Im Allgemeinen haben Kinder, die zu jedem Erwachsenen rennen um irgendwelche Missetaten eines anderen Kindes zu petzen, Eltern, die sich nicht sonderlich um sie kümmern.

Manchmal beneiden sie Kameraden, die von ihren Eltern versohlt werden und anschließend voller Stolz von ihren Dummheiten erzählen. »Warum erzählst du mir das? Möchtest du auch den Hintern versohlt bekommen?« – »Nein, aber sein Papa geht mit ihm immer zum Fußball«. Kurzum: Der »Petzer« ist an der Eltern-Kind- Beziehung des anderen brennend interessiert.

Für Eltern ist es sehr schwierig die Erziehung bei ihren Kindern, aber auch bei jedem anderen Kind, mit dem sie zu tun haben, richtig zu dosieren. Das Wesentliche der Erziehung besteht darin die Unabhängigkeit des Einzelnen zu fördern und den Sinn für Kritik in Bezug auf das, was möglich und was unmöglich ist, bei den Kindern zu schärfen. Manchmal macht ein Kind irgendeine Dummheit und ist ein schlechtes Vorbild für die anderen. Die Schwester, der Bruder oder die Freunde fangen an es zu imitieren. Dieses Kind ist ein Anführer. Wenn es sich um eine Dummheit handelt, die für die Kinder sehr gefährlich sein könnte, müssen die Eltern, die Zeugen dieser Situation sind, mit dem Kind schimpfen oder es bestrafen. Aber wenn sie eine Strafe aussprechen, sollten sie das Kind, das seinen Freund imitiert hat, mehr bestrafen als den Anführer! »Ich bestrafe denjenigen, der die Initiative ergriffen hat, nicht so arg, weil er immerhin ein Risiko eingegangen ist. Erstens aber wusstest du, dass es eine Dummheit war, und zweitens hast du ihn imitiert. Es sind also zwei Fehler! Denke doch nach, bevor du etwas tust«.

> *Das Nachmachen ist das Gegenteil von Menschwerdung. Zu imitieren ist affenartig. Von daher sollte man in der Erziehung nie den Begriff »schlechtes Beispiel« (das man ist oder dem man folgt) verwenden.*

Leider ist dieser Ausdruck in der Erziehung allgegenwärtig: »Schau doch, wie dein kleiner Bruder brav ist, im Gegensatz zu dir ...« oder »Nimm dir ein Beispiel an der Tochter oder an dem Sohn von ...« Es klingt ganz so, als wünschten sich die Eltern die Kinder der anderen statt ihre eigenen auf die Welt gebracht zu haben! Oft hört man auch Folgendes: »Mein Kind ist ein netter Junge, aber er hat sich von einem ungezogenen Spielkameraden beeinflussen lassen«. Das ist doch kein Argument! Zwischen Geschwistern kann das Nachahmen zu ernsthaften Schwierigkeiten führen. » Um so zu werden wie mein Papa«, sagte ein Junge, der eine fünfzehn Monate ältere Schwester hatte, »muss ich erst einmal so werden wie meine Schwester!« Wenn die Geschwister sich geschlechtlich unterscheiden, merken die Eltern manchmal, dass dieses Abhängigkeitsverhältnis schädlich ist und intervenieren entsprechend. Es gibt in einer Familie zwei älteste Kinder, den ältesten Jungen und das älteste Mädchen. Und man kann sie nicht miteinander vergleichen. Auch wenn die Kinder vom gleichen Geschlecht sind, können solche systematischen Nachahmungen gefährlich sein, selbst wenn sie in diesem Fall weniger auffallen. Die Eltern haben die Tendenz solche »Tandems« in der Familie zu unterstützen. Besser wäre ihnen mit klaren Worten verstehen zu geben: »Du nimmst deine Schwester als Modell, aber sie kann kein Vorbild für dich sein, da ihr völlig verschieden seid und euch ganz unterschiedlich entwickelt. Wenn du versuchst ›wie sie‹ zu werden, wirst du dich weniger gut entwickeln, als wenn du das tust, was du selbst willst. Besser wäre es eine Freundin zu haben«. Wenn die Dinge nicht ausgesprochen werden, gibt es manchmal kein Zurück mehr. Diese »Kupplungen« oder »Tandems« innerhalb einer Familie, dieses unzertrennliche Gespann zwischen einem herrschenden und einem beherrschten Kind sind schädlich für die soziale Entwicklung beider Beteiligten.

Noch ein Wort zu den »schlechten Gewohnheiten« bzw. »Fehlern«, die das Kind korrigieren sollte. Das Kind schafft es nicht, indem es versucht dagegen anzukämpfen. Es kann sie aber überwinden, wenn es seine guten Eigenschaften entwickelt.

> *Man sollte immer über die Qualitäten sprechen, die in jedem Kind von Natur aus schlummern und dem Kind zeigen, wie es dadurch, dass es diese Qualitäten entwickelt, lebenstüchtig wird, sich in die Gesellschaft integrieren und Freunde gewinnen kann.*

Außerdem sollte man vermeiden Verhaltensweisen als schlechte Manieren abzustempeln, die gar keine sind wie z.B. Neugierde, Esslust, Geschwätzigkeit oder das Bedürfnis immer zu zappeln. Äußert sich der Erwachsene diesbezüglich in negativer Weise, glaubt das Kind, es wären Fehler, wobei es sich eigentlich um seine spontane Art handelt, die weiter entwickelt werden kann: Die Neugierde kann Wissenslust, die Esslust feine Geschmacksnerven oder Geschicklichkeit beim Kochen, Geschwätzigkeit der Wunsch nach Kommunikation und die »Zappelei« motorische Geschicklichkeit, die man beim Spielen oder beim Sport einsetzen könnte, bedeuten. Es sei in diesem Zusammenhang daran erinnert, dass Einstein »auf dem Mond lebte«, in der Schule für »debil« gehalten wurde und erst mit neun Jahren lesen und schreiben lernte.

Nicht jedes Kind besitzt ein Naturell, das für die Umwelt angenehm ist, was aber noch lange kein Grund ist seine natürliche Tendenzen als »Fehler« zu bezeichnen, die »korrigiert« werden müssen. In vielen Fällen führt diese Art von Erziehung, angebliche Fehler korrigieren zu wollen, eher zu Mutlosigkeit oder sogar zu Lügen und Heuchelei, zu einem schlechten Gewissen oder einem unglücklichen Narzissmus.

> *Das Kind muss sich zunächst einmal so wie es ist, geliebt fühlen, um dann die Eigenschaften, die es besitzt, weiter zu entwickeln.*

Jedes Begehren kann im Hinblick auf seinen Nutzen für das Kind selbst und für die anderen unterstützt werden. Ein natürliches Verhalten zu brandmarken zerstört die Harmonie des Charakters von einem Kind. Es kann mit Hilfe seiner Natur – und man muss es dabei unterstützen – gesellig, kreativ, erfinderisch oder hartnäckig werden. Wenn das von Natur aus gegebene wertvolle Potential eines Kindes nicht rechtzeitig, d.h. schon sehr früh, erkannt wird, wenn das Kind nicht richtig angeleitet wird seine tatsächlichen Qualitäten kennen zu lernen und zu entwickeln, wird es später nicht in der Lage sein durchzusetzen, was ihm Freude macht, Freundschaften zu schließen oder seine Eigenart schätzen zu lernen. Die Energie, die man braucht um gegen seine angeblichen Fehler zu kämpfen, geht verloren und kann nicht genutzt werden um die Qualitäten zu entwickeln, die in der eigenen, besonderen Natur schlummern. Das darf man nie vergessen. Es ist übrigens ratsam dem Kind kurzfristige oder mittelfristige Ziele zu geben, die es auch erreichen kann, anstatt ihm eine Riesenprogramm für ein perfektes Leben anzubieten.

Weiterhin sind Freundschaften außerhalb des Familienkreises sehr zu empfehlen. Sobald man merkt, dass sich ein Kind von einem anderen Kameraden angezogen fühlt, sollte man es ermutigen diesen Wunsch nach Freundschaft in die Realität umzusetzen und seine eigenen Erfahrungen zu machen. Sehr viele Kinder werden nämlich von vornherein entmutigt oder daran gehindert Erfahrungen mit Dingen oder Personen zu machen, von denen sie sich angezogen fühlen, weil ihre Eltern Angst davor haben, sie würden sich falsche Hoffnungen machen und später enttäuscht werden. Oder die Eltern haben Vorurteile, dass ihre Kinder unter »schlechten Einfluss« geraten, weil ihre Freunde sich sprachlich nicht richtig ausdrücken können, sich unmöglich kleiden oder schlechte Schüler sind. Die besten Beschäftigungen und Beziehungen sind solche, bei denen Kinder Freunde und Kameraden kennen lernen, die anders sind als sie und Familien entdecken, die sich von ihrer eigenen Familie unterscheiden. Kinder müssen lernen, aus eigener Erfahrung heraus Urteile zu bilden – nicht abstrakt, absolut oder nach den Kriterien ihrer Eltern. Es ist für ihre Persönlichkeitsentwicklung gefährlich, wenn man sie zwingt Kinder zu sehen, die sie nicht mögen, eine Sportart zu betreiben, die sie nicht ausstehen können oder ein Musikinstrument zu spielen, das ihnen nicht liegt.

> *Etwas nur zu tun um seinen Eltern (bewusst) zu gefallen ist für das Kind entfremdend.*

Die beste Kontrolle eines Kindes besteht darin ihm zu vertrauen, es alles, was möglich ist, ausprobieren zu lassen und mit ihm über alles ehrlich zu sprechen – insbesondere über die Unterschiede zwischen ihm und den anderen, zwischen seiner Familie und den anderen Familien: Was es selbst darüber denkt, ihm zuhören, wenn es über die Beziehung zwischen anderen Eltern und Kindern oder zwischen anderen Ehepartnern, die es beobachtet, spricht. Man soll ihm helfen über all das nachzudenken und einen Bezug zu der Geschichte und den Erfahrungen von jedem Einzelnen herzustellen. Jungen und Mädchen, die so erzogen werden, sind mit neun oder zehn Jahren für das Leben in der Gemeinschaft gut ausgerüstet. Ohne Scheuklappen, offen gegenüber anderen, laufen sie nicht Gefahr enttäuscht zu werden oder sich anderen zu unterwerfen, weil sie schon eine gewisse innere Distanz besitzen, die ihr Selbstvertrauen stützt, das in dem Vertrauen, das sie zu ihrer Familie haben, sowie in ihrer Toleranz gegenüber anders gearteten Menschen wurzelt.

Natürlich sagen neun- oder zehnjährige Kinder ihren Eltern nicht mehr alles, was sie tun oder denken. Das machen sie nicht deshalb, weil sie irgendetwas vor ihnen zu verbergen hätten, sondern weil sie Verantwortung für sich selbst übernehmen.

Wenn die Eltern nicht zu neugierig und frustriert darauf reagieren, wird sich das Kind in einer schwierigen Situation selbstständig an seinen Vater (wenn es ein Junge ist) oder an seine Mutter (wenn es ein Mädchen ist) wenden um mit ihm (oder ihr) zu sprechen – vor allem, wenn es die Gewissheit hat, dass es dem anderen Elternteil nicht postwendend hinter seinem Rücken erzählt wird (auch das übrigens eine goldene Erziehungsregel). Höchstens kann einer der beiden Eltern dem Kind sagen: »Vielleicht könntest du auch mit deiner Mutter darüber sprechen, denn sie könnte dir gute Ratschläge geben« oder »Du könntest auch mit deinem Vater darüber sprechen, du kannst ihm ruhig vertrauen ...«. Man sollte mit dem Kind gegen den anderen Elternteil keine Einheit bilden oder bei wichtigen Dingen eine Geheimnistuerei veranstalten. Außerdem könnte man den Jugendlichen auffordern sein Anliegen anderen Erwachsenen anzuvertrauen, die gute Ratgeber sein können, damit er selbst herausfindet, welche Entscheidung er treffen muss und sich nicht der Meinung eines seiner Gesprächspartner – sei es seine Mutter oder sein Vater – unterwirft. Ab zehn Jahren ist jedes so erzogene Kind in der Lage sich einen gewissen Leitfaden für sein Leben selbst aufzustellen, nach dem es seine Pläne und sein Handeln richten kann.

Unabhängig vom Alter eines Kindes oder eines Adoleszenten sollten wir uns immer wieder folgende Frage stellen (obwohl wir nicht immer die richtige Antwort darauf finden): »Habe ich es eigentlich für ihn (sie) oder für mich selbst getan, wenn ich meinem Sohn (oder meiner Tochter) in dieser oder jener Situation dieses oder jenes gesagt oder geantwortet habe; wenn ich ihn (oder sie) dieses oder jenes gebeten oder gezwungen habe zu tun? Habe ich mich nicht dabei an seine (ihre) Stelle gesetzt, auf sein (ihr) Alter zurückprojiziert?« Solche Projektionen

finden bei Eltern oft statt und sind schwer zu
unterdrücken, aber sie sind unrealistisch und
besitzen keinen erzieherischen Wert.

Keine Erziehung verläuft problemlos. Das sollte man wissen und unseren Kindern keine Schuldgefühle vermitteln, weil sie Schwierigkeiten haben oder uns Schwierigkeiten machen oder gemacht haben. Schließlich müssen auch sie uns die Schwierigkeiten verzeihen, die wir ihnen – zusätzlich zu ihren eigenen – unnötig zugefügt haben!

Die aktuelle Situation der Familie

Sie haben den Wunsch geäußert, dass ich Ihnen etwas von meiner Erfahrung erzähle, was die Problematik der Familie betrifft. Ich bin gern bereit es zu tun. Jedoch muss man bedenken, dass die Erfahrung des Psychoanalytikers immer im »geschlossenen Raum« stattfindet und mit einigen – für manche Personen sehr genauen – Aussagen über einen ganz besonderen Fall endet. Immer wieder mit ganz speziellen Fällen konfrontiert, entwickelt man im Laufe der Zeit eine andere Art über die Familie zu sprechen. Ich bin aber zuversichtlich, dass ich Ihnen trotz meiner beruflichen Deformation etwas sagen kann, was Sie zum Nachdenken bringt.

Sie sollten nicht davon ausgehen, dass ein Psychoanalytiker dasselbe wie ein Psychiater ist. Er ist zwar manchmal mit psychiatrischen Problemen, aber auch mit Problemen der alltäglichen Erziehung konfrontiert – kurzum: Mit menschlichen Problemen, die im Leben der Individuen auf Grund von aufeinander folgenden oder schlecht kombinierten, zusammengekommenen Zufällen die Wurzel von ernsthaften Traumata sind. Der Psychoanalytiker ist da um den Leuten zu helfen, die ihre Probleme nicht allein lösen können. Er handelt aber nicht durch Suggestion, ist kein »Berater«. Er versucht nur zu erreichen, dass jeder, der in seine Sprechstunde kommt, in die Lage versetzt wird sein eigenes Begehren in Bezug auf all seine Wünsche und Vorstellungen zu erkennen, um dadurch zu lernen, mit seinen eigenen Konflikten allein fertig zu werden. Es gibt jedoch Ratschläge zu Erziehungsproblemen, die sich aus der Praxis eines Psychoanalytikers ziehen lassen.

Die Familie ändert sich

Aber kommen wir zum Problem der Familie zurück, das sehr viele Eltern beschäftigt – und vielleicht durch mangelndes Vertrauen in die Zukunft oder den Verlust von Hoffnung zu erklären ist.

> *Wir stellen fest, daß die traditionellen Familienstrukturen gesprengt werden. Die Eltern haben an Prestige verloren und ihre Autorität wird als Unterdrückung empfunden. Einer Familie anzugehören vermittelt nicht mehr dasselbe Sicherheitsgefühl, wie man es früher hatte. Diese Tatsache hängt meiner Meinung nach damit zusammen, dass die Familie heutzutage a priori weniger integriert zu sein scheint.*

Die Familie an sich besitzt in den Augen anderer Familien und in breiten Bevölkerungsgruppen keinen besonderen Wert mehr. Sie zieht irgendwo ein, niemand kennt sie, und wird nur nach ihrem Äußerlichen bewertet. Man weiß nicht mehr, wer die Familie ist, da ihr Aufenthaltsort ständig wechselt. Er ist meistens eine kleine Wohnung, in der von den traditionellen Erinnerungen – jenen Fetischen, an denen Familien manchmal (und mit großer Freude) hängen – nichts mehr übrig geblieben ist. Die Familie ist nicht mehr mit dem Boden verwurzelt, auf dem sie gewachsen ist; und sollte es einmal der Fall sein, sind diese Wurzeln weniger ein Gewinn, sondern eher eine Belastung. Wie es zum Beispiel bei dieser Familie der Fall war, deren Mobiliar aus der Zehnzimmerwohnung in der Provinz nach Paris in eine Vierzimmerwohnung transportiert wurde, in der die Kinder kaum noch herumtoben konnten. Unter solchen Bedingungen spielen die älteren Mitglieder der Familie nicht mehr die Rolle, die sie früher innehatten, sie können nicht mehr für die Lösung der Spannungen innerhalb der Familie sorgen und helfen, die Familie zusammenzuhalten. Die alten Menschen sind zu »menschlichen Möbeln« geworden, die man in zu kleine Wohnungen gestellt hat, zu Greisen degradiert, deren einziger Besitz ein Fernseher ist, Nervensägen, die Forderungen und Manien haben.

Ständige Mobilität ist im Bewusstsein unserer Zeitgenossen ein Beweis für Vitalität und damit überbewertet worden. Wir leiden unter einer Art »Bewegungssyndrom«, einer permanenten Unstetigkeit. In den Großstädten sieht man die Leute ständig rennen, sieht, wie sie sich vor ihren abstoßenden »Löchern« flüchten. Oft sind es Drei- oder Vierzimmerwohnungen, die von zu vielen Personen bewohnt werden – also fährt man ständig mit dem Auto in der Gegend herum. Dabei sollte die Familie eben kein Wanderzirkus sein. Früher war die Familie in ihrer Art zu leben und zu denken stabiler.

Hinzu kommt, dass heutzutage andere Welten Zutritt zur Wohnung und ins Haus bekommen haben, die man früher in den Büchern, im Theater oder im Varieté zu Gesicht bekam.

Durch das Fernsehen macht sich eine eigenartig fremde Stimmung in der Familie breit: Irgendwelche fremden Leute, die über alles Mögliche erzählen, irgendwelche Stars sind plötzlich zum Zentrum des Lebens der Erwachsenen und der Kinder geworden. Die Medien, die Kino- und Radioprogramme zwingen uns Phantasievorstellungen auf, die uns manchmal verstören und die Familie lahm legen – wobei solche Sendungen oft von den uninteressantesten Leuten der Gesellschaft gemacht werden.

Abgesehen von einigen lustigen Sendungen sehen wir uns tagein tagaus lauter dummes Zeug an – oft in der Hoffnung, dass danach eine interessante Sendung kommt. In der Familie finden dann keine Gespräche mehr statt. Aber gerade durch Gespräche lernen sich die Menschen kennen.

Diese Anziehungskraft, die die Medienwelt auf uns ausübt, dieses »aus sich herausgehen« hinein in die Fernsehwelt lässt uns glauben in der ganzen Welt »dabei« zu sein, aber es ist nur ein Schein; letztendlich bleibt der Mensch doch allein und ist einsamer als früher. Wir versuchen dann wie die anderen zu »glänzen«, mit dem gleichen Tonfall die gleiche Sprache zu sprechen, uns mit den gleichen Dingen zu umgeben oder irgendwelchen Schauspielern oder Models zu entsprechen ... Was steckt eigentlich dahinter? Der Wunsch eine Zuhörerschaft zu haben. Im Grunde genommen versuchen wir uns mit denjenigen zu identifizieren, die in der Gesellschaft ein Publikum haben; denn jeder möchte ein Publikum haben, insbesondere die Jugendlichen. Vierzehnjährige Mädchen schminken sich die Augen wie Stars, benutzen Make-ups wie ihre Heldinnen. Wenn die Familie daraus ein Drama macht, entstehen manchmal derartige Spannungen, dass das Mädchen halb straffällig wird. Wenn man diese »Show« jedoch zulässt und mit dem Mädchen darüber redet, was es fühlt oder was es denkt, verschwindet das entsprechende Verhalten ziemlich schnell. Man sollte nicht auf die Verkleidung Wert legen, sondern auf das, was dahinter steckt. Dasselbe gilt natürlich auch bei Jungen, deren Modetorheiten gerade durch die Ablehnung der Eltern entsprechend aufgewertet werden.

Sein und Schein

Wir müssen wissen: Zwar sind wir mit einem neuen Stil konfrontiert, aber was tief in uns ist, bleibt. Und diese Tiefe sollte man mit dem äußerlichen Schein nicht verwechseln. Mit seinen ganzen Verkleidungen versucht der Adoleszent ein Wesen zu finden, das sein Doppelgänger, sein Kompagnon oder seine sexuelle Ergänzung ist. Gerade auch in christlichen Familien sollte man auf das Äußerliche keinen Wert legen, sondern sich darum kümmern, was tief in dem Menschen steckt. Denn hinter dem gespielten Schein existiert eine Person, die man unterstützen und der man helfen muss sich selbst, über das, was sie zum Ausdruck bringen will bzw. nicht bringen kann, kennen zu lernen.

Die Kontinuität des Subjekts ist immer vorhanden, selbst im Schlaf. Es gibt jedoch eine Diskontinuität, die auf den Schub des Begehrens, die Suche nach dem ergänzenden anderen zurückzuführen ist, der ab dem Alter von zwölf oder dreizehn Jahren die sexuelle Ergänzung ist. Vorhanden war dieser andere aber bereits mit achtzehn Monaten und trat als Gegenüber bei dem Austausch von sprachlich zum Ausdruck gebrachten Empfindungen in Erscheinung. Man muss wissen, dass ein Mensch, der begehrt, immer das Gefühl hat ein Risiko einzugehen, sonst würde er nicht wirklich begehren.

Begehren impliziert Risiko, das wiederum Angst erzeugt – im Gegensatz zum Bedürfnis und dessen Befriedigung, die nicht mit Angst besetzt sind.

Im Falle von Angst oder Zweifeln gibt es jedes Mal auch ein verstecktes Begehren, das sich im Hinblick auf eine Ergänzung manifestiert. Das gehört zur menschlichen Natur und wir werden es nie ändern können – ebenso wie wir die Hoffnung aufgeben müssen alle Ängste beruhigen zu können. Sobald ein menschliches Wesen bewusst ist, ist es der Schauplatz aller möglichen Widersprüche, insbesondere des Widerspruchs zwischen dem Wunsch sich zu erhalten und dem Wunsch sich über seine Möglichkeiten hinweg zu realisieren und zu übertreffen. Aber es kommt vor, dass ihm niemand dabei hilft diese Angst zu leben. Es besteht die Gefahr, dass er die eigene Wertschätzung verliert, wenn man auf seine Erwartung nicht eingeht. So geschieht es, dass sich die Angst in Schuldgefühle verwandelt – ein Prozess, den die Erziehung versuchen sollte zu vermeiden. Dem Kind muss schon sehr früh beigebracht werden seine eigenen Konflikte als normal, als Zeichen seiner Vitalität zu verstehen. Die Jugendlichen müssen das Gefühl haben, dass die Spannung zwischen dem Verbundenheitsgefühl zu ihrer Familie und dem Wunsch diese zu verlassen, ein Zeichen von Vitalität ist. Dieses Gefühl wird nur dann pathologisch, wenn die Familie für diesen Widerspruch kein Verständnis aufbringt. In diesem Fall kann die »Jugendbande« zu einer echten Gefahr werden.

Die inneren Bilder von Vater und Mutter

Beim jetzigen Stand der Dinge muss man sich fragen, was die Familie für ein Kind wirklich darstellt.

Die Familie existiert immer noch; die Leute sind noch verheiratet, selbst wenn es für nicht allzu lange Zeit ist. Das Kind wird also am Anfang seines Lebens meist von einem Paar erzogen. Selten gibt es am Anfang nicht drei Personen – und diese Triade ist zu Beginn der Erziehung unentbehrlich. Denn bei der Zeugung eines Kindes sind drei Personen im Spiel: der Vater, die Mutter und das Subjekt, das sich in die erste, aus der Zusammenkunft zweier ursprünglicher Zellen entstandene Zelle einpflanzt. Auch wenn man selbst vergisst, dass man anfangs zu dritt war, das Kind vergisst es nie. Wenn die Erziehung diese Dreierkonstellation nicht berücksichtigt, ist der Keim der Psychose gelegt – aber zum Glück entwickelt sich nicht jeder Keim!

Aus diesem Grund ist für ein Kind, das wie ein Parasit mit seiner Mutter lebt, wichtig, dass die Mutter gegen sein Parasitentum kämpft, indem sie sich um einen Rivalen kümmert – um diese Art »umherziehendes« vertikales Wesen (den Vater), das dem väterlichen Bild, das es in sich trug, konkrete Umrisse verleiht.

Denn jeder Mensch, selbst wenn er in seinem Leben nie Eltern gekannt hat, besitzt die Vorstellung darüber, was eine Mutter und was ein Vater ist. Das ist ein psychologisches Gesetz, gegen das wir nichts unternehmen können – selbst in einer Gesellschaft, in der es keine Familien mehr gäbe und die Kinder in Kindergruppen erzogen würden. Für ein Kind entspricht der Vater dem diskontinuierlichen, härteren Aspekt seiner psychologischen Struktur. Ein Vater ist jemand, mit dem man sich als Junge identifiziert, jemand, der einen auf die Nichtbeachtung des Gesetzes hinweist, der einen in seiner sozialen Entwicklung unterstützt und einem ein Tauschobjekt gibt – Geld. Ein Vater ist jemand, der einen in das Gesetz des Austausches einführt, der in der Gesellschaft praktiziert wird – Austausch von Verhaltensregeln und Austausch von Macht – symbolisiert durch das Geld. Er ist auch die Person, die dem Subjekt seinen Namen gibt (oder nicht gibt) und es dadurch anerkennt (oder nicht anerkennt) – und zwar bevor jeder sozialer Vertrag abgeschlossen ist.

Die Mutter ist die Person, die einen ernährt und pflegt. Sie ist ein Wesen, das die Bedürfnisse befriedigt und immer ein Mittel findet, wenn es einem dreckig geht. Wenn das Kind der väterlichen Instanz (zum Beispiel in der Schule) begegnet ist und sich niedergeschlagen fühlt, hat es im Kopf als Zufluchtsort das Bild der Mutter. In den Western kommt immer eine mütterliche Frau vor. Die Mutter ist also die Krankenschwester, die einen pflegt, wenn man sich krank fühlt, und ansonsten für alle Gesunden des anderen Geschlechts das Objekt der Begierde. Aber das Kind braucht auch eine Mutter, die sich ihm durch andere als nur häusliche Aktivitäten entzieht.

Nur so findet sein Wunsch nach Entwicklung einer eigenen Persönlichkeit Unterstützung.

> *Unbedingt sollte man gegenüber einer in unserer Gesellschaft alles überwuchernden mütterlichen Instanz misstrauisch sein, die wie eine schlecht organisierte Sozialversicherung zu viele Schäden deckt.*

Dank diesem inneren Bild der tröstenden Mutter und des bestimmenden Vaters können die meisten Adoleszenten den größten Teil ihrer Probleme lösen: Sie können z.B. innerhalb einer Jugendbande die Rolle des männlichen Ideals und der väterlichen Fürsorge abwechselnd spielen.

Wenn das Kind mit einem besonders schwierigen Problem konfrontiert ist, braucht es zum Trost den körperlichen Kontakt mit der Mutter oder einer Person, die ihr nahe steht. Für das Kind sind körperliche Kontakte unbedingt notwendig und zwar mindestens bis es seine Milchzähne verliert, also bis etwa zum siebten Lebensjahr. Man darf ein Kind nicht unter dem Einfluss von falsch verstandenen psychoanalytischen Theorien zurückstoßen, weil man durch die Berührung eine angeblich ungesunde Sinnlichkeit fördern würde; dann wird das Kind die körperliche Berührung zu anderen Kindern suchen und unter Umständen eine morbide Sinnlichkeit entwickeln.

Die schwierigen Phasen: Entwöhnung (Abstillen) und Alles-anfassen-Wollen

Es gibt in der Kindheit zwei schwierige Phasen: die der Entwöhnung und die Phase, in der die Kinder alles anfassen wollen. Wenn beide Phasen gut überstanden sind, kann im Leben des Erwachsenen nichts mehr schief gehen.

Das Abstillen, das ein Verzicht auf den engen Körperkontakt mit der Mutter ausdrückt (das Kind lebte bis dahin gewissermaßen im Geruch seiner Mutter), muss mit mehr Zuwendung durch Worte und gestische Mimik kompensiert werden. Wird diese Phase reibungslos erlebt, entwickelt das Kind seine akrobatische Motorik – eine Phase, die vor der Beherrschung des Schließmuskels stattfinden soll. Wenn im akrobatischen Alter die Sauberkeitserziehung praktiziert und das Kind getadelt wird, weil es sich »schmutzig« gemacht hat, ist es überfordert: Schließlich kann es nicht gleichzeitig seinen Schließmuskel beherrschen und die Geschicklichkeit seiner Hände entwickeln. Aber sobald es dazu in der Lage ist, eine Haushaltsleiter hoch- und herunterzuklettern, kann es innerhalb von vierundzwanzig Stunden sauber sein. Die vom Kind seit drei Monaten so sehnlich gewünschte Sauberkeit wird auf einmal möglich. Mit anderen Worten: Wenn Sie ein Kind in die Welt setzen, müssen sie davon ausgehen, dass es mindestens 26 Monate bedarf, bis Sie die Windeln loswerden.

Das Alter, in dem das Kind alles anfassen möchte, ist ein sehr wichtiges Alter. Das Kind lernt mit vierzehn bis achtzehn Monaten die Dinge kennen und die Mutter muss es dabei begleiten (natürlich ist es für sie sehr anstrengend, vor allem wenn sie wieder schwanger ist!). In dieser Phase darf sich das Kind nicht in einer Welt vorkommen, in der »der Vater in allen Möbeln ist«. Der Vater stellt für das Kind nämlich das Gesetz dar, gegen das seine Wünsche verstoßen. Er ist die

Person, die ihm *Mama* wegnimmt, das heißt die Sicherheit des Kontakts mit sich selbst. Manchmal hört man kleine Kinder, wenn sie den Finger in die Steckdose stecken, sagen: »Ist Papa da?«, »Papa wird verbrennen«. Was seine Sicherheit betrifft, assoziiert das Kind die väterliche Instanz mit den Erfahrungen von Diskontinuität. Wenn diese Sicherheit nicht mehr gewährleistet ist, dann ist es *der andere*, der sie (die Mutter) einem weggenommen hat.

Wenn die Mutter – oder eine andere Bezugsperson, die sie ersetzt – präsent ist und die Erfahrungen, die das Kind macht, stets in Worte fasst (z.B. »eine heiße Teekanne oder ein Bügeleisen muss man so anfassen, damit man sich nicht verbrennt«), das Kind also bei allen gefährlichen Aufgaben durch Worte und Gesten begleitet wird, werden Sie sehen, dass es sehr vorsichtig und geschickt wird und in der Familie kaum Unfälle verursacht.

Die Erziehung soll die Autonomie der Person zum Ziel haben und das Kind soll wissen, dass es nicht beschimpft wird, wenn ihm ein Unglück passiert, da die Ursache seines Unglücks lediglich die schlechte Ausführung einer Bewegung ist – ebenso hätte der Erwachsene diese Bewegung falsch ausführen können. Das Wichtigste ist, dass sich ein Kind in seinem Verhalten gegenüber den Elementen, den Dingen, den Tieren, den Personen oder den Gesetzen mit den anderen Menschen gleichgestellt fühlt; es soll sich also nicht so fühlen, als würde es sich auf der einen Seite der Schranke befinden, während sich die Erwachsenen auf der anderen Seite befinden, der vom lieben Gott bzw. der höchsten väterlichen Instanz.

Die Phase, in der das Kind alles anfassen möchte, dauert einen Monat oder anderthalb Monate – zwei Monate bei Kindern, die länger brauchen, um die Gesetzmäßigkeit zu begreifen, wie man mit verschiedenen Dingen umgehen muss. Was soll, wenn diese Phase vorbei ist, eigentlich noch verboten sein? Innerhalb der Familie praktisch nichts mehr, außer dem unerbittlichen Verbot, das vorübergehend ist und darin besteht, dem Kind zu sagen: »Das ist verboten, bist du geschickter oder größer wirst und es tun darfst«. Eine Mutter kann sich jeden Tag eine Stunde Zeit nehmen um dem Kind die Erforschung des Hauses zu ermöglichen. Man nimmt sich einen Raum nach dem anderen vor, in dem das Kind alles berühren darf – ich sage *alles* – was unter anderen Bedingungen (auch für die Erwachsenen) Katastrophen auslösen würde. Wenn sie so vorgehen, werden Sie keine Sorgen haben: Ihr Kind wird sich Ihnen mit drei Jahren so gut wie nicht mehr widersetzen. Warum? Weil ein Kind, dem jedes Mal ein Unglück passiert, wenn es versucht sich mit dem Verhalten der Erwachsenen zu identifizieren, Angst bekommt, sich schuldig fühlt und eine Strafe provoziert um sein Schuldgefühl loszuwerden. So fabrizieren wir widerspenstige Kinder, weil wir ihnen in der Phase, in der sie alles berühren wollen, nicht die Kenntnis des Maßes ihrer Möglichkeiten als »kleine im Werden begriffene Menschen«, die zu der gleichen Gattung gehören wie wir, beigebracht haben.

Das Kind und das Gesetz

Ich glaube, dass Kinder sehr früh über die *wirklichen* Gesetze aufgeklärt werden müssen. So sollte man einem Kind nicht sagen – selbst wenn es für die Mutter vielleicht praktisch ist –, dass es mit drei Jahren in den Kindergarten kommen *muss*. Wenn wir dem Kind von einem Gesetz erzählen, sollten wir darauf achten, dass es sich um ein wirkliches Gesetz handelt – nämlich um ein Gesetz, das außerhalb der Familie existiert und das Zusammenleben der Staatsbürger, zu denen das Kind auch gehört, regelt. Und was für die staatlichen Gesetze gilt,

gilt auch für die Gesetze im Verhalten gegenüber den Dingen. Manches ist unbedingt verboten, wie z.B. den Füller des Vaters zu nehmen, denn man könnte ihn kaputtmachen (was unter Umständen auch für Erwachsene gilt), oder grundlos den Vorschulkindergarten oder die Schule zu versäumen ... Hat sich ein Kind über ein Gesetz hinweggesetzt, fühlt es sich schuldig und versucht dieses Gefühl durch eine Strafe loszuwerden – allerdings durch eine Strafe, die es selbst einkalkuliert hat. Ein Verstoß gegen ein Gesetz muss bezahlt werden. »Hat es sich für dich gelohnt eine Strafe zu riskieren?«, sollte man das Kind fragen. »›Es hat sich gelohnt‹, sagst du, dann hast du richtig gehandelt!« So erzieht man sein Kind zur Autonomie. Wenn die Kinder dauernd in der Schule »nachsitzen« müssen, sind Eltern oft ärgerlich. Das Kind verkündet: »Mir ist es Wurst« – was natürlich nicht stimmt, denn man sieht es an seinem Gesicht, dass es ihm nicht egal ist. Aber es freut sich seine Eltern damit ärgern zu können. Fragt man es aber: »Hat sich das für dich gelohnt? Wodurch hast du dir diese Strafe eigentlich verdient?« – »Ich habe fünf Minuten dazwischengeschwätzt.« – »Und, hat sich das gelohnt?« – »Überhaupt nicht!« – »So ist es eben, man muss sich das Recht dazwischenzuschwätzen erkaufen. Du hast es zu teuer bezahlt.«, wird das Kind beim nächsten Mal in der Lage sein, solche Schlussfolgerungen allein zu ziehen.

Wenn das Kind mit den Gesetzen der Gruppe, der Gesellschaft oder der Schule in Konflikt geraten ist, sollten Sie sich nicht einmischen und das, was geschehen ist, als gut oder schlecht beurteilen. Und wenn sich ein Kind über ein Gesetz oder ein Verbot hinwegsetzt, sollten Sie niemals die entsprechende Bestimmung aufheben. Niemals! Denn nur so können Sie dem Kind helfen die väterliche Instanz zu verinnerlichen. Natürlich können die Bestimmungen nach und nach und entsprechend der Altersentwicklung des Kindes gelockert werden. Aber ihre Aufhebung sollte außerhalb der Situation, in der sich das Kind über eine Bestimmung hinweggesetzt hat, verkündet werden.

Wie Sie sehen, sollte die grundlegende Erziehung durch die Familie oder einen Familienersatz immer in einer Dreierkonstellation stattfinden; das Subjekt befindet sich dann zwischen einer mütterlichen und einer väterlichen Instanz, die auf bestimmte Ereignisse unterschiedlich reagieren.

Diese Dreierkonstellation ist für die menschliche Natur notwendig und alle heutigen sozialen Veränderungen können nichts daran ändern.

Beim jetzigen Stand der Dinge ist es das Beste, wenn die Eltern dafür sorgen, dass ihre Kinder Freunde haben, außerhalb ihrer vier Wände eigenen Interessen nachgehen, die Interessen ihrer sozialen Gruppe mit denen des persönlichen Lebens in der Familie in Einklang bringen und ihre Kreativität mit *anderen* austauschen. Diese Erziehungshaltung integriert das Kind in die Gesellschaft und sorgt für eine positive Einstellung gegenüber seiner Familie, mit der es sich verbunden fühlt. Gleichzeitig kann sich das Kind von Jugendlichen oder »Jugendbanden« angezogen fühlen, ohne in Gefahr zu geraten straffällig zu werden.

Großzügigkeit

Ich möchte etwas über die Erziehung zur Großzügigkeit sagen. Oft gerät man in Panik, wenn man egoistische Kinder sieht, die alles für sich behalten wollen ... Aber gerade solche Kinder werden später die großzügigsten sein. Ist ein Kind nicht großzügig, hat es einfach nicht verstanden, dass es alles hat, was es braucht. Auch für die Großzügigkeit gibt es ein bestimmtes Alter. Aber vorher muss das Kind einen Sinn für Besitz entwickelt haben. Es wäre falsch das Fehlen dieses Sinns oder die Tatsache, dass man sich im Schmerz seinen Besitz wegnehmen lässt für Großzügigkeit zu halten. Man darf nicht vergessen, dass ein Kind manchmal etwas scheinbar leicht herausgibt, nur um den Erwachsenen zu gefallen. Der Erwachsene hat es dazu aufgefordert ohne zu wissen, dass das Geben die Identifikation mit demjenigen bedeutet, der besitzen wird. So lange das Subjekt nicht genug hat kann es nicht geben ohne es in Nachhinein zu bereuen. Um in das Alter des Gebens zu kommen, muss man erst das Alter des Tauschens durchgemacht haben.

Die Phase des Tauschens wird von den Eltern verkannt und oft negativ erlebt. Warum? Weil Kinder Dinge tauschen, die nach Meinung der Eltern nicht den gleichen Geldwert haben. Ein Kind tauscht z.B. eine Glaskugel im Wert von 20 Pfennigen gegen einen Kugelschreiber im Wert von 6 Mark. Wir sollten uns aber nicht zu sehr in das Tauschgeschäft unter Kindern einmischen, sondern die Sache von der Ferne aus betrachten. Man kann mit ihnen darüber sprechen, aber sollte sie ihren Tausch ruhig machen lassen, denn danach kommt mit sieben oder acht Jahren die Phase, in der sie den Wert des Geldes einzuschätzen lernen. Erst in dieser Phase ist dann der Begriff Großzügigkeit angebracht.

Das Schamgefühl

Noch einige Worte zum Schamgefühl. Es ist ganz falsch zu glauben, dass es den Kindern gut tut, wenn man sich vor ihnen nackt zeigt. Wir sollten unsere Kinder immer wie Ehrengäste betrachten. Und man läuft schließlich nicht vor allen Leuten nackt herum ... Alles, was das Kind sieht und begehrt, will es auch berühren. Also können wir ihm nicht erlauben Dinge zu sehen, die es – und dies mit Recht – nicht berühren darf. Wir sollten also vermeiden das Kind mit unserer Nacktheit zu konfrontieren. Das Kind kann von sich aus versuchen, seine Eltern nackt zu sehen – z.B. durch das Schlüsselloch zu schauen. Ein Kind verspürt manchmal das Bedürfnis zu wissen, wie der Körper des Erwachsenen aussieht. Wenn es sich dieses Wissen allein verschafft und darüber spricht, sollte man es nicht tadeln, sondern ihm sagen: »Später wirst du auch so aussehen«. So respektiert man sein Schamgefühl und seine Freiheit. Es ist nicht nötig einem Kind, das sich allein waschen kann und unsere Hilfe nicht mehr braucht, im Bad zu helfen. Wir sollten ihm erlauben die Badezimmertür abzuschließen. Wir sollten das Schamgefühl und ebenso die Liebesgefühle von Kindern respektieren. Es gibt für ein Kind, das sich beispielsweise von einem Mädchen angezogen fühlt, nichts Schlimmeres als die Reaktion seiner Eltern, die ihm sagen: »Oh, er hat das kleine Mädchen Sowieso aber ganz besonders angeschaut. Es scheint ihm wohl zu gefallen«. Für ein Kind und noch mehr für einen Jugendlichen ist es ausgesprochen demoralisierend, wenn man seine Liebesempfindungen hervorhebt.

Weibliche und männliche
Beschäftigungen

Noch eine Bemerkung zu weiblichen und männlichen Beschäftigungen. Wenn ein Kind so erzogen wird, wie ich es Ihnen vorgeschlagen habe, werden Sie sehen, wie es sich (je nachdem, ob es ein Junge oder ein Mädchen ist) nach der abgeschlossenen Phase, in der es alles berühren will, mit den Tätigkeiten der Mutter und des Vaters identifiziert. Man sollte sich nicht über einen Jungen lustig machen, wenn er gern näht oder bügelt, weil es sich angeblich um eine typisch weibliche Beschäftigung handelt. Ebenso wenig sollte man ein Mädchen kritisieren, das Nägel einhämmert. Alle diese Beschäftigungen sind für das Kind, das seine Eltern nachahmt, eine Möglichkeit, mit ihnen zu rivalisieren. Sie helfen ihm dabei sich psychisch zu strukturieren und seine eigenen Möglichkeiten kennen zu lernen. Sie können einem Kind nicht dadurch helfen sich zu entwickeln, indem Sie ihm permanent sagen: »Tue dies, tue jenes!« Das Kind muss vor dem achten Lebensjahr zu Hause Erfahrungen gemacht haben, durch die es sich aufgewertet fühlt. Denn nach dem neunten Lebensjahr sucht man diese Aufwertung eigentlich bei anderen Familien – z.B. indem man einer anderen Mutter hilft Einkaufstüten hochzutragen oder ein Baby hütet. Man kann sich mit anderen befreundeten Familien absprechen und die Kinder austauschen, die dann anderen Eltern helfen. Es trägt viel zur Entwicklung des Selbstvertrauens der Kinder bei.

Die Erziehung in den ersten Jahren ist
unauslöschlich

Revue Notre Dame: Man behauptet oft, dass die frühkind-liche Erziehung, d.h. die Erziehung in den ersten Mona-ten und Jahren sehr wichtig sei.

Françoise Dolto: Was auch hundertprozentig zutrifft. Aber danit meint man ja nicht, wie Eltern ihre Kinder *bewusst* erziehen. Erziehung bedeutet für mich in diesem Zusam-menhang nicht das Kind zu dressieren oder ihm irgendwel-che Verhaltensweisen aufzuzwingen. Hier geht es um den Respekt, den man dem Kind *sich selbst gegenüber* beibringt und der damit zusammenhängt, ob ein Erwachsener mit dem Kind respektvoll umgeht. Was immer damit zu tun hat, wie der Erwachsene selbst erzogen wurde. Jemand, der nur hö-ren würde, was der Erwachsene dem Kind sagt, würde über-haupt nicht verstehen, worin die Erziehung besteht. Denn diese Erziehung ist nicht in Worten nachzuvollziehen, son-dern in erster Linie eine Art des (Da-)Seins, das dem Kind Vertrauen in sich selbst gibt oder Misstrauen sich selbst ge-genüber erzeugt; dieses (Da-)Sein kann es stolz auf sein Ge-schlecht und seine eigenen Initiativen machen, ihm die Si-cherheit geben, dass es immer geliebt wird, unabhängig davon, was es macht und selbst wenn man mit ihm manch-mal schimpft.

Im Grunde genommen ist die Erziehung, so wie ich sie be-greife, eine Frage von Sicherheit oder Unsicherheit. Entweder sie ermöglicht die Entwicklung der Dynamik der Kindes oder bremst sie. Die ganze Erziehung dreht sich letztendlich um diese Frage und gerade deshalb lässt sich sagen, dass die Erziehung in den ersten Jahren unauslöschlich ist.

Wenn ich unauslöschlich sage, meine ich nicht, dass die frühe Erziehung nur Schlechtes mit sich bringt. Ich meine damit, dass sie die Persönlichkeit des Kindes, seine Art zu sein und zu leben, strukturiert. Und diese Persönlichkeit wird man nicht ändern können.

Der Vergleich mit einem Baumstamm liegt nahe. Wenn ein Baum zu wachsen beginnt, ist er zunächst nur ein ganz kleiner, zerbrechlicher Spross. Aber schon in diesem Stadium weiß man, daß er drei oder vier Hauptzweige haben wird. Später wird der Baum sein Astwerk entwickeln, der Stamm kann jetzt durchaus zwei Fuß messen, aber seine drei oder vier Hauptzweige, aus denen seine anfängliche Struktur bestanden hat, bleiben.

R.N.D.: Werden junge Eltern nicht verunsichert und ängstlich, wenn man die Erziehung in den ersten Lebensjahren so sehr betont. Machen sie nicht zusätzliche Fehler?

F.D.: Es kann durchaus sein, dass sich junge Eltern verunsichert fühlen, aber nur weil sie nicht verstanden haben, was man damit gemeint hat, die Erziehung der ersten Jahre würde sich positiv oder negativ auf die Zukunft des Kindes auswirken. Es kommt aber auch vor, dass sich Eltern manchmal über etwas keine Sorgen machen, was ihnen eigentlich Sorgen bereiten sollte.

Wenn Eltern lebendig, glücklich und fröhlich sind und ihr Kind wie einen Menschen behandeln, tun sie das Richtige und haben keinen Grund sich ängstlich oder unsicher zu fühlen. Aber man soll sich nicht mit Worten zufrieden geben. Das Kind muss als Mensch, als Junge oder Mädchen, vollberechtigt in das Leben des Ehepaars integriert sein und würdevoll von den Eltern behandelt werden. Man geht nicht mit einem Kind wie mit einer Puppe oder einem Haustier um. Es reicht auch nicht aus bloß lieb zu dem Kind zu sein. Man muss das Kind ganz und gar respektieren. Man muss es selbst in seinen Blicken respektieren. Man tut nicht vor dem Kind, was man vor einem Ehrengast nicht tun würde. Ein Kind erziehen heißt also es als Menschen behandeln, es dazu bringen seine eigene Dynamik zu entwickeln, ihm helfen, sich als gleichberechtigter Mensch unter den anderen Menschen zu fühlen. Und das soll in der Dreierkonstellation – Vater, Mutter und Kind – stattfinden. Das Kind muss sich als eines der drei Pole begreifen. Wenn man nur zwei Pole hat, nämlich die Mutter und das Kind, hat man eine Zweiersituation, einen »Spiegeleffekt«, der sich langfristig negativ auswirkt, weil dadurch die zukünftigen dynamischen Möglichkeiten des Kindes behindert werden. Wie Sie sehen, bewegen wir uns jetzt nicht auf der Ebene der »guten Manieren«, die man dem Kind beibringen soll, sondern auf der Ebene der Dynamik des Unbewussten.

> *Deshalb ist es sehr wichtig, dass die Mutter, falls der Vater physisch nicht anwesend ist, immer wieder auf den Vater hinweist, um die Dreiersituation wieder herzustellen.*

Sie soll dem jungen Kind sagen: »Wenn dein Vater nicht da gewesen wäre, wärest du nicht auf die Welt gekommen. Du hast einen Vater wie jedes Kind auch und vielleicht wirst du später versuchen, ihn kennen zu lernen. Zur Zeit bin ich auf ihn böse, aber als du geboren wurdest, habe ich ihn geliebt. Und dass ich dich liebe, beweist, dass dein Vater positive Eigenschaften hat.« Leider findet ein solcher Dialog nicht immer statt. Es ist sehr wichtig, dass diese Art von Versöhnung zwischen Mutter und Kind in Bezug auf den Vater so früh wie möglich stattfindet.

R.N.D.: Immer häufiger gehen Mütter, auch wenn ihr Kind noch ganz klein ist, außerhalb des Hauses arbeiten. Wie lässt sich dieser Abwesenheit begegnen?

F.D.: Natürlich kommt es vor, dass die Mutter aus finanziellen oder anderen Gründen arbeiten geht. Zu diesem Thema möchte ich von vornherein sagen, dass ein Kind seine Mutter nicht vierundzwanzig Stunden um sich haben muss. Das Kind braucht auf keinen Fall eine Mutter, die, weil sie zu Hause bleibt, depressiv wird. Das Kind braucht das permanente Gefühl der Sicherheit – wenn nicht bei seiner Mutter, dann bei einer zuverlässigen Person, die von seiner Mutter bezahlt wird und an ihrer Stelle die Verantwortung übernimmt, wobei das Kind die Unterscheidung zwischen seiner eigenen Mutter und der anderen Person als Mutterersatz machen muss. Wichtig ist dabei, dass man dem Kind, ob es vierzehn Tage, drei Monate oder zwei Jahre alt ist, die Wahrheit über alles, was um es herum passiert oder es direkt angeht, sagt: »Diese oder jene Person wird sich jetzt um dich kümmern, bis ich wieder zu Hause bin.« Und man soll das Kind ruhig weinen lassen, wenn es traurig ist, anstatt so zu tun als würde man bleiben, nur weil man Angst vor der Reaktion des Kindes hat. Wenn ein Kind leidet oder glücklich ist, sollte man seine Empfindungen mit Worten begleiten und so dazu beitragen, dass seine Gefühle humanisiert werden.

Das kleine Kind braucht ständig eine Person um sich, die sich um es kümmert, aber es muss nicht immer die gleiche Person sein. Dagegen muss das Kind wissen, dass es immer das Kind seiner Mutter und seines Vaters bleibt, was sich niemals ändern wird. Denn was ich in Bezug auf die Mutter gesagt habe, gilt auch für den Vater. Wie man weiß, kommt es oft vor, dass ein Vater, der ein Kind gezeugt hat, später nicht unbedingt sein »Papa« ist. Dieser Vater kann durch einen Adoptivvater oder den neuen Ehemann der Mutter oder gar die Mutter selbst ersetzt werden, die ihr Kind allein erziehen muss. Es ist in diesem Fall sehr wichtig, dass das Kind weiß einen Vater zu haben, der es gezeugt hat, selbst wenn es dessen Namen nicht trägt, weil es von einem anderen Mann adoptiert worden ist. Was den Mann betrifft, der mit der Mutter zusammen lebt, so ist er der »Papa«, nämlich derjenige, der dem Kind das Bett der Mutter verwehrt. Das Kind muss wissen, dass die erwachsene Frau und der erwachsene Mann, die zusammen leben, Rechte haben, die es auf seinem Niveau nicht haben kann.

Aber um auf das Thema des kleinen Kindes zurückzukommen, das man einer anderen Person anvertraut – es liegt auf der Hand, dass manche Mütter nur deshalb eine ablehnende Haltung einnehmen, weil sie bei ihrem Kind den ganzen Platz einnehmen wollen. Was falsch ist, denn sie muss diesen Platz ja irgendwann doch räumen … Mit sechs Jahren wird das Kind der Mutter den Rücken kehren und die Lehrerin in der Schule »anbeten«.

Die Mutter, die ihr Kind einer anderen Frau anvertraut, sollte dafür sorgen, dass diese wirklich die »Mama« ihres Kindes wird, die sich um es kümmert, die auf seine Bitten mit ja oder nein antwortet. Sie wird ja nie die leibliche Mutter ersetzen können, die dem Kind in Bezug auf den leiblichen Vater, den es in sich trägt, eine Orientierung gibt. Das Kind muss unbedingt wissen, dass es eine leibliche Mutter hat. Aber es ist schädlich, wenn diese Mutter ihr Kind für sich allein besitzen will. Es wäre sogar eine Perversion, die die Gefahr mit sich bringt, dass sich das Kind bereits vor dem vierten Lebensjahr sexuell einseitig fixiert.

Die Dreierkonstellation ist absolut notwendig, die Mutter muss sich um jemand anderen kümmern als um ihr Kind allein. Das ist ein grundlegendes Prinzip, der Schlüssel zu einer gesunden Erziehung.

R.N.D.: Heutzutage gehen Kinder schon sehr früh in die Kinderkrippe. Stellt es einen Bruch für sie dar, den man ernst nehmen sollte, oder ergibt sich daraus eher eine Chance?

F.D.: Sicherlich braucht ein Kind den Kontakt zu der Gemeinschaft, sobald es die Klinik verlassen hat – also nach den Tagen oder Wochen, die es dort verbracht hat. Aber dieser Kontakt soll mit der Mutter und in gewisser Hinsicht auch mit dem Vater zusammen erlebt werden. Bevor man sein Kind von einer Institution betreuen lässt, in der die Eltern abwesend sind, sollte man es langsam daran gewöhnen, indem man mit ihm zusammen Erfahrungen des Zusammenlebens mit anderen Kindern – und wenn möglich an einem anderen Ort als zu Hause – sammelt. Denn ein Kind braucht den Kontakt zu anderen Kindern, um sich gegen die Aggressivität des Zusammenlebens in der Gemeinschaft zu wappnen und sich zu strukturieren. Aber diese Erfahrung soll im Beisein der Mutter oder des Vaters gemacht werden, der dem Kind in Bezug auf seine Identität Sicherheit gibt.

Denn es ist für das Kind dramatisch, wenn es mit anderen Kindern zusammen ist und nicht mehr weiß, wer es eigentlich ist.

In vielen Fällen verläuft der Übergang zwischen dem familiären Milieu und der fremden Institution nicht gerade harmonisch. Aus diesem Grund haben wir hier das »Maison Verte« (Grünes Haus) gegründet. Das Kind kommt mit seinem Vater und seiner Mutter dorthin und alles, was zwischen ihm und seinen kleinen Kameraden geschieht, wird mit den Eltern besprochen und diskutiert. Es werden keine Werturteile über das Kind abgegeben. Wenn zum Beispiel ein größeres Kind ein kleineres schlägt – was oft vorkommt, da die Großen immer stärker sind als die Kleineren, das ist nun mal so –, wird das Kind, das geschlagen worden ist, zu seiner Mutter gebracht, die es tröstet. Das Kind kann dann zu seinem Aggressor zurückkehren und seine Erfahrung nach und nach zum Positiven wenden. Mit der Zeit wird das Kind immer sicherer. Es wird sogar so sicher, dass es von sich aus seine Mutter bittet wegzugehen. Jetzt ist der Zeitpunkt gekommen in eine gewöhnliche Kindertagesstätte zu gehen, in der die Eltern nicht bleiben dürfen. Durch diesen Übergang zwischen der Familie und der Institution, die dem Kind im Beisein seiner Mutter die Konfrontation mit anderen Kindern ermöglicht, kann es sich durch den Kontakt mit seinen kleinen Kameraden strukturieren. So lernt es seine Identität kennen und hat die Gewissheit, dass es von denjenigen, von denen es abstammt, geliebt wird. Ab diesem Zeitpunkt braucht es außerhalb des Hauses nicht mehr die permanente Anwesenheit seiner Mutter oder seines Vaters um sich.

> *Es trägt sozusagen eine innere Mutter und einen inneren Vater in sich, die es auch dann lieben, wenn es leidet oder Dummheiten macht. Es weiß, dass es immer verstanden und ihm immer verziehen wird, egal was passiert, weil es mit seiner Mutter und seinem Vater diese Erfahrung bereits gemacht hat, als sie die Außenwelt gemeinsam kennen gelernt haben.*

Solche Erfahrungen kann man mit dem Kind schon in den ersten Monaten oder Jahren seines Lebens sammeln. Sehr früh muss das Kind wissen, dass seine Eltern unwiderruflich für es – und in ihm – da sind und dass sie niemandem ihren Platz abtreten werden, weil ihre Liebe ein für allemal dem Kind gilt.

Was aber geschieht, wenn dieser Übergang, von dem wir eben sprachen, nicht gewährleistet ist? Es besteht die Gefahr, dass das Kind eine doppelte Identität bekommt. In der Tagesstätte ist es nur ein Teil einer großen Gemeinschaft und zu Hause hängt es am Rockzipfel seiner Mutter und ist unfähig unabhängig zu sein. Was bedeutet, dass es seine Identität nicht erworben hat, denn ein Kind, das seine Identität kennt, ist überall das gleiche Kind, egal wo es ist. Diese Identität kommt von seiner Gewissheit es selbst zu sein, von seinem Vertrauen in sich selbst, von seinem Bewusstsein über den Wert seines Geschlechts und seines Alters sowie über den Platz, den es in der Welt einzunehmen hat. Denn es hat seinen eigenen Platz, den ihm niemand wegnehmen kann, so wie es selbst den Platz seines Nachbarn nicht wegnehmen darf.

Wenn dieses Übergangsstadium nicht richtig gelebt wurde, kommt noch hinzu, dass sich das Kind der Ermessensfreiheit der Verantwortlichen der Kindertagesstätte ausgesetzt fühlt. Es hat den Eindruck, dass die Erzieherin alle Rechte hat. Wenn dagegen der Übergang positiv erlebt wurde, weiß das Kind, dass die Erzieherin von seinen Eltern bezahlt wird um sich um es zu kümmern und dementsprechend nicht alle Rechte besitzt, wie z.B. das Recht es zu schlagen. Spricht man mit ihm über diese Dinge, weiß es das ganz genau und entwickelt ein unglaublich unkompliziertes Lebensgefühl. Es weiß natürlich auch, dass es in der Lage ist andere ins Unrecht zu setzen und man dafür entsprechend bezahlen muss. Wenn man den Hund zu arg ärgert, geht man das Risiko ein gebissen zu werden. Ansonsten kann es manchmal auch lohnenswert sein, sich ab und zu eine Strafe einzuhandeln.

R.N.D.: Die heutigen Familien haben oft ein Einzelkind. Mit welchen Mitteln lässt sich dieser Situation abhelfen, die für das kleine Kind manchmal nicht einfach zu ertragen ist?

F.D.: Es gibt keine Mittel dagegen, denn es ist keine Krankheit ein Einzelkind zu sein. Einzelkinder sind gewiss anders als andere Kinder. Sie sind ein wenig vergleichbar mit dem ersten oder dem letzten Kind einer kinderreichen Familie – vor allem dem letzten Kind, das besonders benachteiligt ist, weil es unter seinen Geschwistern keine Rivalen hat. Im Grunde genommen ist der erste wirkliche Rivale eines Einzelkindes das Kind, das es selbst später bekommen wird. Es ist übrigens einer der Gründe, warum manche Ehen auseinander gehen. Der Ehemann, der Einzelkind war, ist auf seinen Sohn eifersüchtig oder die Ehefrau, die Einzelkind war, auf ihre Tochter. Man hat den Eindruck, dass das Kind zu viel Platz einnimmt, insbesondere wenn man glaubt, dass der Ehepartner das Kind mehr liebt als einen selbst.

Man weiß also, dass sich das Einzelkind anders verhält. Was aber nicht bedeutet, dass man im Voraus weiß, in welchen Punkten es sich anders als die anderen Kinder verhalten wird. Dennoch lassen sich einige Beobachtungen anführen. Zum Beispiel fand man heraus, dass jene, die sich freiwillig für Selbstmordkommandos gemeldet haben, zum größten Teil Einzelkinder waren. Dabei hatten ihre Eltern besonders für ihre Sicherheit gesorgt, weil diese Kinder ihre einzigen Nachfahren waren. Aber mit zwanzig oder zweiundzwanzig Jahren wollten diese Kinder alles aufs Spiel setzen. Wahrscheinlich hat es damit zu tun, dass sie sich nie für jemand anderen verantwortlich gefühlt hatten. In ihrem Leben als Einzelkind gab es für sie nur das kleine Ich. Also wollten sie einmal ein großes Risiko eingehen und sich dabei toll vorkommen. Was überhaupt nichts mit Großzügigkeit zu tun hat, wie manche meinen. Hier geht es nur darum große Taten vollbringen zu wollen, wie es bei professionellen Bergsteigern auch der Fall ist, die oft Einzelkinder sind. Im Grunde genommen wurden diese Kinder von ihren Eltern »überprotegiert«, und jetzt versuchen sie sich dagegen zu wehren. Einzelkinder können aber auch die gegenteilige Reaktion zeigen, indem sie angepasste Beamte ohne Initiativen werden. Darin besteht die Gefahr der »Überprotektion« durch die Eltern und bei Einzelkindern ist die Möglichkeit, dieser Gefahr ausgesetzt zu sein, einfach größer.

R.N.D.: Es gibt heutzutage viele allein erziehende Mütter. Sie sind ledig oder müssen sich nach einer Trennung allein um das kleine Kind kümmern. Bedeutet die Abwesenheit des Vaters eine ernst zu nehmende Belastung für das kleine Kind? Kann diese Abwesenheit irgendwie kompensiert werden?

F.D.: Ich habe dieses Problem in Zusammenhang mit einer der vorigen Fragen zwar schon besprochen, aber es ist vielleicht wichtig noch einmal darauf zurückzukommen. Um die Abwesenheit des Vaters zu kompensieren soll man nicht so tun, als ob der Vater tot wäre oder nie existiert hätte. Das Kind soll auf keinen Fall denken, es könnte bei seiner Mutter den Vater ersetzen.

Es ist für ein Kind pervertierend, wenn eine Mutter sich über den Verlust ihres Mannes mit ihrem Sohn bzw. ihrer Tochter tröstet, als wären sie eine Puppe oder ein Teddybär.

Eine Mutter sollte sich überhaupt nicht schämen zuzugeben, dass sie es bedauert keinen Mann in ihrem Leben zu haben. Außerdem sollte sie keine Hemmung haben dem Kind klarzumachen, dass es diesen Platz nie einnehmen kann. Weil sie keinen Mann mehr haben, gehen manche Frauen leider nicht mehr aus dem Haus und weigern sich ihr Kind einmal jemand anderem zu überlassen, so dass sie am Ende überhaupt kein soziales Leben mehr haben. Eine Mutter, die keinen Mann hat, sollte andere Ehepaare als Freunde haben, Beschäftigungen nachgehen, die ihr Spaß machen, Sport treiben, etwas für sich selbst und nicht nur zum Geldverdienen unternehmen. Die Mutter sollte von ihrem Kind absehen können und nur für sich selbst etwas tun. So wird das Kind erzogen, als ob ein Vater vorhanden wäre, weil diese Dreierkonstellation, von der ich schon sprach, wieder hergestellt wird: Neben dem Kind gibt es die Lust und das soziale Leben der Mutter. Schädlich ist, wenn sich die Mutter auf ihr Kind fixiert und ihm später sagt: »Ich habe mich für dich aufgeopfert«. So gerät die Erziehung auf eine schiefe Bahn – und zwar für die Dauer von zwei Generationen.

Man muss übrigens hinzufügen, dass eine solche Fixierung der Mutter auf ihr Kind auch dann stattfinden kann, wenn die Mutter einen Partner hat, der zu Hause physisch anwesend ist. Denn es genügt nicht, dass die Mutter einen Mann hat. Sie muss sich auch um diesen Mann kümmern bzw. ihn begehren, sie muss auch ihre Arbeit, ihre eigenen Beschäftigungen und Freunde haben, damit das Kind nicht den ganzen Platz in ihrem Leben einnimmt und weiß, dass es niemals der Partner der Mutter sein kann. So kann sich das Kind anderen Dingen öffnen und neue Perspektiven gewinnen. Hier geht es nicht um die Frage des Rollenverhaltens, sondern um die Frage des Seins.

Zweifellos braucht das Kind seine Mutter und seinen Vater. Aber über seine Eltern hinaus verdankt es seine Existenz zwei verschiedenen Familienstämmen und es braucht diese beiden Familienstämme auch, es hat geradezu ein Anrecht darauf.

Eine allein erziehende Mutter müsste in der Lage sein ihrem Kind zu sagen: »Ich persönlich habe keinen Kontakt mehr zu deinem Vater. Aber du kannst jederzeit mit ihm Kontakt aufnehmen, wenn du es möchtest. Denn die Familie deines Vaters ist deine eigene Familie«. Eine Frau, die so mit ihrem Kind spricht, sorgt für seine psychische Gesundheit – auch wenn es für sie nicht immer leicht ist. Vielleicht gefällt es ihr nicht, dass ihre Schwiegermutter tatsächlich die Großmutter ihres Kindes ist. Vielleicht war es die Schuld des Mannes, weshalb die Ehe auseinander gegangen ist, vielleicht konnte die Frau nichts dafür – und wurde trotzdem von der Familie des Mannes für das Scheitern der Ehe verantwortlich gemacht. Dennoch sollte die Mutter ihrem sieben- oder achtjährigen Kind erlauben, zu der Familie seines Vaters Kontakt zu haben, wenn diese Familie auch bereit ist das Kind aufzunehmen. Ein Kind muss, um es selbst sein zu können, aus beiden Familienstämmen schöpfen.

R.N.D.: Man sagt, es sei sehr wichtig ein kleines Kind in den Arm zu nehmen, an sich zu drücken und zu streicheln.

F.D.: Ich würde sagen, dass man es tun sollte, wenn man wirklich Lust dazu verspürt, und nicht, weil es irgendein Kinderarzt empfohlen hat. Denn in letzterem Fall würde man dem Kind jeden Tag seine »Streicheleinheit« verabreichen wie man ihm eine Pille gibt, was überhaupt keinen Sinn macht. Die Berührung eines Kindes sollte auch niemals erotische Qualitäten besitzen, was auf eine Perversion von Erziehung hinauslaufen würde. Man sollte das Kind mit respektvoller Liebe streicheln, auf dieselbe Art, wie man von seinen eigenen Eltern mit Respekt geliebt worden ist. Aber es ist ganz natürlich, dem Kind seine Liebe auch dadurch zu zeigen, dass man es streichelt, was es ja manchmal auch braucht. Man benutzt die Körpersprache um mit dem Kind zu kommunizieren. Aber beim Menschen sollte diese Körpersprache von der verbalen Sprache begleitet sein. Man streichelt ein Kind nicht wie man einen Hund streichelt. Die Mutter ist kein Affenweibchen, das ihr Äffchen abreibt. Die Mutter muss mit ihrem Kind sprechen, ihm sagen, wer es ist, was seine Beziehung zu ihr ist, ihm Lieder vorsingen. Das gibt dem Streicheln eine andere Dimension.

R.N.D.: Ist es empfehlenswert einem kleinen Kind die Entscheidungen, die man in Bezug auf sein Leben trifft, zu erklären, ihm zu sagen, was mit ihm passiert, auch wenn es nicht einmal die Hälfte davon versteht?

F.D.: Es ist unbedingt notwendig, ja unentbehrlich, einem kleinen Kind zu erklären, was mit ihm geschieht und was man mit ihm in Bezug auf *sein* Leben vorhat. Dagegen müssen wir mit ihm nicht über unsere eigenen Sorgen oder Probleme sprechen bzw. über Entscheidungen, die nur uns betreffen. Aber man kann ihm die Ergebnisse unserer Überlegungen durchaus andeuten. Sie werden mir sagen: »Es versteht doch nicht einmal die Hälfte von dem, was man sagt!« Das ist aber falsch, denn das kleine Kind versteht *alles*. Und was es zu dem Zeitpunkt, wenn man es ihm sagt, noch nicht versteht, wird es in dem Moment verstehen, wenn das Kind es selbst erlebt. Wenn ich z.B. mein Kind irgendeiner Person anvertraue, muss ich ihm erklären: »Ich werde dich jetzt zwei oder drei Tage bei dieser Person lassen. Du wirst also bei ihr bleiben. Ich habe viel zu tun. Sobald ich mit allem fertig bin, werde ich dich abholen.«

Es ist nicht nötig dem Kind zu erzählen, was man in diesen drei Tagen machen wird. Aber was das Kind erleben wird, muss man ihm sagen. Natürlich weiß ein kleines Kind beim ersten Mal nicht sofort, was man meint, wenn man ihm z.B. sagt: »Ich bereite jetzt dein Fläschchen vor«. Aber nachdem es zwei- oder dreimal sein Fläschchen bekommen hat und es mit seinem Hungergefühl assoziiert hat, bekommt das Wort »Fläschchen« für das Kind allmählich einen Sinn. Das ist der normale Lauf der Dinge. Wir hören alle möglichen Worte, bevor wir ihren Sinn erfassen können. Erst wenn wir die Dinge erfahren und wenn die Wörter, mit denen sie bezeichnet wurden, richtig waren, werden wir deren Sinn verstehen und die Richtigkeit ihrer Bezeichnung erfassen. Deshalb ist es im Hinblick auf ein Vertrauensverhältnis zwischen Eltern und Kindern unabdingbar, dass die Dinge durch die Eltern ausgesprochen werden und sie die Wahrheit sagen.

R.N.D.: Eltern üben manchmal Gewalt gegen ihr kleines Kind aus – z.B. durch einen Klaps auf den Hintern und ähnliches mehr. Sollte man diese Form von Gewalt um jeden Preis vermeiden?

F.D.: Ja, um jeden Preis, denn es ist eine Schande ein Kind zu schlagen. In diesem Zusammenhang möchte ich Ihnen etwas erzählen. Mein Mann, der Russe war, hat mir erzählt, dass

Gewalt gegen Kinder in Russland vor dem 1. Weltkrieg völlig unbekannt war. Nie hat er Menschen, ob Mann oder Frau, gesehen, die ihr Kind geschlagen hätten – auch dann nicht, wenn sie unter Einfluss von Alkohol standen. Dieses Verhalten hatte seine Wurzeln in ihrem Glauben, dass im Kind der Heilige Geist wohnen würde ... Und mein Mann wurde sehr traurig, als er erfuhr, dass in seinem Land Eltern anfingen, gegenüber ihren Kindern gewalttätig zu werden. Er sagte: »Diese Eltern haben kein Gefühl mehr für die menschliche Würde und bringen sie ihren Kindern nicht mehr bei«. Diese Überlegung war schon richtig.

Grundsätzlich muss man sich darüber im Klaren sein, dass physische Gewalt nichts mit Erziehung zu tun hat. Wenn man ein Kind schlägt, verhält man sich wie ein Tier.

Tiere sind gegenüber ihren Jungen gewalttätig, weil sie keine Sprache haben. Aber wieso schlägt ein Mensch, dem die Sprache zur Verfügung steht, sein Kind? Es lässt sich nur dadurch erklären, dass dieser Mensch seine Libido völlig unterdrückt. Man kann natürlich verstehen, wenn ein Vater oder eine Mutter dem Kind spontan einen Klaps auf den Hintern gibt, weil er oder sie völlig genervt ist. Aber mit Erziehung hat es nichts zu tun. Das müssen die Eltern wissen. Und sollte es vorkommen, dass der Vater oder die Mutter gegen ihr Kind Gewalt ausübt, sollte er oder sie sich nicht davor scheuen sich beim Kind zu entschuldigen: »Verzeih mir, aber du hast mich zum Ausrasten gebracht«. Was das Thema »einem Kind den Hintern versohlen« betrifft, habe ich manchen Müttern, die leicht außer sich geraten, mit folgendem Vorschlag helfen können: Sie sollten in solchen Situationen immer Kissen in der Nähe haben, auf die sie draufhauen können, wenn sie auf ihr Kind wütend sind. Dabei sollten sie ihrem Kind sagen, während sie auf die Kissen schlagen: » Genau das würde ich jetzt am liebsten mit dir tun, so wie du dich gerade benimmst!« Und es hat immer zu einer Verbesserung der Beziehung zwischen der Mutter und dem Kind beigetragen. Denn das Kind konnte dadurch genau verstehen, was in der Mutter vorging. Wird das Kind dagegen geschlagen, kann es gar nichts verstehen, denn es hat – leider – Lustgefühle, wenn es von seiner Mutter versohlt wird. Das ist eben das Drama.

Wenn das Kind eine Ohrfeige bekommt, fühlt es sich gedemütigt und entwickelt gewisse masochistische Tendenzen. Aber wenn es Schläge auf den Hintern bekommt, empfindet es genitale Gefühle, eine Art orgastisches Lustgefühl. Das Kind hat nicht dieselbe Art von Sexualität wie der Erwachsene und empfindet jedes starke Körpergefühl als Lustgewinn. Deshalb wird ein Kind, das geschlagen wird, immer wieder Situationen provozieren um erneut Schläge zu bekommen, ein Teufelskreis also. Die Mutter sollte ihrem Kind standhalten, weil es auf sie eine gewisse Macht ausübt, wenn es sie zum Ausrasten bringt. Sie könnte ihm zum Beispiel sagen: »Du möchtest den Hintern versohlt bekommen, aber ich werde es nicht tun. Denn du bist kein Tier, sondern mein Sohn.«

R.D.N.: Für Eltern ist es sehr einfach ihr kleines Kind zu demütigen oder auszulachen. Wie wird so etwas von einem Kind empfunden?

F.D.: Es ist furchtbar für das Kind, wenn so etwas vorkommt. Es ist ganz so, als hätte es plötzlich keine Eltern mehr, als ob es ein Waisenkind geworden wäre. Es verliert jede Sicherheit. Wird ein Kind von seinen Eltern gedemütigt, ist es, als würde der Vater im Kind getötet. Dieser verinnerlichte Vater wird sozusagen von seinem eigenen Vater gedemütigt. Das Kind schämt sich also einen Vater zu haben, der sich selbst entwertet. Das findet beim Kind unbewusst statt. Es ist also äußerst negativ berührt, wenn es so herabgesetzt wird. Im Übrigen ist es ja auch nicht normal, dass Eltern ihr Kind demütigen. Man kann ihr Verhalten nur dadurch erklären, dass sie selbst eine Neurose, einen Minderwertigkeitskomplex haben. Wahrscheinlich wurde ein Vater, der so handelt, von seinem eigenen Vater gedemütigt. In dieser Hinsicht ist die Neurose, die Eltern dazu bringt ihr Kind zu demütigen, eine Familienneurose. Ich möchte dem hinzufügen, dass es auch sehr schädlich ist, wenn Eltern ihr Kind anhalten vor allen Leuten mit irgendetwas zu prahlen – das Kind z.B. auffordern auf den Tisch zu steigen, damit alle Leute ihm Beifall klatschen. Das Kind empfindet es als sehr demütigend, weil es daraus den Schluss zieht, dass sein Vater keinen eigenen Stolz besitzt, weil er es nötig hat sein Kind zu benutzen, um von den anderen Beifall zu erhalten, den er selbst nicht bekommt. Das Kind spürt, dass es eine Art Prostitution ist, andere an Stelle seines Vaters beeindrucken zu sollen, weil dieser nicht dazu in der Lage ist. Das Gleiche gilt für eine Tochter, die versucht anderen an Stelle ihrer Mutter zu gefallen, der es selbst nicht gelingt.

Es kommt auch vor, dass ein Kind von einer anderen Person als seinen Eltern gedemütigt wird. Und oft geschieht es, weil das Kind die Tochter oder der Sohn von einem bestimmten Vater oder einer bestimmten Mutter ist, dem oder der die Demütigung eigentlich gilt.

Wenn man es merkt, sollte man dem Kind sagen: »Diese Person hat das nur gesagt, weil sie auf deine Mutter eifersüchtig ist, denn sie ist sehr schön oder hat viel Erfolg.« Noch besser spricht man mit dem Kind im Beisein der Person, die es gedemütigt hat.

Man muss den Kindern die Dinge so sagen, wie sie sind. Was bedeutet, ihnen auch auf die verschiedenen Menschen bezogen die Wahrheit zu sagen. Es stimmt nicht, dass alle Leute lieb und nett sind. Es gibt Leute, die böse oder ungeschickt oder unsympathisch sind. Es bringt gar nichts einem Kind zu sagen: »Du wirst sehen, deine Lehrerin ist sehr nett«.

Denn es könnte sein, dass sie zu dem Kind alles andere als nett ist. Aber als Lehrerin ist sie ja auch nicht dazu da, lieb und nett zu sein, sondern ihren Beruf auszuüben. Ebenso lässt man sein Kind nicht von jemandem betreuen, weil die betreffende Person nett ist, sondern weil sie für die Kinderbetreuung qualifiziert ist. Man muss den Kindern über die Art der Beziehung, die sie zu anderen Erwachsenen haben werden, die Wahrheit sagen.

Diese Erwachsenen sind zunächst da um ihren Beruf auszuüben, was sie natürlich nicht daran hindert gegenüber bestimmten Kindern irgendwelche Antipathien zu empfinden. In letzterem Fall sollte man das Kind über die Hintergründe eines solchen Verhaltens aufklären: »Vielleicht hat diese Person ein Kind gekannt, das dir ähnlich sah und mit ihr sehr ungezogen war. Zeige ihr, dass du nicht so bist.« Man beobachtet am Anfang eines Schuljahrs ja oft, dass ein Kind zu einer bestimmten Lehrerin keinerlei Affinitäten empfindet. Man kann dem Kind sagen: »Es liegt auf der Hand, dass diese Lehrerin dich nicht mag. Versuche trotzdem dein Bestes. Diese Situation hat für dich zumindest den Vorteil, dass du überhaupt keine Lust haben wirst diese Klasse zu wiederholen und sitzen zu bleiben und sie womöglich noch einmal zu bekommen. Vielleicht wird sie aber auch überrascht sein, wenn sie merkt, dass du dich zu ihrem besten Schüler entwickelst«.

R.N.D.: Sie legen viel Wert darauf, dass man den Kindern die Wahrheit sagt.

F.D.: Richtig. Denn die Wahrheit ist das Sprungbrett, das dem Kind ermöglicht im Leben weiter zu kommen, der Hebel, auf den es sich stützen kann um der Realität standzuhalten. Es geht nicht darum über irgend jemanden herzuziehen oder das Kind vor Dingen zu schützen, die sich vielleicht nie ereignen werden. Man sollte von der Erfahrung des Kindes selbst ausgehen und diese Erfahrung mit wahren Worten begleiten, so dass das Kind merken kann sich in seiner Wahrnehmung nicht geirrt zu haben. Nehmen wir an, das Kind glaubt, seine Mutter liebt es nicht, zumindest nicht so, wie es das Kind möchte: oder dass sein Bruder oder seine Schwester mehr geliebt wird als es selbst. Wenn es zutrifft, muss man dem Kind Recht geben und ihm klarmachen, dass es aus dieser Situation vielleicht gewisse Vorteile für sich ziehen kann. Man könnte ihm z. B. sagen: »Es ist sicherlich für deinen Bruder zur Zeit angenehmer als für dich, aber das, was du im Moment erlebst, wird dich nicht daran hindern ein netter Junge zu werden. Und die Tatsache, dass du dich zu Hause nicht so wohl fühlst, wird dich vielleicht dazu bringen im Ausland zu studieren. Du solltest nicht bedauern das zu erleben, was ist«.

Natürlich tut es einem Kind weh, dass seine Befürchtungen bestätigt werden. Aber das, was es tagtäglich lebt, tut ihm sowieso weh, und erst recht, wenn man versucht es mit Lügen zu trösten: »Aber was sagst du denn da, du weißt doch, dass deine Mutter dich liebt, dass sie dich genauso liebhat wie deinen Bruder ...« Es ist viel besser, das Kind mit der Wahrheit – der Realität – zu konfrontieren, denn es hat dann die Möglichkeit aus seiner Situation das Beste zu machen.

> *Ich glaube, dass es für ein Kind immer besser ist die Dinge so zu sehen, wie sie sind, anstatt sie so zu sehen, wie sie sein sollen.*

R.N.D.: Muss man kleinen Kindern in der Erziehung Werte wie Großzügigkeit oder Gerechtigkeit beibringen? Wenn die Eltern an Gott glauben, sollten sie ihren Kindern von Gott erzählen? Oder werden sie dadurch unter Umständen traumatisiert?

F.D.: Sicherlich kann man kleinen Kindern nicht durch große Reden, sondern nur durch Beispiele Werte beibringen. Und wie ich am Anfang schon gesagt habe, werden sich die Eltern vor ihren Kindern immer in irgendeiner Weise verhalten. Also werden Kinder zwangsläufig die Frage stellen: »Warum tust du das?«

In solchen Fällen muss man die Wahrheit sagen: »Weil ich es für richtig halte«. Das Kind kann darüber diskutieren, Kritik üben, aber nach und nach wird es seine eigene Meinung dazu bilden. Kindern lassen sich Werte nicht einfach »eintrichtern«, als würde man ihnen eine Spritze geben. Man kann ihnen nur Beispiele für bestimmte Verhaltensweisen im Leben geben und sie können davon profitieren. Das Gleiche gilt für Gott. Es ist eine Frage der Lebenseinstellung. Man spricht nicht von Gott, weil man über ihn sprechen muss. Man spricht über Gott, weil man gläubig ist. Gläubig zu sein bedeutet Gott zu lieben, weil man von Gott geliebt wird. In diesem Fall ist es ganz natürlich von Gott zu sprechen, weil es ganz natürlich ist von denjenigen zu sprechen, die man liebt. Das Kind wird vielleicht einwenden: »Mir geht es auf die Nerven, dass du immer von Jesus erzählst«. Dann sollte man ihm die Wahrheit sagen, dass man ein bisschen verrückt sein muss um wirklich an Gott zu glauben. Was das Kind bestimmt nicht traumatisieren wird. Vielmehr kann die Lüge ein Trauma sein. Wohingegen es dem Kind nicht schadet, wenn man seinen Glauben auslebt, auch wenn man in den Augen der anderen als seltsamer Mensch gilt. Wie dem auch sei: Wenn die Eltern wirklich glauben, ihren Glauben ernsthaft praktizieren und ihre Religion aufrichtig und ehrlich ausüben, werden die Kinder schon merken, dass es ihre Eltern ernst damit meinen. Der wirkliche Glaube wird aus dem Bauch heraus gelebt und lässt sich nicht vortäuschen. Und ein authentischer Glaube der Eltern kann sich nur positiv auf die Kinder auswirken. Der Gläubige ist jemand, der jedem Menschen vertraut, auch den Kindern, unabhängig davon, ob dieser Mensch Drogen nimmt, kriminell ist oder im Gefängnis sitzt. Gerade das ist das Wesen des Glaubens: davon auszugehen, dass in jedem Menschen ein Funke Gottes ist. Ein Glaube, der nicht zu einem Mehr an Güte führt, ist kein wirklicher Glaube.

R.D.N.: Sie benutzen oft das Wort »pervers« oder »Perversion«. Was genau verstehen Sie darunter?

F.D.: Wenn ich häufig von Perversion spreche, so deshalb, weil sie leider existiert – und zwar weit mehr, als man annimmt. Wortwörtlich bedeutet das Wort »pervertieren« »umkehren« oder »umdrehen«. Unter Perversion verstehe ich, was in die entgegengesetzte Richtung als das Wachstum führt. Ich möchte es an zwei konkreten Beispielen veranschaulichen. Nehmen wir an, ein Kind fängt an zu weinen. Das ist seine Art sich auszudrücken. Normalerweise müsste man mit ihm in dieser Situation – selbst aus der Ferne – sprechen, was bewirkt, dass es zu weinen aufhört, weil es spürt, dass man sich für es interessiert, auch wenn man es in diesem Moment nicht sofort anfassen oder erreichen kann. Man könnte ihm aber seinen Mund mit einem Schnuller auch einfach zustopfen. Was pervers ist, denn man belässt das Kind auf diese Weise in dem Glauben, später immer einen Schnuller als Ersatz zu haben. Es kann dazu führen, dass es sich dann mit Drogen oder Alkohol zu trösten versucht. Weil man ihm beigebracht hat, dass man sich nicht beklagen darf, wenn man unglücklich ist, sondern sich den Mund mit Nahrungsmitteln, Getränken oder irgendwelchen Ersatzgegenständen vollstopft. Ich spreche in diesem Zusammenhang von Perversion, weil man nicht in die Richtung der Entwicklung des Kindes gegangen ist.

Ich möchte noch ein anderes Beispiel anführen. Alle Säugetiere können ihren Schließmuskel beherrschen, sobald ihre Nervenenden vollständig entwickelt sind. Bei den Tieren dauert dieser Prozess einige Tage, bei den Menschen sehr viel länger, weil diese Nervenenden einfach viel mehr Zeit brauchen um sich zu entwickeln. Bevor das Kind auf die Lust des Afters verzichtet, sollte es die Lust der Hände entwickelt haben, die mit Gegenständen umgehen können, mit Knetmasse modellieren, mit Sand, Schlamm usw. Deshalb sind Mütter, die versuchen, ihren Kindern die Sauberkeit zu früh beizubringen, perverse Mütter, weil sie die normale Entwicklung ihres Kindes nicht respektieren. Man hat es in diesem Fall, psychoanalytisch formuliert, mit einer perversen Erziehung des analen Stadiums zu tun.

Von diesen beiden Beispielen ausgehend können wir auf die Frage der Perversion im gesamten Feld der Erziehung eingehen. Eine Perversion entsteht dann, wenn man nicht in die Richtung des Wachstums eines Kindes geht. Was geschieht, wenn man ein Kind für sich selbst und nicht in Bezug auf das Kind bzw. dessen Zukunft erzieht, die wir übrigens nicht kennen und die das Kind selbst aufbauen muss.

> *Wenn wir also ein Kind erziehen, damit es uns gefällt, ist es keine Erziehung – denn wir sollten ihm helfen andere Menschen zu entdecken, die ihm gefallen könnten und denen es gefallen könnte. Es ist pervers die Erziehung auf die Freude auszurichten, die Kinder ihren Eltern machen sollen.*

Die Mutter und der Vater sollten sich gegenseitig Freude machen. Das Kind aber muss sich aufbauen, um später seine Familie zu verlassen und seinerseits seine eigene Familie zu gründen. Es steckt eine tiefe Wahrheit in der Formel des Gebotes, das lautet: »Vater und Mutter sollst du ehren«. Das Gebot sagt nicht, dass du »sie lieben« sollst. Denn die Eltern sind nicht da um geliebt zu werden. Als Eltern sind sie da um effizient zu sein und für die harmonische Entwicklung ihrer Kinder zu sorgen. Womit ich nicht sagen will, dass Kinder ihre Eltern nicht lieben sollten. Es ist ausgezeichnet, wenn eine solche Liebe zusätzlich vorhanden ist. Ich will sagen, dass die Menschen nicht da sind um in einem geschlossenen Kreis aneinander zu kleben. Sie sind dazu beschaffen Fortschritte zu machen, indem sie eine Solidarität entwickeln, die sie stets erneuern. Wenn ich von Perversion spreche, spreche ich von all dem, was in der Erziehung nicht in Richtung einer fortschreitenden Entwicklung des Kindes geht.

Probleme der frühen Kindheit

Die innere Einstellung gegenüber einem Kind

Es ist nahezu unmöglich über ein Kind abstrakt zu sprechen. Jedes Kind ist anders und man muss seine besondere Art würdigen, auf die Atmosphäre eingehen, in der es aufwächst, auf seine ihm eigenen Möglichkeiten und die, die ihm von seinen Eltern mitgegeben worden sind.

Dennoch lässt sich eine allgemeine Haltung beschreiben, die man einem Kind gegenüber einnehmen sollte, unabhängig davon, um welches Kind es sich handelt und wer man selbst ist.

Manche Autoren betonen für die ersten Lebensjahre einseitig die Entwicklung motorischer Fähigkeiten. Über die familiären Einflüsse, die sich ihnen überlagern, sprechen sie nicht. Es gibt aber immer eine bestimmte familiäre Atmosphäre (Geburt eines jüngeren Geschwisters, Schwiegermutter, enge Wohnung, das Bedürfnis nach Ruhe, etc.), und gute Vorsätze lassen sich nicht immer einhalten ... Feststeht, dass die Vitalität eines Kindes außergewöhnlich ist; es verfügt über einen Lebensreichtum, der in jedem Fall und selbst unter nicht idealen Bedingungen zum Ausdruck gebracht werden will.

Daraus folgt ein allgemeines Gesetz, das die Erziehungshaltung der Eltern bestimmen sollte: Man muss das Kind sich frei ausdrücken lassen, und zwar egal worum es sich handelt und egal wo es stattfindet, ohne dabei seine Entwicklung zu forcieren oder ihr entgegenzuarbeiten.

Wie lässt sich selbst »schlechtem« Benehmen noch ein positiver Sinn abgewinnen? (Misserfolge, Trotz)

Von seiner Geburt an bis zu zwei Jahren drückt sich das Kind durch sein Lallen und seine spielerischen Aktivitäten aus, in der Wiege mit seiner Decke und seinen Kissen, aber auch außerhalb seines Bettchens: Es wird sich Gefahren aussetzen, aber man soll es »leben«, d.h. seine Erfahrungen machen lassen. Viele Eltern haben Angst ihre Kinder zu traumatisieren und schaffen unter dem Vorwand, solche Traumata zu vermeiden Situationen, die absolut schädliche Folgen haben. Das folgende Beispiel zeigt die Gefahr auf, die eine Missdeutung der Psychoanalyse hervorbringt:

Ein achtzehn Monate altes Kind wartet auf seine Flasche, die seine Mutter ihm, ein wenig verspätet, zubereitet. Ungehalten über die Verspätung fängt das Kind an zu schreien, zu strampeln und verweigert das Fläschchen in dem Moment, in dem man es ihm reicht. Was tun? Der gesunde Menschenverstand rät einem das Kind doch einfach schreien, also frei darüber bestimmen zu lassen, dass es die Flasche nicht haben will. Im Übrigen beginnt das Kind in dieser Phase die Milch zu verweigern, weil es die »Erwachsenennahrung« vorzieht. Ihm die Flasche nicht sofort zu geben würde seiner Gesundheit keinesfalls schaden. Aber die Mutter ist nicht allein und hinzu kommt die allgemeine Aufregung, die jetzt entstanden ist. Eine der anwesenden Personen ist eine »Expertin« in Sachen Psychoanalyse: »Wenn Sie zulassen, dass es seine Flasche verweigert, werden Sie nicht mehr Herr über dieses Kind sein, vielmehr wird es dann Sie dominieren.« Die unterwürfige Mutter unternimmt einen nutzlosen Kampf mit dem Kind, ihm seine Flasche aufzudrängen. Schließlich lässt die

»Expertin« kaltes Wasser über den Kopf des Kindes laufen, das jetzt erst recht aus vollem Halse schreit und dabei fast am Ersticken ist. Es sucht Zuflucht in den Armen seiner Mutter, wo es sich wieder beruhigt, und die Mutter kann ihm schließlich seine Flasche mit Erfolg verabreichen.

Was ist passiert? Unter dem Vorwand, dass der anfängliche Wutanfall des Kindes (die Verweigerung der Flasche) keine traumatischen Auswirkungen hat und das Verhalten des Kindes der Mutter gegenüber nicht definitiv prägt, hat man ein unendlich stärker verletzendes Trauma produziert. Das Kind ist mit seinem Kopf unter dem Wasserhahn fast erstickt, womit sich sein Geburtstrauma (das Einsetzen der Atmung) nochmalig wiederholte. Eine »Regression« fand statt: Zurückgeworfen auf den Entwicklungsstand eines kleinen Babys, brauchte das Kind die mütterliche Umhüllung und beruhigte sich erst, als es wieder wie ein ganz kleines Kind von seiner Mama gewiegt wurde. Um den Preis der Regression seiner Entwicklung bestand man darauf, dem Kind nicht zu erlauben die Milch zu verweigern.

In Wirklichkeit befand sich das Kind im oralen Alter, in dem es sehr viel Mühe hat sich auszudrücken. Es erwartete sein Fläschchen, was bei ihm zu einem intensiven affektiven Spannungszustand führte, den es nur durch sein Schreien ausdrücken konnte. Um sich beruhigen und anschließend die Milch schlucken zu können sollte es die Spannung, die es zum Ausdruck brachte, unterdrücken. Aber schließlich konnte es nicht gleichzeitig brüllen und schlucken. Also hätte man warten sollen, bis das Kind seine innere Anspannung vollständig zum Ausdruck gebracht hat. Es wäre also richtig gewesen, es ruhig schreien zu lassen, und notwendig, dem Kind zu überlassen nein zu sagen. Und es wäre die einzige Möglichkeit gewesen ihm im Anschluss zu erlauben »ja« zu sagen. Das wird das nächste Beispiel zeigen. Es gibt tatsächlich die Möglichkeit, der Verweigerungshaltung eines Kindes einen positiven Sinn zu verleihen.

Es handelt sich um einen kleinen dreijährigen Jungen, der beim Weihnachtsfest einer Vorschule dabei sein durfte, weil seine Eltern den Direktor kannten. Geschenke wurden verteilt und natürlich stand der Kleine, weil er ja nur Gast war, nicht auf der Liste der Schulkinder, von denen jetzt eines nach dem anderen aufgerufen wurde. Der Kleine, zwischen seinem Vater und seiner Mutter, applaudierte jedes Mal zusammen mit den anderen, wenn eines der Kinder sein Geschenk bekam, doch spürten seine Eltern sehr wohl, dass sich in ihm nach und nach immer mehr Spannung aufbaute, und zwar in dem Maße, wie die Verteilung der Geschenke voranschritt. Das Kind verfügte über einen starken Willen und »nahm sich zusammen« um gefasst und ruhig zu bleiben. Am Ende der Verteilung wandte sich der Direktor an ihn: »Was, du hast noch kein Spielzeug bekommen? Das geht aber nicht. Sieh mal, dieser Pinguin, gefällt er dir?« Das Kind, das bis zu diesem Zeitpunkt nichts gesagt hat, bricht in Tränen aus: »Du bist böse, böse. Ich will es nicht haben« und stößt das Spielzeug von sich weg.

Es handelt sich um genau dieselbe Haltung wie im ersten Beispiel: Auch dieses Kind stand unter zu großer Anspannung. Nur dass sein Vater auf eine Weise reagierte, die mit der Befindlichkeit des Kindes völlig übereinstimmte. Statt wie die meisten Eltern zu sagen »Was für ein Dummkopf, man will ihm eine Freude bereiten und er gerät nur in Wut«, sagte er in einem freundlichen Ton: »Das hast du aber gut gemacht. Du warst sehr tapfer und hast bis zum Ende der Verteilung gewartet ohne etwas zu sagen«, womit er dem Kind vermittelte, an dessen wachsender Angst teilgehabt zu haben. Die Eltern nahmen den Kleinen dann ohne weiteren Kommentar mit hinaus.

Aber am Abend sagte ihm seine Mutter: »Weißt du, ich habe den Pinguin doch mitgenommen. Willst du ihn haben?« Jetzt konnte sich der Kleine über sein Geschenk freuen, das er sich, wie man sagen könnte, auch heroisch verdient hatte und das bald einen privilegierten Platz unter seinen Spielsachen einnahm.

An der Episode lässt sich beobachten, was in diesem Alter ganz häufig geschieht. Das Kind drückt seine Gefühle, d.h. alles, was in ihm vorgeht, durch eine motorische Anspannung aus. In diesem Fall wollte es ein Geschenk, bekam es aber zu einem Zeitpunkt, an dem es zu angespannt war um es in Empfang nehmen zu können. Der kleine Junge musste seine Anspannung zum Ausdruck bringen, was er mit seiner betont heftigen Ablehnung auch tat, um später das begehrte Objekt annehmen zu können.

Man muss dem Kind die Freiheit geben etwas zurückzuweisen, damit es die Freiheit besitzt annehmen zu können. Das ist ein ganz allgemeines Gesetz.

Um sich dem Anspannungsprozess eines Kindes gegenüber adäquat zu verhalten sollte man nicht Begriffe wie »gut« und »schlecht« verwenden, sondern es bei der schlichten Feststellung belassen: es ist menschlich, wenn ein Kind sich so verhält. Und dabei ist es gut zu wissen, dass jemand, dem in seiner Kindheit nicht die Freiheit gelassen wurde etwas abzulehnen, später auch nie die Gabe besitzen wird etwas zu empfangen.

Psychologische Wahrheiten dieser Art scheinen manchmal gegen den gesunden Menschenverstand zu sprechen. Aber stimmt das wirklich? Nehmen wir ein Beispiel. Man möchte, dass das Kind gut erzogen ist und fordert von ihm bei der erstbesten Gelegenheit, dass es sich manierlich benimmt. Was aber erreicht man damit? Man zwingt dem Kind zwar »gute Manieren auf«, macht aus ihm aber lediglich einen geschickten Affen. Diese Art von Dressur führt im günstigsten Fall dazu, im Alter von sieben oder acht Jahren auf eine wahre Reaktion des Kindes zu stoßen: Jetzt versucht es seine Frei-

heit darüber wiederzuerlangen, dass es alles (auf oft unbewusste Weise) ablehnt, was man ihm beigebracht hat. Ein Beispiel unter vielen: Ein Kind, das auf Sauberkeit hin dressiert
wurde, wird unvermutet zum Bettnässer.

Das Leben ist nämlich stärker als jede Erziehung:
Die Lebensinstinkte sind einfach da und man kann
nicht gegen sie vorgehen. Wahre Erziehung läuft
darauf hinaus dem Leben zu gestatten, sich ohne
Hindernis zu entwickeln. Das Kind soll seine
Lebensinstinkte kennenlernen um sie zu beherr-
schen und nicht um ihr Gefangener zu werden, aber
auch nicht zum Gefangenen der Meinung anderer
Leute.

Der Natur Vertrauen schenken

Ich habe beobachten können, wie das Neugeborene im Alter
von acht oder zehn Tagen bereits in der Lage ist sich die Ernährung, die ihm am meisten zusagt, selbst auszuwählen. Es
war während einer Hitzeperiode. Das Kind wurde mit Kuhmilch ernährt, die mit Wasser verdünnt war; mochte das Kind
die Mischung nicht, verweigerte es die Milch und zog reines
Wasser vor – bis zu dem Tag, als man herausbekommen hatte,
wie viel Wasser man dazugeben mußte um ihm ein möglichst
leichtes Getränk zu geben, nach dem sein Organismus verlangte.

Emotionale Traumata vermeiden

Nehmen wir ein Kind, das bis es sechs Monate alt war keinerlei größere Schwierigkeiten hatte und ganz allein in seiner Entwicklung vorankam. Mit ungefähr sechs Monaten stellte sich wie üblich die Schwierigkeit ein, sich adäquat auszudrücken. Das Kind wurde unruhig, damit man an seine Wiege kam, begann sich verständlich machen zu wollen und weinte häufig. Jetzt kommt es darauf an, wie sich die Mutter in dieser Situation verhält. Sie darf das Baby nicht »in Versuchung führen« und es durch wiederholte emotionale Erschütterungen schwächen. Zum Beispiel: Das Baby liegt ganz ruhig in seiner Wiege. Die Mutter kommt um nach ihm zu schauen. Als sie wieder hinausgeht, fängt das Baby an zu weinen. Solange es sie nicht gesehen hatte, weinte es nicht. Es war also das Kommen der Mutter, das eine »Welle von Trennungen« auslöste und anschließend eine Krise, die von vielen Tränen begleitet wurde.

Man kann daraus lernen das Kind sich in seinen Aktivitäten allein zu überlassen und aus der Ferne auf es aufzupassen, zum Beispiel durch eine geöffnete Tür hindurch.

Denn es ist falsch ihm einen ständigen Wechsel von seiner Freude über unsere Anwesenheit hin zum Beweis unserer Abwesenheit aufzudrängen. Schlimmstenfalls sollte man, wenn um die Wiege herum Großeltern, Eltern oder Freunde für große Unruhe sorgen, die Präsenz einer Person mit einem kleinen Spielzeug verbinden: Man kommt, spielt mit dem Baby, bereitet ihm Vergnügen, weiß es zu beschäftigen (Spielzeug, ein Tuch, farbiges Papier, etc.) und kann es später verlassen ohne eine Enttäuschung zu provozieren. Und jeder hatte etwas davon.

Die Zeichen dafür, dass ein Kind harmonisch seine Möglich-keiten im Einklang mit dem Lebens fortentwickelt, bestehen nicht im »Können« des Babys, das man ihm andressiert hat um Marionette zu spielen oder seinen Namen zu sagen. Viel-mehr finden sie sich in seiner Mimik, seinem offenen, leben-digen und beweglichen Ausdruck.

Was muss man tun um eine solche Freiheit des Ausdrucks zu ermöglichen?

Das Gitterbettchen

Schon sehr kleine Kinder beschäftigen sich gerne mit dem, was sie sich in ihren Mund gesteckt haben und an dem sie saugen (am Daumen, einem Deckenzipfel, einem Schnuller). Warum? Nun, es kommt einfach häufig vor, dass sich ein Baby langweilt. Die Kinder sollten keinen undurchsichtigen Stoff um ihr Bett haben. Das Kind braucht Licht um sich herum, Bewegung, Ablenkung.

Ein Gitterbettchen, aus dem es heraussehen kann, wenn sich im Zimmer etwas »rührt«, ist in jedem Fall besser, und zwar schon sehr früh, denn bereits mit drei Monaten kann sich das Kind für Dinge in seiner nächsten Umgebung interessieren und man sollte ihm die entsprechenden Möglichkeiten geben. Unter diesen Bedingungen fühlt es sich auch nicht verlassen, wenn man sich von ihm entfernt.

Freie gymnastische Übungen

Wenn es ein wenig älter ist, sollte man das Kind seinen Körper frei ausprobieren lassen: es sollte sich rollen können, sich abstützen, krabbeln, usw. Schnell genug wird sich das Kind dabei einmal wehtun, aber ob es ein Scheitern seiner Bemühungen als positiv oder negativ empfindet, hängt von der Haltung seiner Mutter ihm gegenüber ab. Niemals sollte man sagen »Das war schlecht, lass das«, sondern »Das war ungeschickt, du hast nichts Verbotenes angestellt, sondern nur zu viel riskiert«. Und man sollte dem Kind helfen es beim nächsten Mal besser zu machen, wenn es beim ersten Versuch nicht geklappt hat. Aber vor allem muss man wissen, dass sich ein Kind immer selbst reguliert, und zwar sowohl was seine körperlichen Bewegungen angeht wie auch seinen Hunger. Am besten lässt man es seine Erfahrungen selbst machen, was es im Übrigen besonders vorsichtig werden lässt.

> *Ein Kind muss aus seinen Fehlern lernen können, weil es sonst bei der erstbesten Gelegenheit, die ihm Schwierigkeiten bereitet, nicht weiß, wie es adäquat handeln soll.*

Zum Beispiel muss das Kind, das gehen lernt, offensichtlich durch verschiedene Etappen durch (sich rollen, krabbeln, fallen). Wenn die Eltern nun alle erdenklichen Vorsichtsmaßnahmen ergriffen haben um zu verhindern, dass ihr Kind fällt, wird ein heftiger und unerwarteter Sturz ein regelrechtes Trauma auslösen, das es daran hindert weitere Gehversuche zu unternehmen, um mit der Zeit immer größere Fortschritte zu machen. Leider passiert es oft bei einem Kind, das nicht selbstständig gelernt hat, seinen Körper nach und nach zu beherrschen.

Die Entdeckung des nackten Körpers
und die Probleme, die sich daraus für Mütter ergeben

Das Kind ist gerne nackt. Zweifelsohne entspricht es auch der Natur des kleinen Menschen ganz nackt zu sein. Häufig beunruhigen sich Mütter, die sehen, wie ihr Kind seinen Körper erkundet (wobei auch die Angst vor frühzeitiger Masturbation eine Rolle spielen mag). Diese Angst ist völlig überflüssig: Das Kind erkundet sein Geschlechtsorgan nicht anders wie seine Nase oder seine Ohren. Wenn es anfängt Fragen zu stellen, soll man ihm frei und offen antworten und gestatten seine Gedanken auszudrücken. Ein Kind stellt eine Frage, wenn seine Aufmerksamkeit geweckt wurde und wenn es selbst mehr oder weniger schon die Vorstellung von einer Antwort besitzt:

> *Dem Kind zu helfen auszudrücken, was es gefühlt, gesehen oder erraten hat und ihm zu helfen auszusprechen, was es selbst denkt, wäre die richtige Haltung der Mutter oder Bezugsperson. So entdeckt das Kind nach und nach seine Sexualität entlang seines eigenen Entwicklungsrhythmus und nicht entlang der Kriterien von Erwachsenen, die seiner Entwicklung auf diesem Gebiet entweder zuvorkommen oder ihr zu spät folgen.*

Wenn die kleinen Mädchen bemerken, dass sie nicht »dasselbe« haben wie die Jungen, stellt dies oft eine Verletzung ihrer Eigenliebe dar, zu der sich ja die Bewunderung des anderen Geschlechts gesellt. Man muss mit ihnen darüber sprechen: Ihnen erklären, dass alle kleinen Mädchen und alle Frauen

(»wir Frauen«) genauso »gemacht« sind, ihnen nahe bringen, dass es sehr »langweilig« ist in dieser Weise über sich selbst zu urteilen. So ist es eben. Im Übrigen akzeptiert das Mädchen diese »Anomalie« sehr schnell; und in dem Moment, wenn sie diesen Komplex einer phallischen Kastration erfährt, wird es anfangen sich für Puppen zu interessieren. Danach hat sich das Problem für sie erledigt.

Zu dieser Zeit tritt bei bestimmten Kindern auch ein gesteigertes Interesse an ihren Exkrementen auf, besonders bei Mädchen. Man braucht nicht beunruhigt zu sein, wenn das Kind in einem Moment, wenn es angespannt oder aufgeregt ist, anfängt zu schreien »Kacka, Kacka« um die glückliche oder angestrengte Anspannung auszudrücken, die es empfindet. Anzumerken wäre, dass ja auch Erwachsene in Situationen großer Anspannung, die schwierig zum Ausdruck zu bringen sind, »Scheiße« sagen.

Viel besser ist es, dem Kind »kompensierende Aktivitäten« anzubieten, die seine Energie kanalisieren, d.h. ihm die Möglichkeit zu geben sich auszudrücken: malen, etwas ausschneiden oder bauen, schöpferisch sein, am Leben der Erwachsenen mit seinen ihm zur Verfügung stehenden Mitteln teilnehmen.

Die Frage der Sauberkeitserziehung

Sie steht am Anfang aller Missverständnisse zwischen den Erwachsenen und ganz Kleinen. Noch immer verlangen viele Mütter, dass ihr Kind zu festen Zeiten auf die Toilette geht, was ein forciertes Zurückhalten erfordert, zu dem das Kind nicht immer fähig ist – besonders, wenn seine Aufmerksamkeit von etwas anderem in den Bann gezogen wird. Man sollte dem Stuhlgang wirklich nicht zu viel Wert beimessen. Einerseits sollte man wissen, dass das Kind bis zum Alter von zwei Jahren seine Muskeln noch nicht genügend körperlich kontrollieren kann um seinen Schließmuskel endgültig zu beherrschen; es ist auch noch nicht groß genug sich gleichzeitig auf zwei Dinge auf einmal zu konzentrieren. Irgendetwas weckt das Interesse des Kindes und es vergisst dabei seinen Körper. Die Aufmerksamkeit, die es darauf richtet nicht in die Hose zu machen, wird unmittelbar in den Dienst eines neuen Interessenschwerpunktes gestellt, zum Nachteil des ersteren ... Sobald es seinen Körper ausreichend beherrscht, d.h. eine Treppe mit fünf Stufen hochsteigen kann, lässt sich beobachten, wie ein Kind gleichzeitig auf zwei Hochzeiten tanzen kann. Jetzt verfügt es über die Kontrolle der Muskeln – und damit auch über die Kontrolle seines Schließmuskels.

Auch diese Disziplin sollte »frei« erworben werden ... Aber wie viele Eltern warten immer noch nicht den physiologisch günstigen Augenblick ab um mit dem Sauberkeitstraining zu beginnen.

Zu frühe Sauberkeit ist verdächtig und führt letzten Endes doch nur zu den bekannten »Unfällen«.

Ein Musterbeispiel unter tausenden ist der Fall jenes Kindes, das schon mit zwölf Monaten sauber war. Mit vier Jahren und voller Freude in den Kindergarten zu kommen, pinkelte es, kaum dort angekommen, auf den Fußboden. Die wütende Mutter befahl der Erzieherin streng mit dem Kind zu sein, wenn es wieder vorkommen sollte. Ein katastrophales Verhalten, das die Schwierigkeiten des Kindes nur noch verstärkte. Dagegen sollte man immer vermeiden, dass ein Kind, das schnell wieder »trocken« sein soll, sich schuldig fühlt. Stattdessen wäre ihm zu sagen: »Du warst so mit dem beschäftigt, was du gerade gesehen hast, dass du nicht daran gedacht hast ... und es nicht absichtlich vergessen hast.«

*Die Sauberkeitserziehung ist umso wichtiger, weil sie
die ganze an die Sexualität gebundene Aggressivität
ins Spiel bringt. Man muss unbedingt bis zu dem
Zeitpunkt warten, an dem man sich sicher ist, dass
das Kind zwischen den Empfindungen seiner Muskeln und seines Körpers, der beim Spielen engagiert
ist, perfekt unterscheiden kann. Erst dann kann man
von ihm verlangen sauber zu werden.*

In dieser Phase hilft ein Kind gerne. Man sollte davon profitieren – aber nicht dadurch, dass es sich auf die Toilette begibt
um dem Erwachsenen eine Freude zu machen. Es handelt
sich um ein völliges Missverständnis zu meinen, in diesem Alter sei die Sauberkeit am wichtigsten. Man sollte im Gegenteil
den Wunsch des Kindes etwas für einen Erwachsenen zu tun
(einen kleinen Auftrag zu erledigen, die Tür zu schließen, ein
Buch zu bringen, etc.) im positiven Sinn nutzen. Und es sollte
sich um eine Tätigkeit handeln, bei der das Kind dem Erwachsenen auch wirklich eine Hilfe ist. Ein Kind kommt in
seiner Entwicklung voran, indem man ihm beibringt am
Rhythmus des Erwachsenen, den es liebt, mit allen seinen
ihm zur Verfügung stehenden Mitteln teilzunehmen. Sauber
zu sein ist eines davon und nicht mehr. Gleichzeitig markiert
diese Phase den Beginn der Geschicklichkeit des Kindes …
Im Alter von zwei Jahren entwickelt es einen Sinn dafür, seine
ganze wertvolle Kreativität entlang den moralischen Regeln
seiner Umgebung einzusetzen, indem es sich der Kraft seiner
Muskeln bedient, unter der Bedingung, dass man ihm zu seiner Freude den freien Umgang mit seiner Beweglichkeit lange
genug gelassen hat.

Der Anfang der Sexualerziehung

Gehen wir zum Schluss noch kurz auf eine letztes Problem ein: auf das Stadium, in dem sich das Kind in seinem Bett selbst berührt. In diesem Moment entdeckt es, dass die urogenitale Zone nicht nur seinen Ausscheidungsbedürfnissen dient, sondern auch seiner Lust.

Wiederum ist es äußerst gefährlich, wenn sich der Erwachsene in das sexuelle Leben des Kindes einmischt um es zu tadeln, zu beschämen oder zu verbieten. Der Erwachsene riskiert damit ein Trauma zu provozieren, das sich auf das ganze sexuelle und affektive Leben des Kindes auswirkt und auch dann noch, wenn es erwachsen geworden ist.

Darüber hinaus zwingt er dem Handeln des Kindes einen Stellenwert auf, den es für das Kind noch gar nicht besitzt.

> *Hier ein Verbot einzuführen, ein Tabu, fügt dem Kind Schlimmes zu – macht aus etwas Gesundem etwas Ungesundes, aus etwas Normalem etwas Pathologisches.*

Genauso normal ist es, mit Kindern ohne Umschweife über die Geburt zu sprechen. Man kann beispielsweise damit beginnen, wie das Küken aus seinem Ei schlüpft, auf dem die Henne gebrütet hat, und dann auf die Geburt des kleinen Kindes zu sprechen kommen: Gezeugt aus der Vereinigung von zwei halben Samenkörnern, wobei das eine vom Vater kommt (später wirst du wissen, auf welche Weise) und das andere von der Mutter stammt. Aus beiden wird im Bauch der Mutter ein kleines menschliches Ei, das dann anfängt zu strampeln und, bevor es auf die Welt kommt, immer munterer geworden ist. Es geht um einfache Erklärungen, keinen Kurs über Geburtshilfe, was völlig außerhalb des kindlichen Vorstellungsvermögens liegt.

Man sollte Problemen, die sich dem Kind stellen, nicht vorausgreifen.

> *Schließen wir wiederum mit einem ganz allgemeinen Gesetz: Wir dürfen dem Kind niemals unsere Meinung aufzwingen. Es soll sich frei entscheiden können, auch wenn seine innere Einstellung mit einer lebenswichtigen Funktion verknüpft ist.*

Zum Beispiel ihm nicht sagen: »Du musst essen, es ist gut für dich«, sondern sich auf den Wunsch des Kindes stützen es dem Erwachsenen gleichzutun und sagen: »Wenn du Hunger hast, dann iss etwas. Ich würde mich darüber freuen. Noch besser wäre aber, wenn du jetzt gerne essen würdest.« Das Gesetz vervollständigt sich dann folgendermaßen:

> *»Gib deinem Kind die Freiheit selbst zu entscheiden, aber fühle dich selbst auch frei. Hindere dein Kind daran deine Aktivitäten zu stören, aber störe auch nicht seine.«*

Die Ernährung der
Neugeborenen und die Entwöhnung

Was seine Ernährung und sein Wachstum betrifft, ist für das Neugeborene die Milch der eigenen Mutter das beste und geeignetste Lebensmittel. Das ist schon häufig gesagt worden, doch kann man es nicht oft genug wiederholen. Nach dem so intimen gemeinsamen Austausch von Lebenskräften zwischen Mutter und Kind, den die neun Monate intrauterinen Lebens darstellen, resultiert aus der Geburt – die das Kind in ein autonomes Wesen verwandelt, das nun selbst atmet und einen eigenen Kreislauf hat – ein erbärmlich zerbrechliches Etwas. Die Präsenz der Mutter, ihre Milch und ihre Liebe gehören jetzt ihm und dürfen ihm nicht vorenthalten werden.

Es ließen sich zahlreiche Betrachtungen über physiologische und chemische Prozesse anführen, die letztlich aber nur stützen, was man aus Erfahrung jederzeit feststellen kann. Dieser zerbrechliche Säugling bedarf nicht nur der mütterlichen Zuwendung, ihrer Wärme, der Ruhe und des Schutzes – den ihm jedermann geben kann-, sondern auch eines sinnlichen und psychoaffektiven Klimas. Dieses ist wie seine erste Nahrung der Boden, auf den er seine Füße setzt. Der technische Fortschritt hat dafür gesorgt, daß tausende von Säuglingen heutzutage auch ohne Muttermilch, egal aus welchen Gründen, überleben. Aber egal wie diese Ersatzmilch auch beschaffen sein mag, nichts ersetzt dem Baby die Brust seiner Mutter.

Dabei ist hinsichtlich der Menge, die man dem Baby an der Brust seiner Mutter geben soll, nur dessen eigener Rhythmus maßgeblich.

Hat die Mutter genügend Milch, entstehen keinerlei weitere Probleme außer der Bestimmung des Zeitpunktes, an dem die Entwöhnung beginnt. Psychologische Untersuchungen fanden bei Kindern und Erwachsenen neurotische Störungen, die sich auf eine schlecht verlaufene Entwöhnung zurückführen ließen.

Die Entwöhnung ist in der Tat eine Entwicklungsetappe, die sich mit einer zweiten Geburt vergleichen lässt.

Unglücklicherweise hat man die verheerenden Folgen des Entwöhnungskomplexes oft übertrieben, und ich habe werdende Mütter erlebt, die ihrem Kind nicht die Brust geben wollten um es nicht entwöhnen zu müssen. Dieser Gedanke ist natürlich absurd und mit der Vorstellung von Eltern vergleichbar, die ihren Kindern nicht vom Tod erzählen, damit sie vor ihm keine Angst bekommen.

Bei der Entwöhnung handelt es sich um eine physiologisch und psychologisch wichtige Etappe. Eigentlich geht es darum sie im richtigen Moment durchzumachen, wenn sich das Bedürfnis nach fester Nahrung einstellt, das Kind seine ersten Zähnchen bekommt und sich die Fähigkeit herausgebildet hat sich etwas in seinen Mund zu stecken. In der Regel geschieht das zwischen dem siebten und achten Monat. Es gilt diese Prüfung in gutem Einvernehmen mit der Mutter zu bestehen. In unserer Gesellschaft ist man übereingekommen dem Kind seinen ersten Milchbrei mit vier Monaten zu geben. Die Mutter ist so früher unabhängig, denn schließlich ist sie nicht nur Ernährerin, sondern hat in den meisten Fällen auch einen Beruf. Für das Kind an der Mutterbrust stellen sich mehrere Abschnitte der Entwöhnung ein: das erste Fläschchen mit Kuhmilch aus einem Schnuller aus Gummi, der erste Brei, der Löffel –und schließlich eine abwechslungsreiche Nahrung, die ohne Hilfe der Mutter eingenommen wird. Es gibt Kinder, die

die künstliche Brustwarze, den Schnuller, nie akzeptieren, von der Mutterbrust direkt zu Löffel und Becher übergehen und sich die Brust noch für einmal oder zweimal am Tag aufheben, wenn ihre Mutter noch Milch hat. In jedem Fall verläuft die Entwöhnung immer langfristig. Ich komme gleich noch einmal darauf zu sprechen.

Für die Mutter von Kindern, die aus welchen Gründen auch immer mit künstlicher Milch ernährt werden müssen, stellen sich von Beginn an Probleme der Qualität, der Häufigkeit und des Rhythmus der Mahlzeiten. Es ist sicherlich nicht falsch hierbei dem Rat des Arztes oder einer Hebamme zu folgen. Aber auch wenn man die Normen gut nachvollziehen kann, sollte man ihnen nicht zwanghaft folgen. Wie oft hören wir, dass sich Mütter von wunderbaren Babys beklagen, ihr Kind habe nicht »sein Gewicht«, würde nicht alles essen, »was es braucht«, wohingegen wieder andere ihre Kinder vor Hunger und Durst schreien lassen, weil sie laut Tabelle nichts mehr kriegen dürfen.

> *Vergessen wir nicht, dass ein gesunder Mensch isst, weil er mag und nicht, weil er »essen muss«.*

Nach einer Volksweisheit soll das Baby seinen Hunger anmelden: Also wartet man auf den ersten Schrei, mit dem das Baby seinen Hunger, bevor man es füttert, kundtut. Folgende Erfahrung machte man in den USA mit einem Experiment, das sich auf 200 Kinder einer Kleinstadt stützte: Von Geburt an stellte man von vornherein überhaupt keine Regeln auf, zu welchem Zeitpunkt man dem Kind die Brust geben sollte. Man wartete einfach darauf, wann der Säugling aufwachte oder vor Hunger anfing zu schreien. Die Erfahrung zeigte, dass der Abstand zwischen zweidreiviertel Stunden und im Extrem viereinhalb Stunden variierte, durchschnittlich verlangten die Kinder ihre Mahlzeiten in einem Intervall von drei Stunden und fünfzehn Minuten bis zu drei Stunden fünfundvierzig Minuten.

Genauso sollte es beim gesunden Kind sein. Was die Menge betrifft, derer das Kind bedarf, spielt auch die Qualität der Milch eine Rolle. Woran lässt sich erkennen, dass der Säugling bei guter Gesundheit ist, egal ob er mit der Brust oder Flasche aufwächst: an der Beschaffenheit seines Zellgewebes, seiner Haut, der Schleimhäute, seines Muskelfleisches, seiner Farbe und Schwellungen, seiner Elastizität, dem Gewicht gemessen an Größe und Alter, auch an der Regelmäßigkeit des Schlafrhythmus, der Regelmäßigkeit seines Stuhlganges, seiner Spannkraft und dem Zustand seiner Fontanellen, der Lebendigkeit seiner Bewegungen, der Qualität seines Blicks und seines Schreiens.

So wie das Kind einer adäquaten Ernährung bedarf, die es in dem Rhythmus bekommt, der ihm zusagt, braucht es um bei guter Gesundheit zu bleiben auch eine affektive und harmonische Umgebung.

> *Der Ernährung ganz und gar gewidmete Augenblicke sind die wichtigsten Momente der Beziehungen zwischen dem Kind und der Mutter, weil sie für das Kind Augenblicke organischer Befriedigung darstellen.*

Ist die Mutter ängstlich, steht unter Druck, ist angespannt oder richtet ihre ganze Aufmerksamkeit auf tausende Details, anstatt ihrem Kind gegenüber Ruhe und affektive Aufmerksamkeit auszustrahlen, überträgt sich ihre Nervosität auf ein sensibles Kind. Mit der Milch trinkt es dann ihre Angst. Zwischen Mutter und Kind besteht ein unmittelbarer Einfluss, der sich nicht offen äußern muss, aber durch immer zahlreichere Filme belegt wird, die zu ihrem Gegenstand die Beobachtung der Beziehung von Mutter und Säugling haben, bzw. die Konsequenzen, die sich daraus für die Persönlichkeitsentwicklung des Kindes ergeben.

Ebenso wie der stofflichen Ernährung bedarf das Neugeborene, mehr noch wie das schon größere Baby, das ja bereits über andere Mittel verfügt, sich mit seiner Umwelt auszutauschen, einer fröhlichen, geduldigen und ruhig handelnden (Still-)Mutter. Es bedarf der Sicherheit, der vegetativen Sicherheit, die ihm die Anwesenheit der Mutter vermittelt oder, sofern sie fehlt, einer stabilen Bezugsperson, die im Verlauf des ersten Jahres nicht wechseln sollte. Insgesamt braucht der Säugling also ein psychisches und soziales Umfeld, das sich auf sein Gleichgewicht und damit auf seine Zukunft günstig auswirkt.

Renée Spitz, ein führender Psychoanalytiker aus New York, konnte in seinen unvergessenen Filmen die geradezu unauslöschlichen Traumata zeigen, die ein kleines Wesen markieren, das im Verlauf des ersten Jahres von seiner Mutter getrennt wurde.

Was den Komplex der Entwöhnung betrifft, geht es nicht nur um die Schwierigkeiten, die damit zu tun haben, dass das Kind seine flüssige und lauwarme Mahlzeit nicht mehr von der Brust bekommt oder aus dem Schnuller des Fläschchens. Häufig ist die Mutter jetzt nicht mehr so lange bei ihm, weil sie ihm nach der Entwöhnung insgesamt weniger zur Verfügung stehen muss. Aber gerade jetzt empfindet das Kind auch außerhalb der Nahrungsaufnahme ein besonders großes Bedürfnis nach ihr. Jetzt bedarf es besonders der affektiven und sinnlichen »Nahrungsaufnahme«: Wechselnde Mahlzeiten unterbrechen das gemeinsame Spiel, das von ihren Zärtlichkeiten, ihrem Lächeln und ihrer Stimme begleitet wird.

Die Entwöhnung muss nach und nach erfolgen. Solange das Kind an der Brust trinkt, interessierte es sich für Dinge, die mit zehn Monaten oder einem Jahr kein Interesse mehr hervorrufen. Um zu verhindern, dass das Kind in die Brust der Mutter beißt, wenn es zahnt und Schmerzen hat, sollte man, bevor man es stillt, auf seinem Zahnfleisch vorbeugend eine Salbe auftragen. Nicht nur, dass es für die Mutter unangenehm ist von ihrem Kind gebissen zu werden. Auch das

Kind bekommt Angst, wenn es für den Schmerz, den es seiner Mutter zugefügt hat, gescholten wird. Neben diesen besonderen Umständen kann die Mutter das Kind aber ruhig noch einige Tage weiter stillen, wenn sie noch ein wenig Milch hat, und sowohl Mutter wie Kind werden Befriedigung daran finden.

Bei Kindern, die mit der Flasche aufwachsen, sollte man ebenso wenig radikal vorgehen. D.h. auch bei diesen Kindern sollte man die Entwöhnung nicht überstürzt vornehmen.

Wenn ein großes Kind im Alter von fünf oder sechs Jahren noch aus einer Flasche mit Schnuller trinkt, ist es affektiv zurückgeblieben. Aber manchmal versucht sich ein Kind mithilfe dieses regressiven Symptoms auch angesichts einer familiären Gesamtsituation zu trösten, die ihm vielleicht nicht ermöglicht Zugang zu anderen Kindern in seinem Alter zu suchen und zu finden. Andererseits entdecken auch manche gut angepassten Kinder, die wie ihre Eltern eine vielfältige Nahrung zu sich nehmen, wieder ihr Fläschchen, zum Beispiel nach dem Ausruhen oder nachdem sie gegessen haben. Manchmal haben sie ihr Fläschchen für Wochen vollkommen vergessen, kommen aber darauf zurück, wenn sie eine Krankheit schwächt.

Es gibt überhaupt keinen Grund ihnen dieses Fläschchen, das eine Erinnerungsspur aufnimmt, zu verbieten.

Sicherlich soll man dieses Verhalten nicht systematisch fördern, aber in ihm ebenso wenig etwas sehen, das der normalen Entwicklung entgegengesetzt ist. Die gute Entwöhnung geschieht wie von allein und das Kind entscheidet frei und selbst darüber. Die aufgezwungene Entwöhnung ist immer schlecht und Quelle unbewusster Konflikte.

Um zu schließen, möchte ich im Folgenden einige Beispiele anführen, die besser als große theoretische Reden die psychoaffektiven Auswirkungen einer Mahlzeit aufzeigen, die das Kind durch sein Saugen zu sich nimmt. Hier zum Beispiel der Fall des kleinen Robert, der acht Monate an der Brust seiner Mutter ernährt und dann von ihr bis zum Alter von fünf Jahren behütet und versorgt wurde. Er hatte mit der Entwöhnung keinerlei Schwierigkeiten, aß gut und war auch sonst nicht auffällig geworden. Mit fünf Jahren kam er zu seinen Großeltern aufs Land und blieb dort für zwei Jahre, ohne seine Mutter in dieser Zeit zu sehen. Seine Zuneigung zu den Großeltern schien konfliktlos und man hatte nicht den Eindruck, dass er aufgrund der Trennung und Entfernung zu seiner Mutter leiden würde. Als er sieben Jahre alt war, besuchte ihn seine Mutter. Kaum hatte er sie von weitem gesehen, rannte er auf sie zu, stürzte sich in ihre Arme, öffnete ihre Bluse und suchte nach ihrer Brustwarze.

Ein anderes Kind im Alter von fünfeinhalb Jahren, das mir anvertraut wurde, war mit einem Jahr von seiner Mutter verlassen worden, kam dann in ein Heim und wurde mit fünf Jahren von einer tüchtigen Adoptivmutter zu sich genommen. Es war im Säuglingsalter nicht gestillt worden. Zu seiner Adoptivmutter konnte das Mädchen jedoch keinen echten Kontakt herstellen, ebenso wenig zu seiner Umgebung, was der Grund dafür war, es uns in Behandlung zu geben.

Nach einigen psychotherapeutischen Sitzungen bestand die erste Liebesbezeugung, die es wortlos seiner Adoptivmutter gegenüber zum Ausdruck brachte, darin, ihr die Bluse zu öffnen und mit Zärtlichkeit an ihrer Brust zu saugen.

Ich füge noch den Fall eines Jungen im Alter von dreieinhalb Jahren an, der seit seiner Geburt mit Kuhmilch ernährt und langsam, im Alter von sechs Monaten, entwöhnt wurde. Mit 17 Monaten hatte er sein letztes Fläschchen bekommen. Hinsichtlich seiner motorischen und verbalen Fähigkeiten war er sehr gut angepasst. Mit dreieinhalb Jahren wurde er wegen einer schweren Blinddarmentzündung notoperiert. Als er wieder aufwachte, hatte er keinen Durst. Auch am nächsten Morgen wollte er, trotz vierzig Grad Fieber, nicht trinken. Am dritten Tag verlangte der Junge, nachdem er immer wieder aufgefordert worden war zu trinken und sich geweigert hatte, nach seiner Flasche. Er wusste gar nicht mehr, wie man daran saugt. Aber das stumme Entzücken, mit dem er passiv anfing an der Flasche zu nuckeln, die Augen halb geschlossen, seine Verträumtheit, sein dankbarer Blick, begleitet von einem »wie gut« erlaubten ihm seinen Tonus auf einmal wieder zu finden. Am Abend war seine Temperatur zurückgegangen. Obwohl sie ihm weiter zur Verfügung stand, hat er später nie mehr die Flasche verlangt.

Damit aus dem jüngsten Kind kein
»kleiner Nachzügler« wird

Man hört häufig: »Es ist so angenehm zwei Mädchen oder Jungen zu haben, die vom Alter dicht beieinander liegen. Und es ist viel leichter sie großzuziehen.« Vielleicht, aber Vorsicht! Denn man muss aufpassen, dass man die Entwicklung und die Emanzipation eines von beiden nicht unter dem Vorwand bremst, sie lägen doch so dicht beieinander. Beide Kinder können ganz unterschiedlich sein und verschiedene Bedürfnisse haben. Man sollte nicht der Versuchung nachgeben sie wie ein Paar zu erziehen, wie Zwillinge. Verzögern Sie nicht die Entwicklung der Älteren, damit sie in ihrem Leben ständig auf ihren Bruder »wartet«: in der Schule, in ihrer Freizeit. Fordern Sie nicht vom jüngeren Kind, es soll ständig mit seinem Bruder zusammen sein.

> *Je näher die Kinder altersmäßig beieinander liegen, je mehr sollte man darauf achten mit beiden auf ganz unterschiedliche Art und Weise umzugehen, ansonsten stellen sich früher oder später bei dem einen oder anderen Persönlichkeitsprobleme ein.*

Noch stärker als bei Kindern, die altersmäßig weit auseinander liegen, sollte man der Versuchung widerstehen beide Kinder gleich zu behandeln. Nehmen Sie eine Haltung ein, die dem einzelnen Kind entspricht und behelfen Sie sich nicht mit Belohnungen, die aus einem Vergleich zum Nachteil des einen oder anderen resultieren. Wenn es passiert, sagen Sie ruhig, dass sie ungerecht gewesen sind und dass beide keine Chance besitzen die gleiche Mutter zu haben, aber ziehen Sie diese Diskussion nicht unnötig in die Länge und akzeptieren Sie die Vorwürfe, die Ihnen gemacht werden.

Der oder die Kleinste in der Familie: Sie wissen, dass dieser Platz in der Geschwisterreihenfolge oft den Ruf hat, ein verwöhntes Kind zu produzieren.

> *Dabei ist es gar nicht lustig verwöhnt zu werden. Es läuft darauf hinaus, so lange wie möglich ein Kind bleiben zu sollen und der Mutter die Illusion zu vermitteln, sie bleibe ewig jung.*

Wenn sich das Kind an diesen Status anpasst, werden die Folgen erst später sichtbar. Es wird in seinem Leben immer den Eindruck haben frustriert zu werden, da es nicht gewappnet wurde um zu kämpfen und immer nur das Bedürfnis hat, geschützt zu werden. Kommt es hingegen mit dieser ihm auferlegten kindlichen Rolle nicht klar, stellen sich psychische Probleme, Charakterstörungen oder sogar gesundheitliche Probleme ein.

> *Kämpfen Sie mit allen Mitteln gegen die Angewohnheit von älteren Kindern und Geschwistern den Letztgeborenen als »kleinen« Bruder oder »kleine« Schwester zu bezeichnen, ein Beiname, der ihnen peinlich lange anhängt.*

Geben Sie auch niemals und egal in welchem Alter dem Verlangen nach, dicht beieinander liegende Kinder auf gleiche Weise zu kleiden. Viele Kinder leiden unter diesem lästigen Zwang. »Es ist aber so süß«, sagen die Mamis. Es ist ihr Besitzinstinkt, der so spricht, sie sind glücklich ihre Kinder in einer Art von gemeinsamer »Uniform« zu sehen, mit ihrem (der Mütter) »Markenzeichen«, wie man sagen könnte. Kindische Eitelkeit! Es handelt sich zwar nur um ein Detail in der

Aufmachung, aber auch wenn es nur im Detail die Abhängigkeit eines Kindes vom anderen unterstreicht, wirkt es sich destruktiv auf die Persönlichkeit aus. Man muss nicht gleich systematisch verhindern, dass beide die gleichen Sachen tragen, manchmal kann man von irgendeinem »Angebot« profitieren, aber dann resultiert die Kleidung aus einer günstigen Gelegenheit und aus keiner bewussten Wahl, die ständig getroffen wird. Lassen Sie das Kind selbst auswählen, wenn sie ihm etwas kaufen, ausgenommen das Kind äußert sich überhaupt nicht dazu, weil es ihm relativ egal ist, was es trägt.

Dasselbe gilt natürlich auch für die Frisur ihrer Töchter oder Söhne. Unter der Bedingung, dass sie saubere Haare haben, sollten ihnen alle Frisuren erlaubt sein. Oft drückt sich in der Wahl einer ganz bestimmten Frisur aus, dass Ihr Kind sich zunehmend bewusst wird eine eigene Persönlichkeit zu sein, es will etwas verändern, und sei es nur um die Freundin oder die Freunde nachzuahmen.

Äußern Sie ihre Meinung, aber lassen Sie gleichzeitig Ihrem Kind die Freiheit eine andere zu haben.

Sie werden mir sagen, dass es sich hierbei um die kleinen Dinge des Lebens handelt, aber das Leben besteht aus diesen kleinen Dingen, die die Jugend verpfuschen oder bereichern können, weil sie Symbole von Zwang oder Freiheit darstellen, des Rechts, sich als Selbst zu fühlen oder der Verpflichtung, ein Spielzeug nur zum Vergnügen der Mutter zu sein.

Konflikte zwischen Kindern in ein und derselben Familie

Eine Leserin schreibt und bittet uns um Rat, welche Haltung man gegenüber Konflikten zwischen jüngeren Kindern in ein und derselben Familie einnehmen soll. Dieselbe Leserin erkundigt sich auch hinsichtlich des harmonischen Umgangs zwischen älteren Kindern und eigensinnigen Brüdern und Schwestern. Im Grunde handelt es sich hierbei um ein und dieselbe Frage, weil der Altersunterschied nichts mit den wahren Gründen der Konflikte zu tun hat.

Ich glaube, dass diese Fragen von allgemeiner Bedeutung sind, weshalb wir an dieser Stelle auf sie eingehen. Wie bei allen Störungen der familiären Harmonie gilt es mindestens zwei Aspekte in Betracht zu ziehen:
– Wie kann man einem solchen Zustand vorbeugen?
– Wie kann man ihm abhelfen?

Wie lässt sich der Rivalität zwischen Kindern in einer Familie vorbeugen?

Jeder weiß, dass die Ankunft eines kleinen Bruders oder einer kleinen Schwester das Leben des Älteren, der bisher ohne Rivale war, durcheinander bringt. Normalerweise wird der Ältere, der dem Neuankömmling feindlich gesonnen ist, dafür ausgeschimpft, er wird zur Vernunft gerufen und man lässt ihn sanft oder auch streng wissen, dass sein Verhalten egoistisch ist, gemein und dem Erwachsenen missfällt.

Welch ein Fehler!

In den sogenannten »günstigen« Fällen scheint das Interesse des Älteren, mit dem jüngeren Geschwister zu rivalisieren nach einer schwierigen und launenhaften Phase nachzulassen. In dieser Periode kommt es zu Appetitverlust, harmlosen Krankheiten und manchmal macht der Ältere auch wieder ins Bett oder sogar in die Hose. Aber dann akzeptiert er den Neuankömmling, weil man ihn für diesen Preis nicht mehr ausschimpft.

Aber gerade wenn sich seine Eifersucht nicht mehr offen zeigt, ist sie umso schwerer und sitzt umso tiefer. Bei der kleinsten Ungleichbehandlung von Seiten des Erwachsenen fühlt sich das Kind verletzt, besonders, wenn ihm diese zu seinem Nachteil erscheint. Das kann Jahre andauern.

Um dieser Eifersucht der Älteren in der frühen und späten Kindheit vorzubeugen sollte das Kind seinen Ärger und Verdruss ausdrücken dürfen, den es dabei empfindet einen Rivalen auftauchen und dann größer werden zu sehen; man sollte mit ihm deshalb nicht schimpfen, sondern es bedauern, wenn es sich beklagt weniger geliebt zu werden oder seine ganze Existenz wegen des Neuankömmlings in Frage stellt. Nur das Kind selbst weiß um sein Unglück, mit Überzeugungskraft werden Sie es nicht lindern können. Sie können ihm nur versichern, dass sie seine Schwierigkeiten verstehen.

Zur großen Überraschung der Eltern, denen ich diesen Rat gegeben habe, wird der Ältere ohne sich zu verstellen und ohne zu schwindeln, am Grund seiner Verzweiflung angekommen, den Neuankömmling sehr schnell mögen: »Es stimmt ja gar nicht, dass er unaussthlich ist, eigentlich ist er ganz niedlich.« Damit die Mutter das Kind nicht noch einmal darin bestärkt ihr nach dem Mund zu reden, sollte sie sagen »Glaubst du?« oder notfalls: »Vielleicht hast du Recht!« Nach einigen Tagen wird der Neuankömmling endgültig und für das ganze Leben angenommen sein. Weil man den Älteren sein Leiden ausdrücken ließ ohne ihm sein Selbstwertgefühl zu nehmen (was der Fall ist, wenn man das Kind für seine Eifersucht beschimpft). Ist es umgekehrt der Kleinste, der, während er heranwächst, eifersüchtig auf den oder die Ältere ist, lässt sich einer Verschlimmerung dieses Zustands auf gleiche Weise begegnen. Man soll seiner Eifersucht gestatten sich auszudrücken, nicht versuchen sie mit Streicheleinheiten zu kompensieren und ihm zu schmeicheln. Letzteres liefe nur darauf hinaus immer wieder zu unterstreichen, dass er »der Kleine« ist, den man für sein Leiden, kein Großer zu sein, ständig trösten muss.

Kurzzeitiges Trösten macht das Unglück nur noch größer und zu Ihrem großen Erstaunen wird das Kind immer eifersüchtiger und gleichzeitig immer mehr zu einem Baby.

Die rettende Haltung besteht darin dem klagenden Kind zuzuhören, ihm zu sagen, dass es ja Recht hat, dass die Ungleichheiten wirklich schwer zu ertragen sind und Sie es verstehen. Wenn Sie selbst oder sein Vater Kinder mit einem älteren Bruder oder einer älteren Schwester gewesen sind, können Sie Ihrem Kind auch sagen, dass Sie dieselbe unangenehme Situation gekannt haben, aber jetzt als Erwachsene den Altersunterschied gar nicht mehr bemerken. Ziehen Sie ruhig Beispiele aus der Natur heran, die vergleichbar sind, um dem Kind eine andere Betrachtungsweise zu ermöglichen: Dass die Lebewesen im Laufe der Zeit aufeinanderfolgen und sich niemals ein aufs andere gleichen. Keines von ihnen ist deswegen weniger wert, sie unterscheiden sich nur der Größe oder dem Alter nach.

Wie soll man handeln, wenn die Rivalität einmal ausgerufen wurde und sich Kinder ein und derselben Familie ständig streiten?

Niemals intervenieren um den einen zu schützen, zum Beispiel mit dem Argument, er sei der Kleinste oder Schwächste oder sie sei »ein Mädchen« und es gehöre sich deshalb nicht, sie zu attackieren.

Wenn ein Kind kommt um sich zu beklagen, sollte man es niemals brüsk wieder wegschicken und zu ihm sagen: »Das geschieht dir recht!« Sich seine Klagen anhören, ihm sein Mitgefühl ausdrücken, es bedauern oder nicht, aber keinesfalls den Vorwurf an die Adresse des sogenannten (oder auch wirklichen) Angreifers noch verstärken. Es reicht den Nachzügler zu bedauern, aber man sollte damit auch nicht übertreiben. Sagen Sie ihm auch nicht: »Du brauchst ja nicht mit den Großen zu spielen, wenn sie dir nur an den Kragen gehen wollen.« Aber was sollen die ganzen Aufzählungen möglicher Verhaltensweisen, überlassen Sie Ihrem Kind doch selbst die Sorge es so oder anders zu machen. Begnügen Sie sich damit für es da zu sein, es zu bedauern, es zu ermutigen und lassen Sie sich niemals darauf ein über die Streitenden zu richten.

Wenn sich ein Kind beklagt, dass der eine oder andere beim Essen oder sonst wie bevorzugt wird, streiten Sie es nicht gleich ab.

Die Gerechtigkeit ist nicht von dieser Welt. Wenn Sie versuchen sich vor Ihren Kindern zu rechtfertigen und im Namen Ihrer heiligen Gleichmacherei protestieren, helfen Sie Ihren Kindern gar nicht und verschlimmern nur die Situation.

Egal, was auch immer Sie tun, Ihre Kinder fühlen sich nie gleich behandelt, denn Gleichbehandlung bedeutet für sie, gleich gemäß ihren Wünschen und Bedürfnissen behandelt zu werden und nicht, weil sie das gleiche Gewicht oder die gleiche Größe haben.

> *Geben Sie also immer zu, dass Sie nicht gerecht sind, dass die Welt nicht gerecht ist und dass Sie zu dieser Welt gehören. Lassen Sie zu, wenn sich Ihre Kinder über Ihre Ungerechtigkeit beschweren, aber bedauern Sie sie, wenn sie darunter leiden. Die Eifersuchtskonflikte unter ihnen werden nachlassen und letztlich verschwinden, weil Kinder es »normal« finden sie zu überwinden.*

Womit ich meine, dass das Kind seine persönliche Lösung finden muss, die immer eine Art Kompensation darstellt. Lassen Sie ihre Kinder ihre eigenen Mittel finden ihre Gefühle von Minderwertigkeit zu überwinden, die mit ihrer Stellung in der Familie zu tun haben, mit eigenen Schwächen oder wirklichen Defiziten. Drücken Sie ihnen Ihr Mitgefühl aus, wenn sie noch nicht so weit sind, indem Sie sie ermutigen sich selbst an das Unvermeidbare anzupassen, ohne Ihre Hilfe, die sie nicht nötig haben.

Vielleicht fürchten Sie, dass sich eines von ihnen zu brutal verhält? Das wird es ganz sicher, wenn Sie intervenieren und ihm Unrecht geben. Wenn ein Kind brutal ist, dann vielleicht deswegen, weil es über keine anderen Mittel verfügt zu kämpfen. Geben Sie ihm lieber die Gelegenheit viel im Freien zu spielen. Vielleicht resultiert seine Brutalität aus einem Gefühl der Schwäche gegenüber der Art von Intelligenz, die seine Schwester oder sein Bruder besitzt.

Machen Sie ihm klar, dass für das Zusammenwirken einer Gesellschaft oder einer Familie ganz unterschiedliche Menschen nötig sind. Geben Sie ihm, um Vertrauen zu sich selbst zu finden, Mittel an die Hand sich in praktischen Dingen nützlich zu machen und geschickt bei dieser oder jener Tätigkeit zu sein.

Kurz zusammengefasst, was Sie bei Konflikten zwischen Ihren Kindern tun sollten: 1. Spielen Sie nie Polizei oder den Staatsanwalt. 2. Drücken Sie dem Opfer immer Ihr Mitgefühl aus (ohne den, der angegriffen hat, dabei zu beschämen) und ermutigen Sie es, in Zukunft besser mit seinen Schwierigkeiten zurechtzukommen. 3. Entsteht wegen eines Streites ein Schaden, keine Bestrafung im Sinn einer Rache, sondern alle Beteiligten tragen zu seiner Behebung bei (außer eines der Kinder erklärt sich freiwillig für verantwortlich und ist in der Lage ihn allein zu beseitigen). 4. Artet der Streit zu sehr aus, trennen Sie die Beteiligten, und zwar nicht durch Bestrafung, sondern indem Sie jedem vorschlagen sich doch einmal zu überlegen, wie man sich anders beschäftigen kann als nur miteinander herumzustreiten.

Meine kleine Tochter sagt zu allem
»Nein«

Eine Mutter hat uns geschrieben:
»Ich habe zwei Töchter, die eine ist fünfzehn Monate, die andere fünfzehn Tage. Wir beschäftigen uns viel mit ihnen. Die Ältere fängt gerade an zu sprechen und sagt ständig: ›Nein‹. Es genügt, wenn wir ihr sagen: ›Willst du nicht Guten Tag sagen?‹, dass sie uns mit entschlossener Stimme antwortet: ›Nein.‹ Ich mache mir Sorgen, dass sie diese Haltung, allen in ihrer Umgebung zu widersprechen, auch später nicht ablegen wird.

Nie gelingt es uns, dass sie etwas hergibt, was sie gerade in der Hand hält. Ich nehme ihr manchmal irgendetwas aus der Hand und rufe dann: ›Danke, das ist aber lieb von dir!‹. Danach bekommt sie es wieder, damit sie weiß, dass ich es nicht behalten will.

Übrigens bin ich glücklich, dass sie gerade eine kleine Schwester bekommen hat. Vielleicht fällt es ihr jetzt leichter zu teilen, wie es das Leben verlangt. Sie bewundert ihre kleine Schwester, aber können Sie mir dennoch einen Rat geben, wie man der Älteren beibringt etwas zu geben?«

Das Verhalten Ihrer älteren Tochter ist sehr typisch: Sie »*verweigert sich*«, sie *weigert* sich »Guten Tag« zu sagen wie die Erwachsenen, die bei diesen Worten häufig nichts empfinden. Sie *weigert* sich einen Gegenstand loszulassen, den sie in ihren Händen hält und der für sie in diesem Augenblick von einem Interesse ist, das durch kein anderes ersetzt werden kann.

Wir wissen doch, Kinder wachen eifersüchtig darüber, was

sie interessiert ..., und von einer Minute auf die andere lassen sie es fallen, wenn ihr Interesse von etwas anderem angezogen wird. Darin sind sie absolut: Etwas »ausleihen« macht für sie keinen Sinn, etwas »zu nehmen« befriedigt ein wahres Bedürfnis. Es gibt für sie nichts Dauerhaftes: Wenn sie etwas (in ihren Augen) haben wollen, dann behalten sie es. Sie betrachten den Gegenstand wie einen Teil von sich selbst: sich zu weigern, ihn herauszugeben ist folglich dasselbe wie »sich verweigern«.

Ich bin mir sicher, dass die Umgebung Ihrer Tochter es gut mit ihr meint, aber sie ist zu fixiert auf Ihr Kind und instinktiv wehrt es sich gegen die ständige Einmischung der Erwachsenen in sein Leben, eine Einmischung, die es als Bedrohung empfindet. Man soll dem Kind sein individualistisches und egoistisches Leben lassen ohne es ihm aufzuzwingen, man soll ihm keine Opfer abverlangen ohne dass es dafür entschädigt wird.

Solange das Kind noch nicht im sozialen Alter ist, identifiziert es sich nicht damit, wie sich seinesgleichen gegenüber anderen verhält, besonders wenn ihm dieses Verhalten nicht unmittelbar einleuchtet oder noch unzugänglich ist.

Ein Kind ist sehr viel ehrlicher als wir.

Sich zu entschuldigen oder »Guten Tag« zu sagen besitzt für uns meistens keinen affektiven Wert. Wer von uns hat nicht schon einmal »Oh, Entschuldigung« gesagt, als er gegen eine Straßenlaterne stieß ... Für Kinder aber besitzen die Worte noch ihren ganzen Sinn.

Instinktiv hat ein Kind Recht, wenn es jemandem, der ihm gleichgültig ist, nicht »Guten Tag« sagen will.

Mag es jemanden hingegen besonders gern, wird es voller Vertrauen auf diesen zugehen und ihm manchmal wortlos sein Lieblingsspielzeug hinhalten; ein anderes Mal gibt es sich vorteilhaft um damit auf sich aufmerksam zu machen. Und diese Dinge besagen mehr über seine Gefühle und seine Wertschätzung gegenüber einem Erwachsenen als ein »Guten Tag« wie von einem dressierten Hündchen!

Es kann ziemlich lange dauern, bis ein Kind zuerst denen, die es mag und dann auch anderen, die ihm »Guten Tag« sagen, auf gleiche Weise erwidert. Letzteres, indem es die nachahmt, die es liebt, seine Eltern zum Beispiel.

Augenblicklich ist Ihr Kind in der Defensive. Diese Situation kann tatsächlich einen systematischen Negativismus hervorbringen, wenn es größer wird. Wie kann man ihm helfen?

Ich rate Ihnen, sich Ihrer Tochter gegenüber wie folgt zu verhalten, damit sie ihre Verweigerungshaltung überwindet:

1. Verlangen Sie von ihr niemals wieder »Guten Tag« zu sagen. Achten Sie gar nicht darauf, was sie tut, außer es berührt ihre grundlegenden Bedürfnisse. Ihrerseits werden Sie ihr »Guten Tag« sagen, ebenso ihre Freunde, wenn sie wollen, aber verlangen Sie keine Antwort. Wie ich weiß, erfordert das von Ihrer Seite ein wenig Mut, weil sie Angst haben, dass ihre Freunde ihr Kind für »schlecht erzogen« halten.

> *Aber was ist besser? Ein schlecht »abgerichtetes« Kind bis zu zwei oder drei Jahren, das sich anschließend aus freien Stücken entwickelt, wenn es ins soziale Alter kommt, oder ein Kind wie ein »dressierter Hund«, das affektiert sein »Guten Tag« hervorbringt und die Erwachsenen nachahmt, wohl kaum, weil es so empfindet, sondern bloß um ihnen einen Gefallen zu tun?*

Was mich betrifft, bevorzuge ich die erste Alternative. Als Mutter bin ich der Meinung, dass ein gesundes und offenes Kind nicht gleichzeitig ein kleiner Affe der Erwachsenen sein kann; als Ärztin weiß ich um den krankhaften Einfluss auf die

Persönlichkeit einer Zweijährigen, die man darauf abrichtet nur um den Eindruck besorgt zu sein, den sie auf ihre Umgebung macht.

2. Verlangen Sie niemals von einem Kind Ihnen einen Gegenstand zu leihen oder zu geben, den es gerade bei sich hält. Wenn Sie wollen, dass Ihr Kind später einmal gern etwas ausleiht, imstande ist zu geben und großzügig, seien Sie umgekehrt großzügig mit ihm und beschäftigen Sie sich nur mit ihm, wenn es auch will; seien Sie vor ihm gegenüber Ihren Freunden freigebig, leihen Sie ihnen etwas von sich: Wenn Ihr Kind älter wird, wird es ganz natürlich so verfahren wie Sie.

Was nun die Gefühle dieses Kindes gegenüber seiner kleinen Schwester betrifft, teilt uns die Mutter mit, dass die Ältere die Kleine schon anhimmelt. Als sie uns den Brief schrieb, war die kleine Schwester gerade mal fünfzehn Tage alt. Es würde mich erstaunen, wenn dieser »schöne Vorsatz« halten würde: »Natürlich« wäre das nicht und später wird diese Haltung eine mehr oder weniger lange Periode auslösen, die von Misshelligkeiten, Rivalität und Feindseligkeit zwischen den beiden Schwestern geprägt sein wird.

Die Sauberkeitserziehung aus ungewohnter Sicht

Die Entdeckungen der Psychologie und besonders der Psychoanalyse haben zu dem Verständnis geführt, dass viele Neurosen im Erwachsenenalter und Charaktersstörungen des Kindes ihre Wurzeln in der Erziehung zwischen der Geburt und drei Jahren haben. Tatsächlich fällt die moralische Erziehung eines Kindes von drei bis vier Jahren auf keinen jungfräulichen Boden, sondern findet auf einem Terrain statt, das psychologisch bereits vorbereitet ist. Ein Terrain, das sich schon entlang von Begriffen wie »Gut« und »Böse« herausgebildet hat, obwohl der Erwachsene der Meinung ist, das Kind würde von diesem Dingen noch gar nichts verstehen.

Offensichtlich erinnert dieses »Gut« und »Böse« beim Kind in keinster Weise daran, was wir als Erwachsenen darunter verstehen. Dabei vergessen wir, dass wir das Verlangen eines Kindes mit unserer Haltung gegenüber seinen allerersten Lebensbedürfnissen beeinflussen, und zwar entlang der Kriterien von »Gut« und »Böse«, je nachdem, welche Haltung wir gegenüber diesem Verlangen des Kindes einnehmen.

Häufig hören wir eine Mutter ihrem Kind so etwas sagen wie »Das ist aber ›bäh‹ oder ›igittigitt‹«. Die Erwachsenen verwenden dieses »bäh« in ihrer Sprache gegenüber dem Kind als Synonym für etwas »Schlechtes« und diese Identifikation – abscheulich, schmutzig, böse – wird für manche Kinder zur Basis eines fehlgeleiteten Moralverständnisses und zieht in einigen Fällen sogar schwerwiegende psychische Schäden nach sich.

Auch heute noch orientieren sich Erwachsene an dieser Konzeption von »Gut« und »Böse«. »Schlecht«

oder »Böse« steht dann für etwas »Abscheuliches«
oder »Schmutziges«, für etwas, von dem »die Leute«
sagen, dass es sich nicht gehört. Es steht also nicht für
etwas, das anderen oder einem selbst schadet und
wirklich in Mitleidenschaft zieht. Auf diese Weise
nimmt die Deformation des Moralverständnisses ih-
ren Ausgangspunkt bereits in der frühkindlichen Er-
ziehung. Die Sauberkeitsdressur der Kinder ist in un-
serer Gesellschaft der größte Fehler, den man
hinsichtlich der zukünftigen Persönlichkeit eines
Kindes begehen kann.

Sowohl in der Klinik wie auch in der Kinderheilkunde können wir feststellen, dass sich ein Kind, je früher es zur Sauberkeit erzogen wurde, umso unbehaglicher in seiner Entwicklung fühlt und umso größere Schwierigkeiten hat, seine
Persönlichkeit kreativ zu entfalten.

Ich sehe schon, wie manche Leserinnen jetzt erstaunt fragen: »Sollen wir sie etwa wie kleine Wilde leben lassen?«
Wenn wir schon von »Wilden« sprechen, so gibt es meiner
Meinung nach Stämme, die wir zwar gerne als »primitiv« bezeichnen, bei denen die Dressur der Körperausscheidungen
und wie man sie beseitigt aber überhaupt kein Problem darstellt. Es kommt bei diesen Stämmen mit anderen Worten gar
nicht vor, dass ein Kind nach dem Alter von drei oder dreieinhalb Jahren noch inkontinent ist, also seinen Schließmuskel
nicht beherrscht.

Ein Mensch, der nicht zur Disziplin seiner Ausschei-
dungen (Urin und Kot) erzogen wurde, wird von
selbst »sauber«. Wohingegen derjenige, dem eine sol-
che Disziplin zu früh auferlegt wird und zu einem
Zeitpunkt, wo er oder sie die Notwendigkeit dazu
noch gar nicht spürt, Charakterstörungen aufweisen
wird bishin zu regelrechten Zwangsneurosen.

Aus einer derartigen Sauberkeitsdressur entsteht also keinerlei erzieherischer Vorteil, sondern lediglich eine Arbeitserleichterung für den Erwachsenen und die unnütze Einbildung, ein Kind würde dann früh sauber, wenn es die entsprechenden Regeln des Erwachsenen auch befolgt.

Stattdessen ergeben sich eine Reihe von Nachteilen, weil diese Erziehung dazu führt, die ganze Aufmerksamkeit des Kindes auf seinen Anus und Harnleiter zu konzentrieren und diesen einen ästhetischen und moralischen Wert zu verleihen – »schön« und »gut«, wenn sich das Kind nicht schmutzig macht und »schlecht« und »böse«, wenn es nicht aufpasst. Folglich werden die entsprechenden Körperpartien zum Ausdrucksmittel für das Kind, ob es sich wohl fühlt oder unbehaglich.

Das Nervensystem ist beim kleinen Menschen zur Zeit seiner Geburt noch nicht ausreichend entwickelt. Erst mit achtzehn Monaten ist dieser Prozess halbwegs abgeschlossen. Ein Kind kann seine Muskeln erst dann selbstständig kontrollieren, wenn es allein eine Treppe oder Leiter hoch- und runterklettern kann. Vor diesem Zeitpunkt ist es gefährlich von ihm zu verlangen, seinen Kot oder Urin zurückzuhalten nur um den Erwachsenen zu gefallen. Wir müssen unseren Kindern schon sehr früh einschärfen, dass man nicht lebt, nicht wächst, nicht isst oder lernt, seinen Körper zu beherrschen, um einem Erwachsenen zu gefallen, sondern sich selbst, indem man immer wieder etwas dazulernt. Das Kind muss verstehen, dass »Pipi« und »Kacka« nur Teil seiner Körperfunktionen sind, ohne einen besonderen Wert zu besitzen. Vielmehr kommt es darauf an, was das Kind aus seinen Lebenskräften macht.

Aber wie kann man das erreichen?

Es ist im Grunde ganz einfach. Bis das Kind im Laufalter ist, behält es seine Windeln, die es im Übrigen, wenn es laufen lernt, bald anfangen zu stören. Mit achtzehn Monaten oder zweieinhalb Jahren stellt sich sich beim Kind das Bedürfnis ein mit seinen Exkrementen das zu tun, was es bei anderen bzw. den Erwachsenen beobachtet. Es sieht sie auf der Toilette verschwinden und möchte wissen, was sie da machen. Man erklärt es ihm. Eines Tages wird es dann genau wie die anderen auf die Toilette gehen wollen und es ist überhaupt kein Problem, es ihm zu erlauben und ihm sein Töpfchen dort hinzustellen. Wenn das Kind also fragt, wird man entsprechend handeln, fragt es nicht, trägt es seine Windeln noch ein Weilchen länger.

Man sollte dem Kind aber niemals sagen: »Das ist ja ›bäh‹ oder ›ekelhaft‹«.

Wenn ein Kind sein »großes Geschäft« in die Windeln gemacht hat, wird es der Erwachsene sicherlich am Geruch bemerken. Reagiert das Kind nicht darauf, schenkt man dem Ganzen keine große Beachtung. Wenn das Kind den Unterschied zwischen »groß« und »klein« bemerkt hat, meistens mit vierzehn, fünfzehn oder auch später mit achtzehn Monaten, kann man mit ihm darüber reden und sagen: »Jetzt hast du ›Kacka‹ gemacht« oder »Jetzt hast du ›Pipi‹ gemacht.«

Das Kind riecht, dass seine Windeln voll sind und man spricht mit ihm darüber, jedoch ohne jeden strafenden Unterton und niemals, indem man dem Vorgang einen moralischen oder ästhetischen Wert beimisst. Man muss dem Kind zu verstehen geben, dass seine Exkremente zu nichts nutze sind und man sie deswegen auch einfach wegspült; nicht, weil man sie »eklig« findet, sondern weil sie niemandem etwas nutzen.

Für die Dauer dieser Periode von ungefähr zwei Jahren sollte man sich ganz der Entwicklung der willentlichen Körper- und Muskelbeherrschung des Kindes widmen. Die Frage, was es mit seinen Exkrementen macht, ist dabei nebensächlich. Ich habe schon von der Treppe oder Leiter gesprochen, die das Kind hoch- und wieder herunterklettern kann; man kann es aber auch etwas Zerbrechliches an einen bestimmten Platz stellen lassen; es kann zuerst eine halbvolle und später eine volle Vase von einem Zimmer ins andere tragen, einen Ball mit dem Fuß in eine bestimmte Richtung treten, einen Stein in eine bestimmte Richtung werfen, ein Auto anschubsen und dabei herausfinden, wieviel Schwung es braucht. Das Kind kann eine Schachtel öffnen und wieder zumachen, Knöpfe auf- und wieder zuknöpfen, einen Klappstuhl auf- und wieder zuklappen, einen Sessel hin- und herschieben, es kann kochen, Gemüse putzen, es kann lernen Streichhölzer anzuzünden und sie wieder auszublasen. Der Erwachsene soll ihm dabei Aufmerksamkeit schenken, hilfreich zur Seite stehen und sagen, wenn es etwas gut gemacht hat. Auf diese Weise erzieht man das Kind, seine Muskeln und Muskelkraft zu beherrschen, sein Körpergleichgewicht, seine Gliedmaßen, seinen Bewegungen die richtige Richtung zu geben, richtig »Maß« zu nehmen, man erzieht seine Kraft und schließlich die Geschicklichkeit seiner Hände.

Das alles ist um vieles wichtiger als diese ganze Erziehung ums »große« und »kleine Geschäft« und zielt, ohne dem Kind bewusst zu sein, auf seine Körperbeherrschung ab, was die Mütter mit ihrer »Sauberkeitsdressur« angeblich auch erreichen wollen.

Stattdessen bekommen sie einen geschickten Affen, kraftlos in seiner vollständigen Abhängigkeit von verkehrten Moralvorstellungen, ein Kind, das auf alles hört, was seine Umgebung ihm sagt. Ein solches Kind wird hinter natürlichen Lebensgefühlen immer eine Gefahr wittern, besonders wenn sie sich in seinem uro-genitalen Bereich äußern. Zu den ganzen Schwierigkeiten mit der Sexualität kommen dann noch die Minderwertigkeitsgefühle hinzu, die mit dem unterstellten »Schmutzigsein« der genitalen Körperregionen in Zusammenhang zu sehen sind. Oder die sexuellen Gefühle korrespondieren mit einem starken Widerwillen, der sich auf ihre »Nähe« zu Anus und Harnleiter bezieht.

Schlafstörungen

Ich werde vor allem über Schlafstörungen bei gesunden Kindern sprechen, über Schlafprobleme, die weder auf Fieber noch schwere Kopfschmerzen zurückzuführen sind. Es geht um Störungen beim ganz normalen und gesunden Kind, das lebt wie alle anderen auch, es seiner Umgebung mit seinem nervösen Schlaf aber durchaus schwer macht.

Was ist Schlaf? Stillstand oder Aktivität?

Zu definieren, was Schlaf bedeutet ist nicht einfach, weil es darüber sehr viel verschiedene Theorien gibt. Die einen sehen in ihm so etwas wie einen Stillstand, die anderen im Gegenteil eine Aktivität.

Sicher ist, dass sich im Bereich des Gehirnstammes ein Schafzentrum befindet. Was zu beweisen scheint, dass der Schlaf doch nicht so passiv ist, wie manche Leute sich ihn vorstellen.

Andererseits weiß man um eine ganz spezielle Aktivität, die notwendig ist um einschlafen zu können. Auch dies ein Argument dagegen, dass es sich beim Schlaf um ein lediglich passives Geschehen handelt.

Schließlich gibt es den oberflächlichen und den tiefen Schlaf, dem in Asien ganz besondere klinische Aufmerksamkeit gewidmet wird. Dieser Tiefschlaf ist, selbst wenn er nur einige Minuten dauert, für die restlichen Stunden normalen Schlafs ein Heilfaktor. Was wir damit ausdrücken, wenn wir beim Erwachen selig sagen »Heute Nacht habe ich gut geschlafen!« Bei den Asiaten gestattet eine jahrtausendealte Technik diesen Zustand des Tiefschlafs bei vollem Bewusstsein zu erreichen, was die Wirkung von meditativen Übungen verstärkt.

Das alles scheint zu beweisen, dass der Schlaf keinesfalls bloß Stillstand bedeutet, sondern eher eine aktive und positive Aktivität darstellt.

Der Schlaf als Flucht und Zuflucht

Sigmund Freud ging davon aus, dass die Welt, in der wir leben, nur schwer zu ertragen ist und wir uns des Schlafes bedienen um ihr zu entfliehen. Für ihn bedeutet der Schlaf also Teil einer alltäglichen Regression, mit der wir uns ins Innere von uns, an den Anfang von uns selbst zurückziehen. Es handelt sich dabei um eine Art von »Re-Rhythmisierung«, »Rückversicherung«, von der er nicht ohne Grund annahm, dass man sie mit der Sicherheit im Mutterleib vergleichen kann.

Während des Weltkrieges konnte man bemerken, dass alle in der Pariser Untergrundbahn schliefen. Dieses Verhalten tauchte mit dem Beginn der deutschen Besatzung und ihren Restriktionen auf.

Der Schlaf war ein Fluchtmittel um sich gegenüber einer Situation zu verteidigen, der man sich zu unterwerfen hatte.

Genauso schläft der Säugling im Alter von zwölf bis fünfzehn Monaten, wenn er von einer Person spazieren gefahren wird, die er nicht mag, die ihm gleichgültig ist oder die er nicht kennt. Wenn sie zurückkommt, sagt sie vielleicht zu der Mutter: »Komisch, bei mir hat sie von Anfang bis zum Ende des Spaziergangs geschlafen.« Dabei handelt es sich um eine schwache neuropathologische Reaktion, die sich in Form eines Funktionsverlustes oder einer Funktionshemmung geäußert hat; ein Schlaf, der sich auf passive Weise aggressiv gegen seine Umgebung richtet, vor der sich jemand verschließt, der zu spüren glaubt von dort nichts Gutes erwarten zu können. Ein solcher Schlaf erscheint wie eine Zuflucht, das Doublé eines Verteidigungsmechanismus.

Das Schlafbedürfnis

Um die Wirkung von Schlaflosigkeit auf den Organismus zu prüfen, wurden verschiedene Experimente durchgeführt. So hat man zum Beispiel einen Hund für zwölf Tage in ein Laufrad gesperrt. Er besaß keine Chance, während dieser zwölf Tage zu schlafen. Als man ihn herausließ, fiel dieser Hund in einen pathologischen Schlaf. Die Autopsie von Hunden, die man dieser Behandlung unterwarf, zeigte zerebrale Verletzungen. Und das Blut eines dieser Hunde, das man einem anderen injizierte, produzierte bei diesem den gleichen pathologischen Schlaf und dieselben Hirnverletzungen.

Andererseits gibt es verschiedene Zustände des ionischen oder chemischen Gleichgewichts. Der normale Schlafzustand korrespondiert mit einem gewissen Gleichgewicht, das die nervöse Müdigkeit begleitet. Bestimmte Grade einer Vergiftung können einen Schlaf ohne vorherige Ermüdungserscheinungen provozieren, ebenso wie ein anderes Ausmaß derselben Vergiftung ihn verhindern kann, selbst wenn jemand müde ist. Einige Produkte beeinflussen das Schlafzentrum, indem sie es anregen, andere, indem sie es hemmen.

Wir kennen also den Schlaf, der auf einen physiologischen Zustand des Organismus antwortet, einen pathologischen Schlaf und die völlige Abwesenheit von Schlaf, die sowieso pathologisch ist.

Entnehmen wir allem, dass es sich beim Schlaf um ein Bedürfnis, vergleichbar mit der Ernährung, handelt. Genauso schläft ein sehr junges Kind so gut wie es isst und umgekehrt. Deswegen richtet man sich beim Stillen oder Zubereiten des Fläschchens heute auch nach dem Bedürfnis des wachen Kindes und nicht nach der Uhr. Und in einem sind sich Erwachsene und Kleinkinder gleich: Jede und jeder hat seinen eigenen Schlafrhythmus. Das Schlafbedürfnis, das man beim Säugling beobachten kann, wird sein ganzes Leben andauern, so wie der Schlafrhythmus und die Schlafdauer vom Lebensalter abhängig und bei jedem Individuum unterschiedlich ausgeprägt sind.

Der Schlaf sorgt für Entspannung, die auch nach dem Schlaf noch sichtbar ist und ebenso am entspannten Ausdruck dessen, der schläft.

Bis hierhin haben wir verschiedene Eigenschaften des Schlafs definiert, jetzt werden wir uns nach und nach den notwendigen Bedingungen zuwenden, unter denen er sich einstellt, andauert und endet. Dabei werden wir allen Schwierigkeiten begegnen, durch die das Kind seine Familie stört und umgekehrt jenen, durch welche die Familie den Schlaf des Kindes stört.

Die Bedingungen des Einschlafens

Die Ruhe der Umgebung
Der Schlafzustand macht jemanden in starkem Maße abhängig von der Umgebung, die ihn umgibt, und den Reizen, die auf ihn einwirken. Weswegen derjenige, der schläft, übrigens sehr viel leichter in Hypnose zu versetzen ist.

Dasselbe gilt für das Kind: Sich zu streiten, wenn ein Kind schläft, das die Gründe für die unterschiedlichen Standpunkte, welche die Auseinandersetzung auslösen, nicht versteht, wiegt schwerer als sich zu streiten, wenn das Kind wach ist. Im ersten Fall besitzt es keine Möglichkeiten sich mit etwas anderem zu beschäftigen oder, wenn es älter ist, auf seine Art zu verstehen, seine eigene Erklärung zu finden. Eingeschlafen bleibt ihm keine andere Wahl als die Stimmung des Streits zu ertragen und es leidet weitaus stärker unter ihr als im Wachzustand, besonders in den ersten drei Lebensjahren bzw. wenn es sich bei den Streitenden um Erwachsene handelt, von denen sein eigenes Leben materiell und gefühlsmäßig abhängig ist, mit anderen Worten, um seine Mutter, seinen Vater oder jemanden, der für es sorgt.

So war es beispielsweise im Fall eines zehn Tage alten Kindes, das im Beisein einer bestimmten Person, die auf es aufpasste, nicht richtig einschlafen konnte. Nur wenn sie nicht anwesend war, fand es zu seinem tiefen Schlaf. Wie sich herausstellte, litt die Kinderfrau unter starker Angst und wurde von Zwangsgedanken verfolgt etwas gestohlen zu haben. Das laute Hin und Her seiner Familie brachte das Kind dagegen überhaupt nicht aus der Ruhe und es konnte dabei tief einschlafen. Aber in Anwesenheit der Frau, die hochängstlich war und besessen von der Idee im Leben zu kurz gekommen zu sein, fühlte sich das Kind selbst ängstlich und verinnerlichte den nervösen Kontakt zu ihr als wäre es künstlich mit ihr verbunden. Als sie nicht mehr auf es aufpasste, fand es sofort zu seinen normalen Schlafgewohnheiten zurück.

Es gibt wohlgemerkt Kinder, die mehr oder weniger sensibel auf die Stimmung oder Nervosität ihrer Umgebung reagieren.

Schläft ein Kind schlecht, sollte man zunächst herausfinden, wer von den Erwachsenen seiner Umgebung sehr ängstlich ist um ihm den Kontakt mit dieser Person so weit wie möglich zu ersparen.

Handelt es sich dabei um seine Mutter, sollte man es zum Schlafen an einen möglichst ruhigen Ort bringen, zum Beispiel in ein anderes Zimmer. Zu bemerken wäre noch, dass Lärm und Stimmengewirr von Kindern oder der Familie den Säugling nicht stört; die Säuglinge fühlen sich dann gestört, wenn jemand ängstlich ist – es ist also die Angst, die sie stört.

Auf keinen Fall sollte man ein Kind dieses Alters im Schlafzimmer der Eltern unterbringen, denn es nicht in der Lage die dort herrschende nervliche Anspannung zu ertragen. Der Säugling hängt wie ein kleiner Wurzelfüßler an seiner Mutter. Er braucht jemanden, der ihn rundum ernährt und gedeihen lässt und sich nur um ihn kümmert. Deswegen ist er auf den Vater eifersüchtig und empfindet diese Eifersucht, gerade weil er sie noch nicht versteht, umso mehr. Auch wenn das Kind kein eigenes Zimmer hat, sollte man es nachts nicht im Schlafzimmer schlafen lassen; es schläft viel besser im Zimmer seiner Schwestern oder Brüder. Wenn auch diese Möglichkeit nicht besteht, kann man die Wiege des Babys aus dem Zimmer rollen, wenn die Eltern intim und nur für sich sein wollen. Werden Kinder, aus welchen Gründen auch immer, wach oder eingeschlafen Zeugen des elterlichen Geschlechtslebens, muss man wissen, dass sie in Phasen, in denen sie Trost brauchen, mehr als andere respektiert werden müssen.

Sie müssen auch früher als andere aufgeklärt werden, und zwar was die Sinnlichkeit und den Stellenwert von Sexualität ausmacht. Ich will sagen, dass ihre Erziehung sehr viel permissiver gestaltet werden muss als bei denen, die in Ruhe aufwachsen. Denn Letztere kennen die Stimmung nicht, die sie, ob sie wollen oder nicht, wie unter Hypnose an Gefühlen teilhaben lässt, die in ihrer Intensität ihre Möglichkeiten eines Mitschwingens übersteigen. Was dazu führt, dass ihre nervliche Anspannung im Rahmen ihrer affektiven und sensuellen Entwicklung, in der sie sich gerade befinden, künstlich gesteigert wird.

Die Sicherheit

Die erste Voraussetzung, um in den Schlaf zu finden, besteht darin mit sich selbst in Sicherheit zu sein. Was bei dem ganz kleinen Kind heißt in Sicherheit mit der Mutter zu sein. Um diese Sicherheit zu finden muss sich das Kind möglichst schnell an die Tatsache gewöhnen, dass seine Mutter in der Nacht nicht bei ihm ist, sondern beim Vater; am Tag aber ist sie für es da.

Da wir in keiner polygamen Familie leben, in der die Mutter die ersten Jahre ständig auf ihr Kind konzentriert ist, muss sie sich zwischen ihrem Mann und ihrem Kind aufteilen. Diese Teilung wird Teil der affektiven Gesetze, die in unserer Gesellschaft das Leben des Kindes bestimmen.

Das Kind findet im Übrigen sehr leicht Zugang dazu, wenn seine Mutter unter keinen besonderen Ängsten leidet und ebenso wenig die anderen, die um es herum sind. Man muss wissen: Jede Person mit einer beträchtlichen nervösen Ausstrahlung auf seine Mutter wird von dem Kind in gleicher Weise empfunden.

Reagiert ein Kind hypersensibel auf alles, was um es herum passiert, wird es leicht abgelenkt: Solche Kinder essen und schlafen natürlich schlecht. Sie brauchen einfach Ruhe. Ihr Fall ist keinesfalls pathologisch: Sie liegen auf der Lauer nach dem, was sich im Haus oder in der Wohnung abspielt. Es hängt von der Mutter ab: Ist sie bei ihm, wenn es isst, wird ihr Kind nicht abgelenkt sein. Genauso verhält es sich mit dem Einschlafen. Manchmal ist die rücksichtsvolle Anwesenheit der Mutter notwendig, dem Kind vor dem Einschlafen oder vor dem Zubettgehen die notwendige Sicherheit zu geben.

Hat das Kind Bauch- oder Zahnschmerzen oder geht es ihm aus anderen Gründen nicht gut, ist es »Ich-schlechte-Mutter«, ist es »Ich-Unsicherheit«. Die Mutter muss nun selbst oder mit Hilfe von außen für seine Sicherheit aufkommen. In diesen Augenblicken muss sie besonders für es da sein, ein wenig mit ihm sprechen oder ein Liedchen singen. Wenn sie die Hände frei hat, kann sie das Bett oder die Wiege ein wenig schaukeln. Das Kind, das krank ist oder leidet, hat das Bedürfnis, sich in einer gefühlsmäßigen, körperlichen und sinnlichen Bindung einig zu fühlen, sei es, durch ein sachtes rhythmisches Wiegen oder durch die Stimme der Mutter, die ihm den Zugang zur Rückkehr in die intrauterine Sicherheit erleichtert, deren es bedarf. Es geht um Zärtlich-keiten, die das Kind gleichsam »wiederversichern«.

Einige Kinder wollen jedoch anschließend ihre Mutter er-pressen, was ihnen aber nur gelingt, wenn ihre Mutter selbst ängstlich ist und es nicht erträgt, ihr Kind ein wenig jammern zu hören, auch wenn sie weiß, dass es ihm nicht mehr schlecht geht. Müttern, die nicht ängstlich und in der Lage sind ver-nünftig zu handeln, die gleichzeitig Frauen und Mütter sind und keine Sklavinnen ihrer Kinder, passiert das nicht.

Selbstverständlich muss man das Kind nicht ständig wie-gen, aber es wäre inhuman, das Kind leiden und weinen zu lassen oder sogar, unter dem Vorwand ihm Sicherheit zu geben, mit ihm zu schimpfen. Ebenso wenig sollte man es daran hindern, sein Bedürfnis nach Sicherheit auszudrücken oder seinem natürlichen Wunsch, dass die Mutter zu ihm kommt, nicht entsprechen. Wenn man mit ihm schimpft, steigert man nur sein Gefühl der Unsicherheit und später können sich bei Kindern, die bei zu starker körperlicher Gefährdung völlig aus dem Rhythmus geraten sind, ohne dass die Mutter ihnen mit ihrer Zärtlichkeit zu Hilfe kam, schwere Störungen zeigen. Dasselbe gilt natürlich, wenn die Mutter das Kind anschreit oder sogar schlägt, weil sie keine Zeit hat sich um es zu kümmern oder den Schmerz nicht ertragen kann, den sie empfindet, wenn sie das Kind weinen hört.

Man muss warten, bis das Kind zehn oder elf Monate ist um ihm verständlich zu machen, dass die Mutter nicht mehr außer Fassung geraten wird.

Im Übrigen kommt es selten vor, dass die Mutter während der Nacht die Nerven verliert, wenn das Kind tagsüber in Sicherheit aufgezogen wird. Nach vier oder fünf Monaten (oder sechs oder sieben, je nachdem, um welches Kind es sich handelt) ist es ja auch nicht mehr notwendig, dass die Mutter selbst herbeieilt um dem Kind seine Sicherheit zu geben. Jetzt kann auch einmal der Vater diese Rolle übernehmen oder jemand anderes, den das Kind kennt und dessen Anwesenheit es beruhigt. Wenigstens trifft das auf alle Kinder zu, die ganz normal aufwachsen und am Tage nicht ständig an ihrer Mutter kleben und saugen.

Dem Kind erlauben tagsüber zu schlafen

Der Schlafrhythmus soll sich nach den Bedürfnissen des Kindes richten. Wenn man der gängigen Vorstellung, ein Kind brauche einmal am Tag einen Mittagsschlaf, nicht folgt, stellt sich heraus, dass Kinder, die älter als zwölf bis vierzehn Monate sind, tagsüber zwei oder drei Mal für kurze Zeit schlafen.

Ein vierjähriges Mädchen, das etwas retardiert schien, konnte dadurch geheilt werden, dass man es schlafen ließ, wann es wollte. Das Kind sollte dabei immer eine Atmosphäre spüren, die seinen Schlaf fördert, es muss verstehen lernen, dass nicht seine Mutter den Zeitpunkt bestimmt, an dem es schlafen soll, sondern es selbst, wenn es sich müde fühlt. Einige Kinder haben morgens eine Ruhepause nötig und die gewöhnliche Zeit für einen Mittagsschlaf liegt für sie zu spät. Die Mutter des schon erwähnten Mädchens ließ sie in ihrem Zimmer spielen und sagte bloß: »Wenn du müde bist, kannst du dich auf dein Bett legen und schlafen.« Zu diesem Schlafrhythmus, den das Kind brauchte, trat die Rivalität mit einem gerade auf die Welt gekommenen kleinen Bruder hinzu: Er, dieses kleine Baby, durfte schlafen, wann er wollte. Als man der großen Schwester ebenfalls erlaubte, tagsüber zu schlafen, konnte sie sich auf diese Weise mit dem kleinen Baby identifizieren und es half ihr die Rivalität zu besiegen. Während der ersten sechs Monate schlief sie sehr viel, offenbar hatte sie diesen Schlaf auch nötig. Aber bald schon hatte sie ihren Schlafrückstand aufgeholt und zeigte ein sehr wache und überdurchschnittliche Intelligenz.

In anderen Fällen reicht um die Mittagszeit eine Erholungspause, ausgefüllt mit Bilderbüchern. Die Kinder brauchen nicht zu schlafen. Aber auch noch im Vorschulalter sollte man daran festhalten, dass sie sich zu dieser Zeit ein wenig erholen.

Den Schlaf aufwerten

In einem Alter, in dem die körperliche Bewegung das Leben des Kindes dominiert, von seinen ersten Schritten bis zum reflektierenden Denken mit fünf bis sieben Jahren, lässt sich der Schlaf auch als Unterbrechung der körperlichen Aktivität nutzen. Der Schlaf stellt dann eine Rückzugsmöglichkeit für das Kind dar. Es gibt Kinder, die zu diesem Zeitpunkt *nicht mehr schlafen wollen* oder fürchten etwas zu verpassen. Sie meinen, dass es für sie »nicht gut« sei zu schlafen oder glauben aus diesem Alter heraus zu sein. Das Kind muss diese Sätze nicht unbedingt von einem Erwachsenen aufgeschnappt haben. Es kann sich frustriert fühlen, wenn man ihm sagt: »Schlaf!«. Zahlreiche Kinder, die exzellent schlafen, erklären allen, die es hören wollen, dass sie nie schlafen würden und fügen mit Stolz hinzu: »Und wenn, dann mit offenen Augen!«

Man sollte das Kind auf den Schlaf vorbereiten, es für die Nacht anziehen, ihm dann »Gute Nacht« sagen, auch mehrmals, wenn es sein muss, es noch spielen lassen und ihm sagen: »Wenn du müde wirst, leg dich auf dein Bett und schlafe dann ruhig ein.« Manchmal schläft es mitten in seinen Spielsachen ein. Wenn der Schlaf aber zu lange auf sich warten lässt, sollte der Vater kommen und ihm sagen: »Jetzt ist aber Schluss, deine Mutter muss sich auch einmal ausruhen können.« Die Identifikation mit einem Erwachsenen, der schlafen und sich ausruhen will, wertet den Schlaf für das Kind auf, so dass es in aller Ruhe und Sicherheit selbst einschlafen kann.

Und mit der Zeit verlässt das Kind diese Phase, in der es fürchtet, der Schlaf bedeute ein Ende aller seiner Aktivitäten.

Die Angst vor der Nacht

Oft wird die Angst vor der nächtlichen Dunkelheit als einer der Gründe angeführt, die Kinder am Einschlafen hindern. Um mit diesem Problem fertig zu werden, muss man dem Kind helfen seine Furcht vor der Nacht zu überwinden, indem man es an die Dunkelheit gewöhnt. Während des Tages kann man mit ihm »Blinde Kuh« spielen: Indem man ihm die Augen zuhält oder mit einem Tuch verbindet, geht man durch alle Räume der Wohnung. Auf diese Weise gewöhnt sich das Kind an »die Nacht« und seine Mutter gibt ihm dabei Sicherheit.

Wenn es Licht zum Einschlafen braucht, kann man ihm eine kleine Lampe lassen, damit es sich sicherer fühlt. Schon bald wird es das Licht nicht mehr brauchen, solange es weiß, dass sich eine Lampe in seiner Reichweite befindet.

Auch die Anwesenheit einer Puppe oder eines Stofftieres hilft dem Kind, sich sicher zu fühlen. Mit seiner Puppe oder seinem Stofftier stellt es die Mutter-Kind-Situation wieder her: man beschützt sich gegenseitig. Ein Übergangsobjekt sorgt dafür, dass man sich nicht allein fühlt.

Die rhythmischen Spiele

Rhythmische Spiele, die dem Einschlafen vorausgehen und zu denen auch die Masturbation gehört, stellen eine Technik dar Sicherheit herzustellen.

Diese Techniken kommen übrigens auch bei Erwachsenen in Augenblicken großer Gefahr wieder zum Vorschein: Sich an seinem Geschlecht festzuklammern ist bei Bedrohung eine geradezu instinktive Bewegung. Das Kind bezieht sich wie der Erwachsene ganz auf sich um Zuflucht zu suchen. Es gibt für die Zukunft des Kindes nichts Schlimmeres als das Verhalten einer Mutter, die ihrem Kind ständig befiehlt: »Behalte deine Hände auf der Bettdecke!« In diesem Alter ist dem Kind noch nicht klar, was das soll, aber später kann ein solches Verbot der Mutter oder des Vaters zwanghafte Charakterstörungen hervorbringen.

> *Alle Angewohnheiten zwischen zwei und fünf Jahren verfügen über eine magische Kraft, wenn es für das Kind intuitiv keinerlei gefühlsmäßigen Grund gibt ein Verbot positiv zu besetzen.*

Dauern diese rhythmischen Spiele allerdings zu lange, ist das Kind einfach noch nicht müde genug. Wieder geht es darum das Ausruhen aufzuwerten und das Kind nicht zu zwingen sich aus seinem bewussten Wachzustand zurückzuziehen. Das Kind kann im Schlafanzug ruhig noch ein bisschen in seinem Zimmer oder Bett spielen. Wenn es langsam müde wird, singt ihm die Mutter noch ein kurzes Lied oder erzählt ihm eine einfache und beruhigende Geschichte.

> *Immer wieder gilt es dem Kind Sicherheit zu geben, damit es einschlafen kann.*

Manche christlich erzogenen Kinder sind daran gewöhnt, vor dem Schlafengehen ein kleines Gebet aufzusagen. Man sollte darauf achten, dass das Kind dabei keine Schuldgefühle für kleinere Missetaten, die es am Tag begangen hat, empfindet. Vorsicht vor Müttern, die ihren Kindern vor dem Einschlafen, ohne sich dessen bewusst zu sein, sadistisch bestimmte Gründe für deren Unordnung aufzählen oder ihre Fehler bzw. charakterlichen Schwierigkeiten. Sie machen ihm nur Angst, denn das Kind ist vor dem Alter von sieben oder acht

Jahren unfähig für sein Verhalten die Verantwortung zu übernehmen. In diesem Alter ist sein Verhalten, anders kann man es nicht sagen, in erster Linie auf das von den Erwachsenen geschaffene Erziehungsklima zurückzuführen. Das Gebet soll ein Gespräch sein, das von Liebe und völliger Geborgenheit bestimmt ist: Wenn die Mutter böse ist, Jesus und Gott sind es niemals.

Die Aufrechterhaltung des Schlafes

Die Geräusche
Sie sind es, die jemanden zuallererst am Einschlafen hindern. Lärm ist niemals gut, auch wenn man dem Kind sagt, es solle ihn nicht beachten. Ich meine damit Telefon, Klingeln oder laute Schreie. Lärm durch das lebendige Spiel anderer Kinder oder von abendlichen Aktivitäten, die nach und nach ruhiger werden, ist, solange die Stimmung herzlich und gut ist, nicht schädlich. Das Kind, das sich an ihn gewöhnt hat, wird davon in seinem psychisch unbewussten Leben überhaupt nicht gestört; ausgenommen vielleicht jene seltenen Fälle, in denen Kinder das Bedürfnis nach absoluter Ruhe haben.

Die Lichter
Ein kleines Mädchen konnte niemals vor Mitternacht einschlafen. Die Eltern suchten sehr lange nach dem Grund, bis sie herausfanden, dass die Einschlafstörung mit einem Schaufenster gegenüber dem Schlafzimmerfenster des Mädchens zu tun hatte, dessen Lichter erst um Mitternacht ausgingen. Die Beleuchtung war umso störender, weil sie ständig wechselte und der kontinuierliche Wechsel es dem Kind unmöglich

machte seinen Schlaf zu finden. Die Lichter lösten bei dem Mädchen Phantasievorstellungen aus, zu denen sie Geschichten erfand, die sie zuerst sich selbst und dann ganz laut ihrem kleineren Bruder erzählte, den sie auf diese Weise ebenfalls am Schlaf hinderte. In diesem Fall brauchte man am Fenster nur einen dichten Vorhang anzubringen, damit das Mädchen endlich wieder ihren Schlaf fand. Andere Kinder hätten sich vielleicht an das Licht gewöhnt, dieses Mädchen brachte es aber nicht fertig.

Die Störungen

Man hat immer wieder die Störungen beklagt, die entstehen, wenn ein Kind nachts Pipi machen muss, und an diesen Umstand die unmöglichsten Ratschläge geknüpft. Wobei man das gut gewickelte Kind doch einfach weiterschlafen lassen kann. Wenn man aber unbedingt seine Windeln wechseln und es dabei anheben muss (zum Beispiel im Hotel, weil das Kind nicht in seinem Bett ist oder seine Haut durch den ätzenden Urin wund), sollte man es so wenig wie möglich bewegen um es nicht aufzuwecken. Es ist völlig sinnlos zu versuchen dem Kind beizubringen nachts sauber zu sein: Wenn es das Bedürfnis dazu hat, will es das von ganz allein. Im Übrigen besteht zwischen der Sauberkeit tagsüber und in der Nacht immer ein Abstand von drei bis vier Monaten. Das Kind sollte sich auch durch Spiele in der Dunkelheit, die man ihm in seinem Zimmer gestattet, an die Nacht gewöhnt haben. Und auf dieser kleinen Insel der Sicherheit, die man ihm half, für sich zu schaffen, braucht es dann nur noch einen Nachttopf in seiner Reichweite. Benutzt es ihn nicht, dann deswegen, weil es dazu noch kein Bedürfnis hat; und man soll das Kind damit in Ruhe lassen.

Nächtliches Erwachen

Im Allgemeinen gibt es keinen Grund das Kind nachts zu wecken. Wenn doch, dann so sanft wie möglich. Man muss wissen, dass ein Kind, wenn es nachts pinkelt, nicht aufwacht. Die Mädchen sind gewöhnlich mit zwanzig Monaten trocken, früher als die Jungen. Physiologisch ist es ganz normal, dass ein Junge noch bis zum Alter von vier oder fünf Jahren ins Bett macht.

Am Tage sauber zu sein soll man vom Kind solange nicht fordern, bis es ein geschickter kleiner Akrobat geworden ist.

Bald nachdem das Kind am Tage trocken ist, ist es auch nachts trocken, ohne Druck und ganz spontan. Und es ist auch nicht »gut«, nicht mehr in seine Hosen oder ins Bett zu machen, sondern ganz normal und nicht der Rede wert.

Das Kind, das mitten in der Nacht aufwacht, drückt oft nur seine Unsicherheit aus, weil man ihm gesagt hat es dürfe nicht aufwachen und müsse durchschlafen. Es fühlt sich dann schuldig, was eine zusätzliche Gefahr heraufbeschwört, die zu seinen Phantasievorstellungen noch hinzukommt, die es auf alles projiziert, was es nicht deutlich wahrnimmt. Also soll man es nicht glauben machen, es dürfe nachts nicht aufwachen. Man kann ihm sagen, dass es ruhig sein Licht anknipsen und ein wenig spielen darf, allerdings ohne jemanden zu wecken. Und wenn dann irgendeine Veränderung eintritt, vielleicht während der Ferien, wird es seine Gewohnheit vergessen. Das geht vorbei, so wie alles im Leben des Kindes schnell vorbeigeht, weil es sich sehr schnell weiterentwickelt.

Ein Kind soll auch seine Eltern und die Erwachsenen in seiner Umgebung schlafen lassen. Viele Kinder wollen im Laufe der Nacht etwas trinken. Ein Glas ganz normales Wasser sollte, ebenso wie die Lampe, immer in seiner Reichweite bereitstehen. Ich möchte in diesem Zusammenhang auch daran erinnern, dass man Bettnässern ihr Getränk niemals vor dem Schlafengehen entziehen darf, weil man ihnen, die Durst haben, damit einen zusätzlichen Grund für ihre Unsicherheit liefert. Alles läuft nur darauf hinaus, dass sie einen Grund mehr haben ihre Blase zu entleeren, die vielleicht weniger voll, aber genauso – wenn nicht mehr – inkontinent ist, als hätten sie ihren Durst von sich aus stillen dürfen.

Nächtliche Horrorbilder
Nächtliche Horrorbilder haben physiologische Ursachen. Wenn das Kind Perioden durchmacht, die es frustrieren, hat es immer Alpträume. Sie kommen am häufigsten während seiner ödipalen Phase vor, die viele Schwierigkeiten zwischen vier und sieben Jahren mit sich bringt.

Wiederum ist das Entscheidende, dass die Eltern selbst keine Angst haben. Denn es gibt durchaus Mittel um das Kind in seiner Sicherheit zu bestärken. Zuerst einmal sollte man die Einschlafgewohnheiten des Kindes respektieren und es von seinen Eltern getrennt unterbringen, wie ich es weiter oben ausgeführt habe. Ein Kind hat Alpträume, weil es seine Tagesaktivitäten in einem Spannungszustand gelassen haben; diese Tagesaktivitäten setzen sich während des Schlafzustands fort und weil sie durch nichts begrenzt werden, nehmen sie sehr phantasmatische Formen an. Ist das Kind noch sehr klein, handelt es sich dabei um oral-aggressive Projektionen (Wölfe, Löwen usw.), dann folgen aggressiv-kaptative Projektionen (Kindesentführer) und schließlich phallische Projektionen (Revolver, Gewehre usw.). In der ödipalen Phase und später in der Pubertät spielen Gefahren für die Eltern eine große Rolle oder es sind Träume, bei denen es um den Tod geht, um Gefahren durch Mord und Vergewaltigung oder um Verbrechen, für die jemand zu Unrecht angeklagt wird.

Am schlimmsten wäre es ein Kind, das unter seinen Alpträumen leidet, für verrückt zu erklären. Im Gegenteil, man soll ihm sagen, dass jedes Kind solche Träume hat. Das beste Mittel das Kind von ihnen zu befreien besteht darin, ihm nachts in seiner Reichweite einen kleinen Block und Stift zu lassen; ihm zu sagen, dass es beim Erwachen aus einem Alptraum seine Lampe anknipsen darf, sich ein Blatt nehmen und, wenn es klein ist, einfach malen soll, was ihm Angst gemacht hat; und wenn es älter ist, kann es den Traum nach eigenem Ermessen aufschreiben und erzählen.

Auf diese Weise findet eine Aktivität statt, die dem Kind Sicherheit gibt, denn es kann seiner Angst einen Namen und eine Form geben. Indem es seine Alpträume aufzeichnet, besiegt es sie.

Vielleicht erzählt das Kind auch seiner Mutter die Alpträume, unter denen es leidet und sie hört ihm aufmerksam zu ohne die Träume zu beurteilen. Immer soll man die Interpretation des Kindes akzeptieren: »Ja, ich glaube, du hast Recht.« Seine Alpträume zu erzählen bedeutet für das Kind zu wissen, dass man über sie sprechen kann. Wie bei der Zeichnung handelt es sich auch hierbei um ein Mittel, die schrecklichen Phantasien in den Griff zu bekommen. Überhaupt gewinnt das Kind dadurch, dass es sie erzählt, seine Sicherheit zurück, denn selbst Träume können Schuldgefühle auslösen.

Wenn Ihnen Ihr Kind erzählt: »Ich habe geträumt, dass du gestorben bist, dass Papa gestorben ist«, weisen Sie es nicht zurecht, sondern antworten Sie zum Beispiel: »Es scheint mir ein gutes Zeichen zu sein, wenn man träumen kann, dass jemand gestorben ist.«

Und in der Tat muss das Kind in seinen Träumen die Abwesenheit seiner Eltern über sich ergehen lassen um dahin zu kommen, nach und nach auf sie zu verzichten. Wenn das Kind von nächtlichen Horrorbildern erregt ist, ist es unnütz, es zu wecken. Am Tage muss man mit ihm die Dinge verarbeiten um ihm Sicherheit zu geben.

Manchmal sollte man das Kind häufiger mit Wasser in Berührung kommen lassen. Die Mutter kann das Kind ins Badezimmer bringen und es vor das Waschbecken stellen oder ihm ganz einfach eine Schüssel geben und Gegenstände, mit denen es sich dann amüsieren kann. Ein nervöses Stadtkind braucht manchmal zwei oder drei Stunden am Tag um mit Wasser zu spielen. Man soll ihm dabei so viel Freiheit wie möglich lassen und es sollte auch keine Rolle spielen und den Erwachsenen nicht stören, wenn das Wasser irgendwann ziemlich schmutzig geworden ist. Ist das Kind groß genug, sagt man ihm, es solle alles wieder in Ordnung bringen, wenn es fertig ist. Und wenn es noch klein ist, soll es einfach nach seiner Mutter oder anderen Bezugsperson rufen. Am Anfang wird es dann alle fünf Minuten rufen, es sei jetzt fertig und dann fünf Minuten später wieder von vorne anfangen wollen. Was Mütter auch wissen müssen: Wenn das Kind mit Wasser spielt, empfindet es eine wahre Lust seine Hose oder sein Kleid nass zu machen: was wiederum Schuldgefühle erzeugt und das Kind veranlasst sein Spiel zu beenden. Also muss man dem Kind vorher sagen, dass es sich ruhig nass machen darf.

Das Kind braucht Wasser und Erde, Dreck und Pflanzen. Wenn man auf dem Land ist oder mit dem Kind spazieren geht, befreien es seine Spiele von allen Phantasievorstellungen, die ansonsten seine Alpträume provozieren. Die Eltern sollten auch wissen, dass im Alter von sieben oder acht Jahren eine Wasserpistole unentbehrlich ist. Ihren Gebrauch einzugrenzen um Kleidungsstücke und Mobiliar zu schonen mag angehen, aber ihren Gebrauch ganz zu untersagen ist schädlich.

Wenn es möglich ist, wirkt sich auch ein Bad vor dem Schlafengehen günstig aus. Es beruhigt die Kinder allerdings nur dann, wenn es nicht zu einem Riesenkrach mit der Mutter kommt, die will, dass man endlich aus der Wanne steigt. Um den gewünschten Effekt zu erzielen, muss man wissen, dass ein Kind badet um sich zu amüsieren und nicht um seiner Mutter eine Freude zu machen oder nur, um sich zu waschen. Das Kind braucht diese halbe Stunde seines Vergnügens nur um Spaß zu haben. Und es ist nicht die Aufgabe seiner Mutter ihm zu sagen, dass es frieren wird, wenn es endlos in der Badewanne hockt. Es wird schon selbst darauf kommen, vorausgesetzt, es versteht sich mit seiner Mutter.

Ob es sich nun um eine Zeichnung handelt, um das Spielen mit Wasser, mit Erde oder eben im Bad – die Phantasien, die diese Spiele begleiten, befreien das Kind von seinen nächtlichen Schrecken. Die mehr oder weniger schamhaften Spiele jüngerer Kinder, die gemeinsam baden, zwischen Jungen oder Jungen und Mädchen in ähnlichem Alter, sind von überhaupt keiner Bedeutung. Lassen Sie Ihre Kinder sich amüsieren und lachen und mischen Sie sich nicht ein. Im Alter von etwa zehn Jahren entstehen beim Mädchen Schamgefühle: Respektieren Sie ihre Wünsche, selbst wenn sie sich früher einstellen. Man sollte solche Schamgefühle aber nicht zu früh provozieren, denn sie machen vor dem spürbaren Erwachen der Genitalität keinen Sinn.

Ein Wort noch zum Zusammenhang von Kinofilmen und Alpträumen. Für jüngere Kinder sind sämtliche Kinofilme ungeeignet, auch solche, die Eltern für lehrreich oder harmlos halten. Vor allem die Großaufnahmen verursachen die größten Probleme: Schon harmlose Landschaften in Großaufnahme provozieren nächtlichen Schrecken, weil sie die Stellung des Kindes in Bezug auf den Raum und die Außenwelt verändern. Wenn es schläft, wird es Beute der Bilder, die es verdrängt hatte.

Allgemein möchte ich folgenden Rat geben: Kein Kino vor neun oder zehn Jahren.

Das Erwachen

Vielen Kindern fällt das morgendliche Aufwachen schwer, weil die Eltern gerne den Mittagsschlaf ausfallen lassen, auch wenn er notwendig ist. Und die Probleme werden noch zunehmen, weil es dem Kind immer mehr an Schlaf fehlt. Schläft man nicht genug, wacht man zu spät auf. Wenn man das Kind gegen seinen Rhythmus weckt, hindert man es am Einschlafen. Normales Aufwachen ist von großer Bedeutung.

Vorzeitiges Erwachen

Es gibt Kinder, deren normaler Schlafrhythmus dadurch gestört wurde, dass man sie entweder zu früh geweckt hat oder zu lange schlafen ließ.

Manche kleinen Kinder juckt es auch, »schon groß zu sein«, weswegen sie zur gleichen Zeit aufwachen wie ihre älteren Geschwister, die bereits zur Schule gehen. Die Eltern müssen aufpassen bei ihren Kindern nicht zu früh das Ideal zu entwickeln größer zu werden, was mit zehn oder zwölf Jahren manchmal zu Zwangszuständen führen kann. Man sollte sich zu Herzen nehmen, dass ein Kind nur das macht, was seinem Alter, seiner Größe und seinen Kräften entspricht. Seine »Errungenschaften« sollen nicht zu früh anfallen und schon gar nicht um vor den anderen »den Affen« zu spielen.

Auch die Nachahmung, für die das Kind sowieso schon eine Vorliebe hat, sollte man pädagogisch nicht überbewerten. Jedes Kind soll seinem eigenen Rhythmus folgen und den anderen ihren Rhythmus lassen ohne zu versuchen sie dabei zu stören.

Langsames und mürrisches Aufwachen

Das sind die Kinder, die ihren eiligen Müttern am meisten auf die Nerven gehen. Dieses mürrische Halbwachsein hat weniger damit zu tun, dass das Kind bereits aufgewacht ist, als damit, dass es noch schläft: es braucht einfach seine zehn Minuten um wach zu werden. Und diese Frist verlängert sich, wenn das Kind ablehnt oder fürchtet, was es erwartet.

Um ihm da herauszuhelfen nutzt es überhaupt nicht mit ihm zu schimpfen und dem Missvergnügen, das ihm das Wecken bereitet, weiteres hinzuzufügen. Man sollte mit Humor über seine Missgelauntheit triumphieren. Aber es ist unsinnig sie sofort zum Verschwinden bringen wollen. Man muss dem Kind Zeit lassen um aus seinem Schlaf und seiner Apathie herauszukommen, selbst wenn es der Mutter nicht passt.

Traumähnliche Schlafzustände

Manchmal setzt sich der Schlaf in einen Zustand des Halbschlafs fort, der von Träumen bevölkert ist, aus denen man nicht herauskommt und die jemanden in eine bizarre Apathie versetzen. Das kommt nicht nur bei Kindern, sondern auch bei Erwachsenen vor. Es handelt sich dabei um Zustände, die oft auf einen Mangel an lebendiger Kommunikation zurückzuführen sind. Auch können sie sich im Zustand kurzfristiger Langeweile einstellen. In anderen Fällen hängen sie damit zusammen, dass man ein Kind dazu zwingt sich schlafend zu stellen, wenn es noch wach ist.

Einige Kinder wachen einfach deshalb sehr früh auf, weil sie einen entsprechenden Rhythmus haben: Wenn sie älter sind, können sie oft, im Gegensatz zu den sogenannten »Nachtmenschen«, morgens besser arbeiten. Man muss diesen Kindern ihre morgendliche Aktivität lassen, nur sollen sie ihren Bettnachbarn oder die Mitbewohner nicht aufwecken. Schnell gewöhnen sie sich daran, ohne großen Lärm aufzustehen, sich ihre Pantoffeln und ihren Morgenmantel anzuziehen und in das Zimmer zu gehen, in dem sie gewöhnlich spielen. Dort können sie sich so lange amüsieren, bis die anderen auch aufgewacht sind. Einige werden die Beschäftigung zu dieser frühen Stunde sogar vorziehen, weil sie endlich einmal ihre Ruhe haben und die anderen ihnen nicht »auf den Wecker fallen«, weder die Großen, die einen daran hindern mit etwas zu spielen noch die Kleinen, die einem ständig alles nachmachen.

Wenn das Kind aber weiß, dass es nicht aufstehen darf, wird es in der Apathie des »Zuviel-Schlafens« weiter vor sich hindämmern, begleitet von Phantasien, bei denen es sich um nichts anderes handelt, als um eine von den Erwachsenen oktroyierte mentale Masturbation. Mit dieser Haltung fühlt sich das Kind scheinbar sicher, weil man den Erwachsenen nicht stört und deswegen seinen Frieden mit ihm hat.

Doch können diese Angewohnheiten die Kräfte der Regression wecken. Weil die Erwachsenen geglaubt haben, man müsse das Kind zum Schlafen zwingen, verbleibt es in einem halben Schlafzustand. So zwingen sie es zu einem »vorausschauenden Zusammenkauern«, das manche der Kinder womöglich ihr ganzes Leben beibehalten. Unter bestimmten, manchmal außergewöhnlichen Umständen bemerken die Eltern, dass ihr Kind wie gelähmt zu sein scheint, was sie aber nie wahrgenommen haben.

Das Kind hat sich den ersten Erwachsenen gegenüber, die es umgeben haben, wie ein Murmeltier verhalten um vor ihnen in Sicherheit zu sein. Und es war sein Erzieher, der nach und nach seine Arbeit das Kind zu lähmen, verrichtet hat, und zwar nur deswegen, um sich seine Aufgabe zu erleichtern.

Richten wir das Leben unserer Kinder so ein, dass wir ihnen die Möglichkeit schaffen Ruhe zu haben, dass sie sich zurückziehen und zu festen Zeiten ausruhen können. In welcher Form, darüber sollen sie selbst frei entscheiden können. Und bringen wir ihnen bei, die Art und Weise, wie sich andere ausruhen, ebenso zu respektieren. Und da das Beispiel Dreh- und Angelpunkt jeder Erziehung ist, sollten auch wir über unsere Stunden bestimmen, in denen wir uns zurückziehen und ausruhen und sie mit den Gewohnheiten der Kinder in Einklang bringen.

Das Kind und das Spiel

Sei ruhig«, »fass das nicht an«, »hör auf herumzuzappeln«, ständige Befehle, mit denen einige Kinder den ganzen Tag überhäuft werden, Verbote ihres Begehrens, Verbote bei der Suche nach Spaß und Vergnügen. Schon vor dem Alter von zwei Jahren ausgesprochen, bilden solche Verbote die Basis neurotischer Persönlichkeiten. Der Abhängigkeit von einem Erwachsenen unterworfen, blind und taub gegenüber dem Leben, das danach strebt sich auszudrücken und zu kommunizieren, lässt sich das Kind ersticken und verdrängt schweigend Begehren, Lust und sein Leiden. Es wird »artig«, das heißt, passiv und nicht kommunikativ.

Kinder brauchen Grenzen um sich in Sicherheit zu fühlen, aber nur solche, die ihnen auf Grund von realen Gefahren gezogen werden und deren Übertretungen die Unversehrtheit ihres eigenen Organismus oder des Organismus anderer aufs Spiel setzt.

Dass man nicht alles »machen« kann, was man will, impliziert ja nicht, dass man seine Wünsche nicht ausdrücken darf, seine Freuden und seinen Kummer. Die Sprache geht dem Wort voraus, sie besteht vor dem Wort, in der Mimik, den Gesten, den körperlichen und sensorischen Aktivitäten und in den passiven Prozessen, durch die sich ein geheimes Einverständnis zwischen dem Kind und seiner Umgebung etabliert.
Wird dieser Austausch vom Erwachsenen nicht geschätzt und toleriert er nicht das kontinuierliche Spiel, das für das lebendige Kind bis zum vollständigen Erwerb der Sprache charakteristisch ist, provoziert die dem Kind auferlegte Verdrängung Unregelmäßigkeiten in seinem psychosozialen

Gleichgewicht, die in der späteren Kindheit zum Vorschein kommen werden.

Jedermann weiß, dass sich ein Kind, das wohlauf ist, amüsiert, mit allem und jedem beschäftigt und alles in seiner Reichweite erkundet, was ihm gefällt. Das gilt für ein Kind, das allein ist ebenso wie für ein Kind, das mit anderen zusammen aufwächst. Ein Kind seines Spiels zu berauben heißt es seiner Freude berauben zu leben. Ab dem Alter von zweieinhalb bis drei Monaten lassen die spielerische Aktivität der Hände, der Blicke, der hörbare und modulierte Stimmenaustausch des Säuglings mit seiner Mutter, seinem Vater und ihm vertrauten Personen sein Gesicht aufleuchten; seine Atmung wird angeregt und seine stimmhaften Lalllaute teilen sein Vergnügen mit, auch wenn sich seine Glieder noch unkoordiniert bewegen, zu seinem Vergnügen und dem seiner tief bewegten Bezugspersonen. Solchen Momenten, in denen der Säugling sich dem Spiel öffnet, folgt die Befriedigung seiner Bedürfnisse, das Saugen und das Wechseln der Windeln. Müde und zufrieden schließt das Baby nach seiner Mahlzeit die Augen, seine Mutter legt es in die Wiege und es schläft ein. Wenn es aufwacht und bevor es anfängt vor Hunger zu schreien, schwatzt und plappert das zufriedene Baby mit offenen Augen. Es ruft sich seine Aktivitäten nach dem Saugen ins Gedächtnis zurück; es erinnert sich an visuelle, tönende, taktile und Geruchsbilder von Objekten, mit denen es hantierte, an Personen und Stimmen; es versucht die Wahrnehmungen der Beziehung zu seiner Umgebung wiederzubeleben; noch ungeschickt mit den Kehllauten, erfindet es die ersten Lautbildungen, Entwürfe, die noch weit entfernt sind von den Worten und Liedern, die es wünscht wieder aufs Neue zu hören und die es glaubt zu wiederholen.

Einen Tag nach dem anderen erkennt das Kind nicht nur die ihm vertrauten Personen, sondern alle kleinen Objekte, die um es herum sind und besonders die Anhaltspunkte für die Austauschmöglichkeiten in dem Raum, in dem es sich geborgen fühlt. Diese stellen die Attribute seiner Identität dar. Daneben kennt es auch außerhalb jener Momente, in denen sich seine Bedürfnisse äußern, den Wunsch mit Vergnügen an sich und seinem Begehren teilzuhaben. Seine ersten Spielzeuge sind Objekte, die es zu seinem Mund führt, wegwirft und mit großer Freude wiederfindet um an ihnen zu lecken und mit ihnen danach zu hantieren bis zu dem Augenblick, wo es sie von neuem mit Freude wegwirft. Erinnern seine ersten spielerischen Techniken, übertragen auf kleine Gegenstände, mit denen es hantiert, nicht an die Befriedigung, die es dabei empfindet, beim Eintritt in sein Leben von der Mutter begleitet zu werden sowie an die wechselnden Bedürfnisse seines Verdauungsapparates: das Saugen und die Ausscheidung?

Verhält sich das kleine Menschenkind nicht ähnlich wie fast alle Jungen aus dem Kreis der Säugetiere? Auch die Jungen anderer Säugetierarten scheinen zu spielen. Aber deren Aktivitäten sind weder kreativ noch vielfältig, sondern stereotyp, wie von einem Bedürfnis nach Bewegung ausgelöst und den Instinkten derselben Tierart konform. Die Haustiere der Menschen, die sich ihre Nahrung nicht selber suchen müssen, spielen gerne, und nicht nur, wenn sie klein sind: Katzen spielen zum Beispiel anmutig mit einem Gegenstand, der sich bewegt und der sie förmlich in Bann hält. Hunde spielen, um mit ihren Zähnen nach einem Stein oder einem Ball zu schnappen, der ihrem Kieferknochen widersteht; wenn man einen Gegenstand wegwirft, fangen sie ihn mit Vergnügen und Eifer in der Luft oder suchen nach ihm, um ihn dem zurückzubringen, der ihn geworfen hat. Alle diese Tiere besitzen spielerische Fertigkeiten, die sie aber nur wenig variieren, man könnte fast sagen, stereotyp und entsprechend ihrer Art. Die junge Katze scheint sich auf ihre zukünftige Rolle als Mäusefänger vorzubereiten und der Hund sich an die Jagd im Dienste des Menschen, seiner Herren, zu erinnern.

Bei den kleinen Menschen werden wir von den ersten spielerischen Aktivitäten an Zeuge einer unglaublichen Erfindungskraft und Kreativität, nichts ist jemals stereotyp.

> *Wenn ein Kind kraftlos ist, nicht spielt, sein Blick in seiner Umgebung von nichts angezogen wird oder wenn es von kontinuierlich sich wiederholenden Gesten ohne Ausdruck eines Vergnügens beherrscht wird und keine Erfindungskraft besitzt, wissen wir, dass es auf Grund von etwas, das noch nicht lange zurückliegt, oder frühzeitigen Beziehungsstörungen an einer Depression leidet, obwohl es körperlich völlig gesund erscheint.*

Das psychosoziale Erwachen geschieht zwischen zweieinhalb und sechs Monaten, wenn das Kind noch einen eher passiven Eindruck macht und alles in ihm noch zu schlummern scheint. Dennoch erwacht in den Trieben der »Lauer« und des Wachzustandes, die seine Schläfrigkeit begleiten, sein Geist zu kommunizieren und arbeitet beständig an den Beziehungen zwischen dem, was es von seiner sprachlichen Umgebung wahrnimmt und allem, was es umgibt, seien es Naturgeräusche oder der Lärm von irgendwelchen Gegenständen um es herum. Das Kind verfolgt aufmerksam alle Worte, die man an es richtet, selbst wenn man glaubt, es würde das Gesprochene noch nicht verstehen. Ab diesem Zeitabschnitt, nach etwa drei Monaten, muss die Mutter oder eine andere Bezugsperson darauf achten, dass das Kind außerhalb der Körperpflege Augenblicke mit ihr teilt, in denen sein körperliches Wohlbefinden keine Rolle spielt, sondern in denen sie mit dem Kind eine Beziehung der Wörter aufbaut, des sinnlichen und affektiven Austausches. Es ist notwendig, kleine Gegenstände in Reichweite des Kindes zu legen, die zu hören, zu sehen und zu berühren ihm Freude bereiten, die es zum Mund führen kann und ohne Risiko werfen. Eines der ersten Spiele, die dem Baby Spaß machen, besteht darin als

Erwachsener sein Gesicht vor ihm zu verstecken um es ihm dann wieder von neuem zu zeigen; aber es amüsiert sich auch, indem es mit sich selbst kommuniziert – hier sehen wir den Unterschied zwischen dem jungen Tier und dem Kind.

Beispielsweise das Spiel, das darin besteht einen Gegenstand wegzuwerfen, damit man ihn nicht mehr sieht, einen Gegenstand, an dessen äußerem Ende ein Bindfaden befestigt ist und den es jubelnd wieder zum Vorschein bringt, wenn es an dem Bindfaden zieht. Wie man weiß, hat Freud lange über dieses Spiel gesprochen und es das »Fort-Da-Spiel« genannt. Er sah darin eine Übung, die Abwesenheit und das Wiederauftauchen der Mutter zu meistern, zumal Letzteres, was dem Kind Vergnügen bereitet, vom Willen der Erwachsenen abhängig ist. Für Freud bedeutete das Spiel mit der Holzspule, das dem Kind so sehr gefällt, ein Experimentieren damit, dass seine Person trotz Abwesenheit der Person, über die es seine Identität erfährt, dieselbe bleibt. Durch dieses Spiel versichert es sich selbst der Kontinuität seines Seins in der Welt. Es meistert die Prüfung, hervorgerufen von den ungewohnten Abwesenheiten des diskontinuierlichen Objekts im Raum und in der Zeit, das seine Mutter oder ein anderes ausgewähltes Wesen darstellt, ein Objekt dank dessen es sich lebendig und kommunikativ weiß. Man könnte dieses »Fort-Da-Spiel« auch das kreative Spiel des »Ich-Seins« nennen: obwohl allein, begrenzt vom Raum des eigenen Körpers, ist das Kind mit der Gegenwart des anderen verbunden, aber nicht abhängig von ihr.

Ab dem Alter von fünf oder sechs Monaten nimmt der Wunsch nach aktiver Kommunikation und aktivem Spiel mehr und mehr Zeit im Tagesverlauf des Kindes in Anspruch. Sein Wachsen erlaubt ihm zu kriechen, sich zu setzen und selbstständig auf allen vieren herumzukrabbeln. Jeden Tag motivieren neue Initiativen sein gesteigertes Interesse, seinen Freiheitsspielraum zu meistern. Die Fortschritte seines neuromuskulären Systems befähigen das Kind zu sinnlicher Unterscheidung. Seine Fähigkeiten zu passivem Unterscheiden sind derart ausgeprägt, dass es Zwillinge, die vor ihm geboren worden sind, unterscheiden kann, was selbst denen schwer fällt, denen sie vertraut sind. Obwohl es noch nicht spricht, verwechselt es die Zwillinge nicht und hat für jeden der beiden einen sehr genauen Laut parat ohne sich zu vertun. Diese Beobachtung wurde mir mehrmals von Müttern mitgeteilt, deren Letztgeborene über diese Kompetenz verfügten, die die ganze Familie faszinierte. Das Kind fängt jetzt auch an zu spielen, weil es Gefallen daran findet Formen zu unterscheiden und zu vergleichen, Töne, Farben, und kann auch schon durch Veränderung von Formen selbst etwas herstellen. Zum Beispiel, indem es Papier zerreißt, kritzelt oder das, was es berührt, zum Verschwinden bringt. Alles nur zu seinem Vergnügen.

Auf das Spiel etwas wahrzunehmen und zu erforschen folgt das Spiel etwas »zu haben« und zu behalten: Körbe und Koffer, die es füllt und mit sich herumschleppt. Weiter geht es mit Spielen wie dem Zusammensetzen und Wiederauseinandernehmen von zweidimensionalen Bildern, also Puzzles, oder mit drei Jahren etwas zu konstruieren. Wenn die Kinder älter werden, entdecken sie ihre speziellen Interessen als Jungen oder Mädchen. Jungen bauen gerne, aber nur weil sie Spaß haben es wieder kaputtzumachen. Mädchen dagegen wollen ein Haus, das sie gebaut haben, erhalten und benutzen. Mit etwa drei Jahren entwickelt sich unter kleinen Jungen das Spiel bewaffneter und lärmender Rivalität, sie spielen Krieg und jeder ist der General. Mädchen spielen lieber mit Puppen oder ziehen Perlen auf eine Schnur um sich schön zu machen, jetzt sind alle Prinzessinnen. Lange vor der Kommerzialisierung von Spielzeug für jedes Lebensalter, Massenware, die zudem sehr teuer ist, sophistisch und von sogenanntem »erzieherischen Wert«, gaben liebevolle Erwachsene ihren Kindern schon Geschenke. Gräber von Kindern aus prähistorischen Zeiten, die man heute entdeckt hat, zeugen davon, dass es schon damals für Kinder, ob Junge oder Mädchen, ganz besondere Spiele gab. Ihr Vergnügungswert, der Ausdruck des Begehrens und Wünschens ist, verband sich auf verschiedene Weise mit der dem Kind vorausbestimmten Zukunft, so dass es von seinen Eltern, die es liebten, zusammen mit seinen Lieblingsspielzeugen begraben wurde.

Soweit also zu dem, was der Schlüssel des Spiels ist, des Spiels aller Menschen, und nicht nur der Kinder. Jedes Spiel ist Vermittler des Begehrens und Wunsches, bringt eine Befriedigung mit sich und erlaubt unter mehreren Personen den anderen sein Begehren mitzuteilen.

Dem Spiel mit Wasser, Sand oder Erde sollten wir einen besonderen Platz einräumen. Bei ihm geht es darum, mit Behältern etwas aufzufüllen, etwas umzugießen oder zu entleeren. Spiele mit Wasser, nicht nur im Wasser (bei denen das Kind Objekt des Elements ist), machen aus dem Kind vor einem Eimer oder einer Schüssel einen Herrscher über die Wasserhähne – oder wie es sonst an Wasser kommt.

Ab dem Laufalter gibt es keine Spannungszustände des Kindes, die nicht verschwinden, sobald es frei und in Ruhe gelassen mit der Magie des Wassers experimentieren kann, Synonym des Lebens, das zwischen seinen Fingern hindurchrinnt, aus dem Wasserhahn strömt, dessen Funktionen das Kind dabei entdeckt und ausprobiert.

Man sagt, dass ein Kind, das mit Wasser spielt – und es kann stundenlang damit spielen –, sich des Lebens selbst bedient und von Tag zu Tag intelligenter wird, und zwar dank der Probleme, die das Wasser ihm stellt: seine Dichte, sein ständiges Hin- und Herfließen und Gegenstände, die schwimmen und wieder versinken.

Es ist immer wieder erstaunlich, wie Mütter diese so sinnvollen Spiele zurückweisen, so als würden sich hinter ihnen lauter moralisch verwerfliche Dinge verbergen; oder dieses fürchterliche: »Du könntest dich dabei erkälten!« Dabei ist das Kind, wenn es sich mit Wasser amüsiert und dabei eine Schürze trägt und die Ärmel hochgekrempelt hat, derart bei der Sache, dass ihm ganz warm wird. Und wie viele winterliche Erkältungen wurden auf diese Weise schon geheilt, zum großen Erstaunen der Mütter, die andere Kinder so spielen sahen, aber sich noch nicht entschließen konnten, ihren Kindern dasselbe zu erlauben.

Das Spiel mit der Luft, dem anderen Element, ist schwieriger zu interpretieren, abgesehen davon einen Ballon aufzublasen.

Das Spiel mit Feuer ist gefährlich, aber das Kind sollte die Gefahren, die von ihm ausgehen, kennen gelernt haben; man muss ihm auch beibringen, wie man solche Gefährdungen meidet.

Im Alter von vier oder fünf Jahren können Kinder, ob allein oder in der Gruppe, vom Feuer so fasziniert und verführt sein, dass ihre Spiele sogar tödlich enden. Es handelt sich um Kinder, denen man Gefahren und Risiken des Feuers nicht beigebracht hat oder einfach verbot, mit Feuer zu spielen.

Wenn sich ein Kind in Sicherheit fühlt, reizt es alles, was es wahrnimmt. Es will es haben, zerstückeln oder auch zerbrechen. Dabei lässt sich beobachten, wie aufmerksam es damit beschäftigt ist Wissen zu erwerben und etwas zu beherrschen, wie selbstvergessen es sich etwas in den Mund steckt, etwas wirft, wieder in die Hand nimmt, zurückwirft oder verschiedene Töne skandiert. Tasten, Gerüche, Geschmack, Formen, Farben, es muss mit allem experimentieren. Das Kind ist glücklich über ein anderes Kind, das ihm den Wert des Gegenstandes seines Interesses betont und bestätigt, ihm den

Gegenstand entführt oder benennt. Sobald es zu laufen anfängt, explodiert seine suchende und handhabende Neugierde
förmlich; sie betrifft alle Gegenstände, die es bisher sah ohne
sie berühren zu können, und seine Gier nach Wissen drängt
es dazu an sie heranzukommen und mit ihnen zu hantieren.
Jeder Gegenstand, Hauptsache er ist beweglich oder zu bewegen, fordert das Kind heraus. Es ist, wie man so sagt, das
Alter des »Alles-Berührens«. Und auch das Alter, in dem das
Kind lernt sich sicher in der ihm vertrauten Umgebung zu
fühlen: durch die Worte und das Vokabular, die es von den
Erwachsenen beigebracht bekommen hat, ebenso wie sie ihm
gezeigt haben, wie man adäquat mit jedem Gegenstand umgeht. Das Kind fühlt sich auch von einem Gegenstand angezogen, der sich ihm widersetzt, und besiegt das Hindernis; es
fordert die Grenzen seiner Freiheit heraus um sich darin zu
üben sie zum Einsturz zu bringen.

Wenn Kinder unter sich spielen, sind die Regeln, die sie
aufstellen, manchmal aufregender als die mentale oder körperliche Beschäftigung mit dem Spiel, welches gerade zur Debatte steht. Manchmal stellt das Kind, wenn es nur für sich
spielt, seine eigenen Regeln auf, aber es sucht dabei noch das
Vergnügen sie übertreten zu können oder ein bisschen zu
schummeln. Geht es nicht auch darum das Unmögliche meistern zu wollen, das in der Wirklichkeit den, der die Regeln
nicht einhält, vor die Schranken des Gesetzes bringt?

Haben, verlieren, wiederfinden, machen, aufmachen, es
wieder anders machen, erfinden, rückgängig machen, die Beziehungen zu Menschen und Dingen unbegrenzt wiederherstellen, alles erscheint immer wieder neu und faszinierend im
Spiel der Menschen auf der Suche nach ihrem Vergnügen und
inneren Möglichkeiten, die sich immer wieder aufs Neue herstellen. Das Kind will mit der Wirklichkeit der Natur umgehen, die es noch nicht beherrscht, mit der Gesellschaft, der
der Mensch verpflichtet und deren Objekt er zugleich ist. Es
ist die freie Organisation der Phantasien seines Begehrens,

welches das Kind ins Spiel bringen möchte um sein Vergnügen zu haben und es mit seinen Mitspielern zu teilen, ohne dabei ein zu hohes Risiko eingehen zu müssen. Das Spiel ist zwingend mit dem Erwerb der Sprache verknüpft; dabei geht es nicht nur um das »Sprechen«, sondern auch darum, Gesten und Verhalten mit einer Bedeutung zu kodieren. Die Kenntnis seiner selbst, der Welt, die es umgibt und der anderen ergibt sich aus dem Spiel mit den Objekten. Auf diese Weise weitet sich die symbolische Funktion beim menschlichen Wesen im Wachzustand immer mehr aus, gewoben aus den Netzen von Analogie und Entsprechung mit der konkreten Realität, aus körperlichen und manipulativen bzw. zwischenmenschlichen mentalen Erfahrungen.

> *Sein, haben, machen, nehmen, geben, lieben, hassen, leben, sterben, alle diese Verben erhalten ihren Sinn nur durch das Spiel.*

Das Kind bezieht seine Urteilskraft durch sich selbst aus den spielerischen Erfahrungen des Scheiterns und erfolgreichen Handelns mit Gegenständen oder lebendigen Wesen. Alle diese Verben – und zweifellos noch viele andere – würden für das menschliche Wesen gedankliche Abstraktionen bleiben, archaische sinnliche Bilder, wenn sie das Kind nicht in seinen Bewegungsmöglichkeiten im Spiel hätte genießen können.

Das Spiel bedeutet Hoffnung auf Vergnügen. Dieses Vergnügen, ob es sich nun einstellt oder nicht, stellt eine Erfahrung von sich selbst dar, die dabei miterworben wird. Hinsichtlich eines sich ständig erneuernden Wissens über sich selbst und manchmal über andere ist sie immer schöpferisch, und zwar auch dann, wenn das Spiel, wie man so sagt, böse ausgeht.

Ich habe gesagt, dass das Kind ab dem Alter von sechs Monaten einen Gefallen an aktiven Spielen findet. Das Kind lässt sich also bei seinem aktiven spielerischen Handeln beobachten. Aber man sollte auch wissen, dass manche Kinder gerne ein Spiel bevorzugen, das uns auf den ersten Blick passiv zu sein scheint. Es geht dabei um ihre Freude am Zuhören, am Betrachten, am Fühlen und am Beobachten, sich, wenn man so will, mit seinen Wahrnehmungen zu amüsieren, aufmerksam zu sein und ihnen eine symbolischen Funktion zu verleihen, von der sie fortwährend angeregt werden. Wir müssen diese Augenblicke offensichtlich passiver Aufnahme bei manchen Kindern respektieren, die in anderen Momenten ganz wild aufs Spielen sind.

> *Es gibt Augenblicke, in denen Kinder scheinbar unbeweglich am Strand liegen, auf einem Fels sitzen, damit beschäftigt über das Meer zu sinnieren, in einem Garten die Blätter der Bäume betrachten, die Blumen, die Vögel, die Wolken, Musik hören, keine Musik, die von Instrumenten erzeugt wird, sondern von den Geräuschen des Lebens.*

Es bereitet ihnen darüber hinaus auch großes Vergnügen ihrem Vater bei der Arbeit zuzusehen, ihrer Mutter, den Bauern, den Arbeitern. Das sind passive Vergnügungen, intelligent, beobachtend, manchmal meditierend. Das Fernsehen bezieht seinen Misskredit durch die offensichtliche Passivität der Kinder, die so gerne davor sitzen. Viele Eltern sehen darin ihr Kind nur seine Zeit verlieren, weil es nichts »Richtiges« macht. »Los, geh schon spielen!« sagen sie dem Kind, wenn sie es dabei ertappen, wie es anderen bei der Arbeit zusieht oder fernsieht. Manchmal antwortet ihnen das Kind: »Warum? Mir macht es aber Spaß.« Aber die Eltern verstehen nicht, wie es da so regungslos hockt, fasziniert. Für sie muss ein Kind spielen. Dabei sollte man wissen, dass es für ein sensibles und intelligentes Kind manchmal gut, sogar sehr gut ist, mit sich selbst und seiner Umgebung ganz ruhig zu spielen,

Körper und Herz in Harmonie mit dem Raum und der Zeit, die voranschreitet, zu wissen, sich in eine Stimmung zu vertiefen, in der es sich glücklich fühlt zu leben.

> *Die Erwachsenen scheinen zu fürchten, was sie für eine Art von Geistesabwesenheit bei ihrem Kind halten; vielleicht weil sie in den passiven Momenten ihrer Kinder kein Wohlbefinden erkennen, sondern das Vagabundieren ihrer eigenen Bedenken und die Sorgen um ihre Verantwortung.*

Sie selbst versuchen diese Geistesabwesenheit während ihrer sogenannten Ferien durch Freizeitaktivitäten zu vermeiden. Den Rest der Zeit bestreiten sie durch ihre Arbeit. Ihre Wünsche, aktiv auf ein ganz bestimmtes Ziel gerichtet, sollen sie daran hindern, die noch vorhandene Angst vor dem, was in ihrem Leben nicht sehr gut gelaufen ist, bei sich zu spüren. Ebenso projizieren sie diese Angst vor dem »Nichts« auf ihr Kind, das doch ganz Auge, ganz Ohr, Nase im Wind, ganz wacher Geist ist und dennoch nichts zu tun braucht.

Und so kann sich der Zustand innerer Ruhe, den spiritualistische Erwachsene mithilfe von Meditationsübungen erreichen, bei Kindern spontan herstellen, die ansonsten lebendig und ausgelassen sind und wie alle Kinder auch das aktive Spiel lieben, allein oder mit Spielkameraden. Für diese wie für alle Kinder kommt es darauf an das Spielzeug, mit dem sie ihre Sinne und ihre Intelligenz erproben, zu wechseln. Ein Spiel, das keine Überraschung mehr birgt, sie nicht mehr herausfordert, ist völlig unnütz weiterzuspielen, denn es langweilt das Kind. Ich spreche jetzt nicht von seinen Stofftieren, der Lieblingspuppe oder von diesen ganz besonderen kleinen Spielsachen, die das Kind an sich drückt, sich beim Einschlafen unter die Nase hält und dabei am Daumen lutscht. In der Fachsprache spricht man in diesem Fall von Übergangsobjekten. Diese stellen für das Kind, seit es klein war und auf dem

Schoß seiner Mutter saß, Teil seiner Intimität dar, einen Trost, wenn die Mutter abwesend ist und es ihrer bedarf. Solche Spiele sind nicht austauschbar, ganz im Gegensatz zu den Kinderbüchern und allen Spielen, bei denen man etwas baut, auch Denkspielen, wie man so sagt, und Bewegungsspielen, Spielen, bei denen etwas erfunden werden muss und die kreativ sind.

Ein anderes Kind mit einem Spielzeug spielen zu sehen, das einen selbst nicht mehr interessiert, ist immer sehr merkwürdig und spannend. Das Kind sieht sich so, als würde es gerade anfangen dieses Spielzeug kennen zu lernen. Ich kann Ihnen nicht sagen, was es denkt, habe aber oft beobachtet, dass es sehr überrascht ist, dass ein Spielzeug, für das man sich selbst nicht mehr interessiert, das Interesse eines anderen Kindes hervorruft. Man muss auch damit umzugehen lernen, dass es bei der Beschäftigung von Kindern untereinander Augenblicke des Einverständnisses und Gleichlaufs gibt, aber auch Momente, in denen sich andere Kinder anders vergnügen. Deshalb sind sie noch lange keine Dummköpfe, wie manche Kinder oder sogar viele Eltern sagen, die dieses Wort gern in den Mund nehmen, wenn sie ihr Kind mit einem Spielzeug spielen sehen, das ihrer Auffassung nach keinen erzieherischen Wert besitzt und völlig langweilig ist.

Hüten wir uns vor unseren Projektionen auf die Art und Weise, wie Kinder spielen. Wenn ein Gegenstand ein Kind interessiert, kann man immer davon ausgehen, dass er das Kind gedanklich fasziniert, egal was man mit ihm anfangen kann oder welche Vorstellungen er beim Kind auslöst.

Wunderbar die Plätze und Einrichtungen, in denen Kinder spielen können. Man muss die Spiele und das Spielzeug immer wieder austauschen um schlau, erfindungsreich und kreativ zu werden, in jedem Gegenstand die Gesetze seines Materials entdecken, aus dem er gemacht ist, die Kniffe, die man gemäß seines Materials anwenden muss und sich bis an seine Grenzen dem Vergnügen aussetzen, das jedes Spielzeug in sich birgt. Spielen bedeutet lernen »zu sein«, lernen auch ganz für sich zu leben, um mit den anderen Spielsachen auszutauschen, von Woche zu Woche neue und andere Spiele kennenzulernen. Aber Achtung: Niemals seinen Bären oder seine Puppe, egal wie »alt« sie auch sein mögen: Sie sind Synonyme der ersten Liebesobjekte und dürfen nie zerstört werden, nur vom Kind selbst, wenn es groß geworden ist, an einem Tag der Erinnerung an seine frühe Kindheit und der Entscheidung, in die Adoleszenz einzutreten.

Immer wieder neue Spiele kennen zu lernen ist wie das Erlernen einer Sprache, man überwindet Schwierigkeiten, interessiert sich von Neuem und hat seinen Spaß. Bereitet der Gegenstand kein Vergnügen mehr, denkt man über die Gründe nach, warum man ihn wohl ein Spielzeug nennt und andere Kinder Lust auf ihn haben. Unterschiedliche Interessen in diesem Zusammenhang stellen auch eine Toleranzprobe anderen gegenüber dar und erschüttern das pure Imitieren, das bei Kindern fatal ist und für die Herausbildung der eigenen Originalität eines jeden so schädlich. Kinder in unseren Städten brauchen Spielzeug, damit sie aufgeweckte Kinder werden und in gleichem Maße intelligent und gemeinschaftsfähig.

Der verbale Austausch mit den
Jüngsten

Charles Cohen-Salmon: Es fällt leicht zu verstehen, dass Worte viel bedeuten können, die man dem Kind vom Tag seiner Geburt an sagt. Das Kind macht sich auf diese Weise mit den Stimmen seiner Umgebung vertraut. Sie behaupten, dass Kinder in einem Alter, in dem sie selbst noch gar nicht sprechen können den Sinn dessen, was man ihnen sagt, erfassen. Wie ist das möglich?

Françoise Dolto: Es ist möglich, und was noch kurioser ist, das Kind erfasst den Sinn aller Sprachen. Nicht nur den Sinn der Sprache seiner Eltern, sondern aller, die es gern haben und sich für das Kind interessieren, selbst wenn es sich um Fremde handelt, die Worte gebrauchen, die es niemals zuvor gehört hat. Für mich bleibt es auch ein Geheimnis. Aber alles geschieht so, als würde das Kind, wenn ich es so ausdrücken darf, ganz unmittelbar verstehen, was wir ihm mitteilen wollen, solange wir respektvoll und aufmerksam mit ihm umgehen und zu ihm wie mit einem Gleichwertigen sprechen. Es geht nicht darum, mit ihm wie mit einem kleinen Baby zu reden.

Sehr viele Leute sprechen mit Kindern wie zu Haustieren, in demselben Tonfall. Man sollte mit einem Baby aber genauso sprechen wie mit einem Erwachsenen, der versteht, was wir ihm sagen. Nur so öffnen wir uns zusammen mit dem Kind der gesprochenen Sprache.

Ich habe sogar das Gefühl, dass das Kind weit mehr versteht. Bevor es die Regeln der Grammatik der Sprache gelernt hat, nimmt es die unbewusste Kommunikation, die man ihm anbietet, wahr, eine Kommunikation, die von tiefem Respekt und Erklärungswillen zeugt. Es versteht das Begehren, wenn man ihm erklärt, worunter es leidet und was es erwarten wird. Zuerst haben alle Eltern und Kinderärzte, mit denen ich darüber sprach und die anschließend versucht haben mit den Babys auf diese Art in Kontakt zu treten, gemeint: »Es ist vielleicht verrückt, aber wir werden es mal versuchen«. Und das Resultat war völlig außergewöhnlich. Jedes Mal verwandelten sich die Beziehungen des Kindes zu dem Kinderarzt, d.h. zu einer an sich ja fremden Person, die sich mit ihm beschäftigte.

Ich werde Ihnen eine Geschichte erzählen, auf die ich schon in einer Zeitschrift näher eingegangen bin. Es handelt sich um eine erwachsene Frau, die in einem schwierigen Augenblick ihres Lebens einen Traum hatte, den sie als einen ungemein glücklichen und wunderbaren Umstand beschrieb. Dieser Traum wurde von Worten und Silben begleitet, die überhaupt keinen Sinn machten. Wir haben diese »Worte ohne Bedeutung« notiert. Da ich wusste, dass sie die ersten neun Monate ihres Lebens in Indien verbracht hatte und dort von einer Inderin erzogen wurde, die sie anhimmelte, habe ich ihr gesagt: »Und wenn diese Worte Hindu wären?« Darauf haben wir den Satz einem Inder gezeigt, der sofort anfing zu lachen und sagte: »Aber das sagen alle unsere Kinderfrauen zu den Babys und es heißt: ›Mein kleiner Schatz, dessen Augen so viel schöner als die Sterne sind.‹« Ab dem Alter von neun Monaten hat diese Frau keinerlei Kontakt mehr zu dem Land und zur indischen Sprache gehabt, die sie selbst nie gesprochen hat. Aber sie hatte diese Worte wiederbelebt, diese Sprache, nicht wie irgendeine Sprache, sondern wie die Sprache der mütterlichen Liebe, eingeschrieben in ihre Erinnerung, als sie noch ein Baby gewesen war.

Ich kann Ihnen auch nicht sagen, wie das funktioniert. Ich denke aber, dass ein Baby an den Emotionen einer Erwachsenen, die es neun Monate trägt, teilhat und zwar nicht nur in körperlicher Hinsicht, sondern auch durch ein tiefes Einverständnis, das auf der Stimme beruht (so, wie man zusammen unter einer Decke steckt), und durch eine Art von telepathischer Intuition, die bei den Babys zu existieren scheint. Von dieser Konzeption her ist der Mensch ein Wesen der Sprache. Das ist sehr verwirrend, denn wir haben dafür keine psychologischen Erklärungen, sind uns aber sicher, beträchtliche Fortschritte hinsichtlich der Eltern-Kind-Beziehung festgestellt zu haben, sobald wir versuchten mit dem Baby einen wirklichen Dialog zu führen.

CH.C.-S.: In der von Ihnen eben schon erwähnten Zeitschrift wird von einem Märchen erzählt, in dem Feen vorkommen. Die Legende will, dass sich eine Fee und eine alte Hexe, sobald das Kind geboren wurde, über die Wiege beugen, und die ersten Worte, die gesprochen werden, seine Zukunft bestimmen.

F.D.: Sie können sich gar nicht die Anzahl gestörter Kinder vorstellen, von denen die Mutter uns sagt: » Es war noch keine halbe Stunde auf der Welt, als mir die Hebamme sagte: ›Der wird sie später mal nach Strich und Faden hereinlegen!‹ oder ›Mit der da, arme Frau, herzliches Beileid.‹ Gewöhnlich hört man eher eine Schwiegermutter oder Freundin der Familie so bösartig sprechen. Generell gilt: Die ersten Worte, die in sehr sensiblen Augenblicken ausgesprochen werden, hinterlassen immer tiefe Spuren in den Erinnerungen.

CH.C.-S.: Solche Szenen kommen in vielen Märchen vor. Also haben die Menschen schon immer an die Macht der ersten Worte geglaubt.

F.D.: Die Geburt eines Kindes und der Anblick einer glücklichen Familie provoziert bei anderen Eifersuchtsgefühle. Weil die Geburt eines Kindes bei jedem Emotionen auslöst, die mit der Wirklichkeit nichts zu tun haben müssen. Wir haben uns so sehr daran gewöhnt, dass wir dem keine Beachtung mehr schenken, aber es bleibt trotzdem ein großes Geheimnis. Die Märchen der Feen richten sich an das Imaginäre und drücken diese andere Wirklichkeit symbolisch aus.

CH.C.-S. Gibt es besondere Umstände, unter denen der verbale Austausch mit den ganz Kleinen am wichtigsten ist?

F.D. Man muss das Baby über alles, was es betrifft, auf dem Laufenden halten, über das, was man gerade macht oder was man mit ihm jetzt oder in nächster Zukunft vorhat. Während man ihm sein Bad einlässt, sollte man ihm sagen: »Ich lasse jetzt das Wasser für dein Bad ein« oder »Ich werde dein Fläschchen zubereiten.« Das wissen alle Mütter.

CH.C.-S.: Aber sie denken nicht daran mit ihm über die Kinderkrippe zu sprechen, der es anvertraut wird.

F.D.: Sie sollten ihm sagen: »Ich lasse dich jetzt dort, du bist da mit der oder der Person und ich werde am Abend wieder zurückkommen und an dich denken.« »Ich werde an dich denken« ist ein ganz wichtiger Satz.

Das Baby hört die Worte, aber seine Mutter soll nicht erstaunt sein, wenn es ihr beim Abholen die kalte Schulter zeigt oder sie während einiger Minuten nicht ansehen will. Man kann ihm auch sagen: »Du hast Recht, du hattest Kummer und jetzt hast du Angst mich von neuem zu lieben, nur um wieder Kummer zu empfinden, wenn wir uns trennen. Das stimmt, das ist so, aber sieh mal, du wirst dich daran gewöhnen, es geht nicht anders. Ich werde gehen und ich werde wiederkommen, du aber bist bei der Frau Soundso gut aufgehoben.« Und man erzählt ihm von der Erzieherin, die sich mit ihm beschäftigt.

CH.C.-S.: Dieser Austausch wäre also noch notwendiger, wenn das Kind von seiner Mutter getrennt wird.

F.D.: Nein! Eine Mutter sollte immer mit ihrem Kind sprechen, denn die Worte bleiben, wenn der oder die, der sie gesprochen hat, verschwunden ist. Deswegen entwickeln Kinder, mit denen man nicht genug gesprochen hat, bei jeder kleinsten Trennung eine regelrechte Phobie. Des Weiteren entdeckt ein Kind die Sprache nur, weil es seine Mutter mit einer anderen Person sprechen hört und auf dieselbe Weise dann auch mit ihm. So lernt es die Sprache sehr schnell. Wendet sich die Mutter an das Baby aber wie an einen Hund oder eine Katze, wird es schlecht sprechen. Und es hätte bloß eine Babymutter, aber keine Mutter, die es vielversprechend ins Leben führt um aus ihm ein durch und durch menschliches Wesen zu machen.

Um sein Kind zu fördern, es auf das Leben hin zu öffnen sollte man mit ihm bedenkenlos sprechen, ihm die eigenen Gefühle mitteilen, zum Beispiel »Jetzt übertreibst du aber«, wenn es sich zu fordernd zeigt. Es geht nicht darum nur zuckersüß mit ihm zu sprechen, sondern wahr: Eine wütende Mutter spricht über ihre Wut, eine sanfte und zarte Mutter über ihre Zärtlichkeit, aber immer sagt sie ihm alles, was sie macht, alles, was sie denkt, alles, was sie lebt, alles, was sie fühlt.

CH..C.-S.: Nimmt das Kind nicht über den Sinn der Worte hinaus eine gewisse Anspannung bei seinen Eltern wahr, wenn sie ihm gegenüber sprachlich bestimmte Gefühle oder bestimmte Probleme zum Ausdruck bringen?

F.D.: Das mag vielleicht auch vorkommen, besagt aber doch nur, dass auch das Kind sich ausdrücken darf. Wenn eine Mutter zum Beispiel völlig blockiert ist und ihr Kind das merkt, fühlt es sich angespannt. Wenn sie ihm sagt: »Ich habe nichts gegen dich, mein armer Schatz, im Gegenteil, du bringst mir so viel Freude, aber ich habe Ärger, mit dem du nichts zu tun hast«, fühlt sich das Kind sofort erleichtert und die Mutter vielleicht auch.

Wichtig an diesem Austausch ist, dass sich das Kind von Geburt an als gleichberechtigter Gesprächspartner empfindet.

Wenn das Kind weint oder schreit, müssen der Vater oder die Mutter nach dem Sinn dieser Tränen oder Schreie suchen und ihm sagen: »Ich weiß nicht, warum du weinst, aber du willst mir etwas sagen.« Man muss wissen, dass beim Kind jede Geste, jede Mimik irgendetwas aussagen will. Nichts ist Zufall, nichts ist dumm. Vielleicht hat es Angst, ist eifersüchtig, hat Lust auf etwas, ist enttäuscht. Man muss ihm seinen Ärger und seine Anspannung mit Worten ausdrücken. Damit ermöglichen wir unseren Kindern, sich zu humanisieren. Es unterdrückt sein Leiden nicht, sondern humanisiert es durch den Wunsch sich gegenseitig zu verstehen. Diese Kommunikation ist schwierig, weil Kinder nicht den Code des Erwachsenen haben und umgekehrt die Erwachsenen nicht den Code der Kinder. Man muss genau hinhören, was das Kind sagt. Wenn man müde ist oder das Kind nicht versteht, darf man sich ruhig ärgern und ihm sagen, warum man sich ärgert. Alles lässt sich und muss sich sagen lassen, damit sich die Eltern-Kind-Beziehung so schnell wie möglich humanisiert.

C.H.C.-S.: Aber man kann einem Kind doch nicht alles sagen?

Was es selbst betrifft, so muss man ihm alles sagen.
Zum Beispiel was die Mutter bei seiner Geburt emp-
funden hat. Sie muss ihm gestehen können: »Du
weißt, dass ich sehr enttäuscht war, dass du ein Mäd-
chen (oder ein Junge) geworden bist.«

Und sofort sind die Folgen, die aus dieser Enttäuschung entstehen, ausgelöscht, eben weil sie benannt wurde. Jetzt wissen
die Kinderärzte, die mit mir zusammenarbeiten, davon und
fragen die Mutter: »Waren Sie enttäuscht bei der Geburt?«
Und wenn sie antwortet: »Oh ja, wir hätten so gerne ein Mädchen gehabt«, fragen sie: »Haben Sie ihm gesagt, dass Sie enttäuscht waren?« Gewöhnlich antwortet die Mutter: »Nein,
daran habe ich nicht gedacht und das würde dem Kind doch
Kummer bereiten.« Man muss eben wissen, dass ihm »das«
noch viel mehr Kummer bereiten wird, wenn man nicht in der
Lage ist darüber zu sprechen und ihm zu sagen: »Jetzt finde ich
es aber so ganz in Ordnung.« Denn das Kind hat die Enttäuschung ganz sicherlich gespürt. Umgekehrt wird alles, was in
Worte gefasst wird, vertraut gemacht, humanisiert.

Kleine Kinder haben noch keine Angst vor dem Tod.

CH.C.-S.: Nehmen wir einmal ein typisches Vorkommnis,
von dem viele Eltern nichts zu erzählen wagen: zum Beispiel
den Tod einer Großmutter.

F.D.: Das Kind erträgt eine solche Nachricht sehr gut, immer
vorausgesetzt, dass man mit ihm darüber spricht. Für die El-
tern ist es dann nicht gerade angenehm Sätze zu hören wie:
»Ist sie nun schon völlig verwest oder noch nicht ganz?«
Aber so sprechen Kinder eben vom Tod. Also kann man ih-
nen sagen: »Was den Körper betrifft, ja, aber niemals ihr
Herz, weil wir sie lieben ...« Und alles verläuft sehr gut. Die
Verwesung des Körpers von jemandem, den man geliebt hat,

stellt etwas Unerträgliches dar, weshalb Kinder davon mit dem allergrößten Realismus sprechen. Ihnen fällt es leicht, denn sie haben vor dem Tod keine Angst.

Ihr Begehren ist viel wichtiger als die Sorge um die Erhaltung ihres Körpers, besonders weil das Begehren bei ihnen nicht an den Körper gebunden ist. Es findet im Imaginären, in ihrer Vorstellung statt, die viel wichtiger als der Körper ist.

CH.C.-S.: Kommen wir noch einmal auf den Tod der Großmutter zurück. Wenn man dem Kind davon nichts erzählt, wird es darunter leiden?

F.D.: Ich habe Kinder gekannt, denen man vom Tod einer Großmutter nichts erzählt hat. Manche hat das in der Schule zwei Jahre zurückgeworfen, weil sie nicht mehr schreiben konnten. Sie waren sieben oder acht Jahre alt. Nach neun Jahren wurden sie ihren Eltern gegenüber misstrauisch. Diese sagen mir: »Warum erzählt mir mein Kind nichts mehr, früher konnte ich ihm doch so sehr vertrauen.« Wenn ich sie frage, ob sie ihm irgendein Ereignis, zum Beispiel den Tod von jemandem, verschwiegen hätten, antworten sie mir: »Ja, wir wollten es ihm nicht sagen, wir haben deswegen auch keine Trauerkleidung getragen; sie war dann eine Großmutter, die wir einfach nicht mehr sehen.« Aber eines Tages wird das Kind sagen: »Hört mal, ich dachte, es gäbe da eine Großmutter.« Man antwortet ihm: »Ja, aber sie ist …, weißt du, sie ist tot.« Also wird das Kind ganz erstaunt sein und fragen: »Und warum habt ihr mir das nicht gesagt?« Und es wird sich verraten fühlen. Die Familie ist für ein Kind von ganz enormer Bedeutung, von viel größerer Bedeutung als für die Eltern, die sich von der einen oder anderen Person zurückgezogen haben können.

Jedes Wort schreibt sich in die Würde eines Kindes ein.

181

CH.C.-S.: Stellt die Familie für das Kind auch Stimmen dar, Worte, Namen?

F.D.: Als Erstes sollte man ein menschliches Wesen, das auf die Welt kommt, ob Mann oder Frau, allen zeigen. Er oder sie ist geboren, man muss das Baby empfangen und ihm durch die Sprache seinen Platz zuweisen, indem man es den Familienmitgliedern einem nach dem anderen vorstellt, so, wie man es auch sonst bei einem Neuankömmling macht. Man denkt nicht genug darüber nach, dass es sich beim Neugeborenen um einen Mann oder eine Frau handelt, die oder der seinen Lebenslauf in einem winzigkleinen Körper beginnt, aus dem heraus sich alles entwickeln wird. Und jedes Wort schreibt sich in die Würde eines Kindes ein.

CH.C.-S.: Soll man sich einem Kind, das auf die Welt kommt, vorstellen, indem man sagt: »Ich bin deine Mutter«?

F.D.: Ja. »Ich bin deine Mutter, ich bin dein Vater, das ist dein Bruder Sowieso, das ist deine Schwester, das deine Großmutter.« In China gibt es einen sehr hübschen Brauch: Die chinesischen Mütter müssen bei der Geburt ihres Kindes feierlich sagen: »Ich grüße Sie, Herr mein Sohn« oder »Ich begrüße Sie, Frau, meine Tochter, würdige Abstammende der Vorfahren meines Mannes.« Das ist als würde man sagen: »Guten Tag, Baby!« Der Empfang des Babys sollte mit Worten geschehen, mit wahren Worten, gerichtet an diesen Menschen, der auf die Welt kommt, mit dem Geschlecht, das ihm gehört, mit diesem Gesicht und Körper, der sich niemals mehr ändern wird, und den man jetzt das erste Mal kennen lernt und entdeckt. Ich bin der Meinung, das ist sehr wichtig.

CH.C.-S.: Hilft diese Vorstellung die anderen zu akzeptieren und sich von ihnen angenommen zu wissen?

F.D.: Am Anfang waren die Kinderärzte völlig verdutzt, wenn ich ihnen sagte: »Wenn ein Säugling das erste Mal zu Ihnen kommt, fangen Sie damit an sich ihm vorzustellen; sprechen Sie ihn mit seinem Vornamen an und jedes Mal, wenn die Mutter ihnen etwas von ihm erzählt, wiederholen sie es und nennen das Kind stets bei seinem Vornamen. Sprechen Sie zu dieser Frau auch von ihrem Mann und zu dem Baby von seinem Vater. Wenn die Mutter Ihnen antwortet: »Oh, mein Mann sieht das Baby so wenig«, wenden Sie sich dem Baby zu und sagen Sie ihm: »Ach so, du siehst deinen Papa nicht oft, er ist sehr beschäftigt.« Nehmen Sie alle Worte wieder auf, die die Mutter ihnen sagt, indem Sie sich an das Kind wenden. Am Anfang glaubten sie nicht so recht daran. Später kamen sie und haben mir gesagt: »Ich habe es bei einem Kind versucht, das kreischte, wenn ich es nur berührte. Das nächste Mal war es wie ausgewechselt. Das dritte Mal kam es und bat mich um Hilfe, weil ich es angesprochen hatte.« Wenn mir die erstaunten Mütter sagen: »Aber es versteht doch überhaupt nichts«, antworte ich ihnen: »Hören Sie, vielleicht versteht es nichts, aber in welchem Alter werden wir denn intelligent? Man weiß es nicht, also fangen wir doch gleich an und helfen unseren Kindern ohne ihnen Angst zu machen.« Und auch die Mütter bemerkten den Unterschied: Wenn sie jetzt ihrem Kind sagten: »Wir gehen zum Arzt«, jammerte und schrie es nicht wie früher, sondern zeigte sich ganz zufrieden; es hatte einen Freund getroffen, der ihm beim Impfen vielleicht wehtun wird, der ihm aber erklärt, was er macht: »Das ist, damit du nicht krank wirst; weißt du, es geht nicht anders, als dir dabei wehzutun, du kannst weinen, du hast Recht.« Und danach ist alles vorbei und das Kind kann nach den Tränen, die es vergossen hat, wieder lachen.

CH. C.-S.: Mir kommt vor, als käme bei diesem Austausch dem Vornamen des Kindes eine ganz besondere Bedeutung zu?

F.D.: Ja, dem Vornamem und dem Familiennamen. Eine enorme Bedeutung. Übrigens wird das Kind bei allen Riten, die mit der Geburt zu tun haben, mit einem Namen benannt. Genau in diesem Augenblick, wenn es zur Welt kommt, gibt man ihm seinen Vornamen. Das ist im Fall der Taufe so, der Beschneidung, bei allen Initiationsriten.

Dem Kind einen Namen geben bedeutet ihm einen Platz, auch als Mitglied der Gesellschaft, einzuräumen. Der Name integriert es. Es ist der Ton, den es jedes Mal hören wird, wenn eine Handlung mit ihm zu tun hat, schließlich identifiziert es sich an dieser Stelle und erkennt sich dort ebenso als unteilbares Wesen wieder.

CH.C.-S.: Heute beziehen Eltern ihr Wissen ja häufig aus Büchern, die die Sauberkeit und die Gesundheit des Kindes behandeln. Können Sie feststellen, dass die betonte Sorge was Hygiene und Gesundheit betrifft der Sorge über die Kommunikation mit einem Kind den Rang abgelaufen hat?

F.D.: Früher gab es oft eine Großmutter, es gab viele Menschen in einer Familie, auch die Leute, die den Haushalt besorgten. Und das Haus war nicht nur bei besonderen Anlässen überfüllt und ansonsten leer. Heutzutage ist das Appartement eine Wüste, außer nachts, ein wenig morgens und dann samstags und sonntags; die Kinder werden nicht vor dem Hintergrund von Worten erzogen, die von denselben Personen gesprochen werden.

Damals war die Mutter vielleicht gar nicht am wichtigsten, sondern das ganze Haus und die Person, die sich mit dem Kind am häufigsten beschäftigte, die diesen bewohnten Hintergrund formte, vor dem die Mutter und der Vater verschwanden und wieder auftauchten. Das Kind besaß eine ganz andere Sicherheit. Deshalb glaube ich, dass man jetzt mehr mit ihm sprechen muss.

> *Heute erziehen wir die Kinder für morgen. Und die Methode, mit der wir erzogen wurden, lässt sich nicht einfach reproduzieren. Wir haben gelebt. Die Kinder sind andere, sie werden unter anderen Bedingungen geboren und wir müssen ihnen schneller und früher Sicherheit und Vertrauen in sich selbst geben als zu einer Zeit, als sie noch geborgener aufwuchsen.*

CH. C.-S.: Auch die Anzahl der Brüder und Schwestern hat im Gegensatz zu früher abgenommen.

F.D.: Oh ja, und die Geburten sind immer rückläufiger. Heute gibt es viel mehr Einzelkinder.

Eine Schwester oder ein Bruder von sieben Jahren wird von dem Kleinen, der da auf die Welt kommt, wie die großen Leute wahrgenommen, wie den Eltern hinzugefügte Ehegatten. Der ältere beschäftigt sich dann schon wie ein Großer mit dem Baby. Wofür er bewundert wird: »Das ist wirklich schon ein kleiner Papa« oder »Das ist wirklich schon eine kleine Mama.« Aber für die beiden, denen ein solcher Satz gilt, ist das sehr schlecht. Das Kind ist mit sechs oder sieben Jahren ein Kind und muss als solches seinen Platz in der Familie haben, zusammen mit den Freunden in seinem Alter. Sonst hat das Baby zu viele Eltern und baut die unerlässliche Dreiecksbeziehung zwischen Vater, Mutter und Kind nur ungenügend auf.

CH. C.-S.: Dennoch könnte aber der Kontakt zwischen Kindern verschiedenen Alters bereichernd für alle sein?

F.D.: Ja, nur sind die Kinder in den Kinderkrippen leider nach ihrem Alter in feste Gruppen eingeteilt, so, wie es das Reglement will. Nachdem ich darüber im Radio gesprochen hatte, haben einige Krippen den Versuch unternommen, die Kinder bei ihrem Eintritt mit zwei Monaten bis zu ihrem Ausscheiden mit vier Jahren in gemischten Gruppen unterzubringen. Kinder jeden Alters um ein und dieselbe Erzieherin herum zu vereinigen ist zur Einführung ins soziale Leben viel besser. Die Großen lernen die Kleinen als Personen zu betrachten, die noch geschützt werden müssen, und die Kleinen wollen älter werden um wie die Großen zu sprechen.

CH. C.-S.: Diese Art von Problemen geht doch nicht nur die Psychologen an, sondern alle, die mit der Zukunft des Kindes zu tun haben?

F.D.: Absolut. Viele gestörte oder schlecht angepasste Kinder um die vier oder fünf Jahre entwickelten ihre Störungen schon als ganz Kleine. Und es wäre viel einfacher gewesen, diese Störungen zu heilen, hätte man sich zu einem Zeitpunkt mit ihnen beschäftigt, als sie auftauchten. Aber zu diesem Zeitpunkt haben die Ärzte sie nicht bemerkt; sie beschäftigten sich ausschließlich mit dem Körper und nicht mit der Beziehung Mutter-Vater-Kind. Das Kind wurde als eine kleine niedliche Angelegenheit betrachtet, aber nicht als Mensch.

Die frühe Kindheit verstehen

Virgine Henry: Beginnen wir mit den Problemen in der ganz frühen Kindheit: Wie sollte man Ihrer Meinung nach mit den Neugeborenen umgehen?

F.D.: Ein Säugling braucht von Geburt an die Stimme, den Geruch und den Kontakt seiner Mutter. Deshalb ermutige ich die jungen Mütter dem Kind die Brust zu geben oder, sollte dies nicht möglich sein, sie an sich zu drücken und sie anzusprechen, wenn sie ihm die Flasche geben. Eine Mutter sollte ihr Kind auch bis zum Alter von vier oder fünf Monaten häufig mit sich herumtragen um es bei sich zu haben, wenn sie in der Küche etwas erledigt oder ihre Einkäufe macht. Es vermittelt dem Baby den beruhigenden Rhythmus ihres Körpers aus der Zeit, als sie mit ihm noch in ihrem Bauch überall herumging.

V.H.: Frauen, die arbeiten, sind oft ängstlich bei der Vorstellung, ihr Baby mit zwei Monaten einer Pflegemutter oder einer Krippe anvertrauen zu müssen. Gibt es ein Mittel, kleine Kinder auf diese Trennung vorzubereiten?

F.D.: Für das Baby ist es wichtig, sich auf eine Kontinuität der Personen, die es beaufsichtigen, stützen zu können. In gewisser Hinsicht sollte die Mutter den Ort, an dem das Kind bald seine Tage verbringen wird, »bewohnt haben«, ihn »mamaisieren«. Dafür wäre es gut, dass sie sich mehrere Male, am besten mit ihrem Mann, zu der Pflegemutter oder Krippe begibt: so macht sich das Baby nach und nach mit der Anwesenheit, dem Geruch und der Stimme der Pflegemutter oder Erzieherin vertraut. Dann wird man auch nicht mehr sehen, dass ein Baby wie ein Paket in aller Hast bei der Pflegemutter abgestellt und später wieder abgeholt wird. Am besten wäre es, wenn jeder größere Betrieb eine Kinderkrippe hätte, wohin die Mütter in ihren Pausen gehen könnten, ihr Kind zu stillen oder mit ihm zu spielen.

V.H.: Spielt der Vater am Anfang des Lebens eines Kindes eine Rolle?

F.D.: Der Vater, der durch seine Arbeit normalerweise weiter vom Haus entfernt beschäftigt ist, sollte in den Worten der Mutter präsent sein. Sie sollte dem Kind von seinem Vater erzählen und ihm sagen »*dein* Papa«, nicht einfach nur »Papa« oder seinen Vornamen. Ebenso wird der Vater von »deiner Mutter« sprechen und ihn »*meinen* Sohn« oder sie »*meine* Tochter« nennen, mit seinem oder ihrem Vornamen. Die Kleinen wollen, dass sich ihr Vater mit ihnen beschäftigt. Man sieht ja auch immer häufiger, dass Väter Säuglingen die Flasche geben oder ihre Windeln wechseln.

V.H.: Die Ankunft eines weiteren Kindes provoziert beim älteren Kind zwischen achtzehn Monaten und fünf Jahren eine heftige Eifersucht. Lässt sich das vermeiden?

F.D.: Diese Eifersucht ist unausweichlich. Meistens präsentieren die Eltern die Ankunft des Babys als eine gute Neuigkeit. Aber der Neuankömmling stellt das Kind vor eine schwere Prüfung: das erste Mal ist jemand aus seiner Umgebung kleiner als er und alle Welt scheint sich nur noch für ihn zu interessieren. Es wäre also besser, dass man ihn von Anfang an vorgewarnt hätte: »Wir werden ein Baby haben, aber du weißt ja, ein Baby weint ununterbrochen und kann nicht spielen. Aber mach dir nichts daraus, denn du brauchst dich nicht um es zu kümmern.«
Warum man so vorgehen sollte? Weil ein Kind diejenigen,

die es bewundert, nachzuahmen versucht. Und wenn Vater und Mutter das Baby zu bewundern scheinen, ist die Versuchung für den Älteren groß, sich den Neuankömmling zum Modell zu nehmen und zu regredieren, wie wir es nennen. Es kommt dann vor, dass er wieder einnässt, sein Fläschchen wieder haben und nicht mehr laufen will oder das Baby attackiert. Er drückt damit sowohl sein Leiden als auch seine Verwirrung aus.

V.H.: Aber wie soll man das ältere Kind behandeln, wenn das Baby auf der Welt ist?

F.D.:   *Man soll die Ältere oder den Älteren dazu bringen sich nicht mit dem Baby zu beschäftigen: »Das ist die Aufgabe der Väter und der Mütter«, sollte man ihnen sagen.*

»Wenn du einmal Vater (oder Mutter) bist, wirst du dich um dein Baby kümmern.« Man soll das ältere Kind auch in seiner eigenen Entwicklung unterstützen, es spüren lassen, dass es im selben Alter noch niedlicher war als der Neuankömmling. Das kann der Vater übernehmen oder eine Tante oder eine Großmutter. Wenn es sich bei dem Älteren um einen Jungen handelt, wäre es besser, wenn ein Mann so zu ihm reden würde. Sein Vater wird ihm zum Beispiel sagen: »Komm. Wir Männer werden jetzt gehen und ein bisschen herumbummeln. Du bist ja schließlich schon groß. Lassen wir die Mama mit dem Baby.«

Man sollte das ältere Kind auch auffordern mit Gleichaltrigen zu spielen. Wenn man so verfährt, stellt man überraschende Dinge fest: Ich habe Kinder unter zwei Jahren gesehen, die erstaunlich schnell angefangen haben zu sprechen – in einem Fall geschah es innerhalb von acht Tagen –, um sich mit ihrem Vater oder mit dem Erwachsenen, der auf sie aufpasste, zu identifizieren.

V.H.: Dennoch kann es am Anfang gegenüber dem Neugeborenen zu aggressivem Verhalten kommen. Wie soll man darauf reagieren?

F.D.: Man darf das Kind auf keinen Fall fürchterlich beschimpfen. Das Kind ist durch das, was es getan hat, schon genug bestraft. Man soll es beiseite nehmen und ihm ruhig erklären: »Du siehst, wie stark du bist. Dein kleiner Bruder (oder deine kleine Schwester) ist noch klein und schwach, genau wie du in diesem Alter. Wenn er (sie) groß ist, spielt ihr zusammen. Aber ihn (sie) jetzt zu beißen führt zu gar nichts.« Es gibt auch ein umgekehrtes Risiko, das ich anführen möchte: Wenn das ältere Kind über fünf oder sechs Jahre ist, will es sich oft mehr noch als sein Vater oder seine Mutter mit dem Baby beschäftigen. Was sehr schlecht ist, denn statt zu leben, zu spielen und inmitten seiner gleichaltrigen Freunden größer zu werden, bemüht es sich eine wirkliche Mutter oder ein wirklicher Vater zu werden. Sehr schlecht auch für das Baby: seine Mutter wird zwei Köpfe und zwei Stimmen haben.

V.H.: Wie erreicht man, dass die Kinder sauber sind?

F.D.: Sie meinen ihren Schließmuskel beherrschen können? Das lässt sich nicht erlernen. Die Kontinenz kommt von ganz allein, aber nur, wenn das zentrale Nervensystem völlig ausgebildet ist, so um die zwei, zweieinhalb Jahre, und zwar aus dem einfachen Grund, weil alle Säugetiere kontinent sind, was auch auf den kleinen Menschen zutrifft. Die »Zivilisierung der Kontinenz« wäre demnach das Einzige, was man einem kleinen Kind beibringen müsste, anders gesagt, der Platz, an dem es seine Exkremente liegen läßt.

Kinder, die man nicht ständig mit diesen ganzen »Pipi-Kacka«-Geschichten ärgert kommen nach ungefähr zwei Jahren von selbst darauf, wie die Erwachsenen auf die Toilette zu gehen. Sie sind es, die sich erkundigen: »Was machst du eigentlich an diesem Ort? Ich will auch dahin gehen.« Und man antwortet ihnen: »Aber natürlich kannst du auf die Toilette gehen. Hier ist dein Topf!« Vor diesem Alter ist es vergebliche Mühe von den Kindern zu fordern, sie sollten sauber sein.

V.H.: Was das Essen betrifft, empfehlen Sie dieselbe lässige Haltung?

F.D.: Absolut. Es hat etwas Perverses an sich ein Kind, das keinen Hunger hat, zum Essen zu zwingen. Erst ab sieben Jahren sind die Rhythmen der Kinder denen der Erwachsenen ein wenig ähnlich geworden. Und dann gibt es auch bestimmte Zeitabschnitte, in denen ein Kind kaum isst.

> *Wenn es beispielsweise das Laufen entdeckt, hat es ungefähr acht Tage lang überhaupt keine Lust zu essen: es ist mit dem Vergnügen seiner Entdeckung voll und ganz beschäftigt. Man muss mit ihm sprechen, ihm erklären, dass man versteht, was vor sich geht: »Du bist so zufrieden zu laufen, dass du keine Lust hast zu essen; wenn zu großen Hunger bekommst, haben wir Milch oder Brot da. Du brauchst nur zu fragen.«*

V.H.: Und der Schlaf?

F.D.: Das Kind sollte sich dort, wo es schläft, immer allein hinlegen können, wenn es das Bedürfnis dazu verspürt. Dazu kann man eine Matratze auf den Boden legen oder ein Bett installieren, in das es leicht hineinklettern kann.

Aber Achtung: Die Eltern müssen ihrem Kind auch sagen können: »Jetzt gehst du in dein Zimmer, du kannst da noch spielen oder lesen, und legst dich hin, wenn du Lust dazu hast. Wir wollen jetzt unsere Ruhe haben.« Mehr hat es mit der »Freiheit«, die unsere Eltern immer so beschäftigt, gar nicht auf sich: Ein Kind zu respektieren bedeutet einfach, es in das Leben der Erwachsenen zu integrieren, es aber auch aufzufordern sie auf seine Art zu respektieren.

V.H.: Wie lässt sich einem Kind beibringen, sein Zimmer aufzuräumen?

F.D.: Unter vier Jahren gefällt es dem Kind, wenn seine Sachen um es herum verstreut auf dem Fußboden liegen, sozusagen auf gleicher Höhe mit ihm. Wenn es eingeschlafen ist, kann man sie ja wieder ordentlich zurücklegen. Es gibt auch Kinder, die gerne mit einem Spielzeug einschlafen. Warum auch nicht?

Zwischen vier und sechs Jahren kann man das Kind zum Aufräumen anregen – und zwar nicht nur in seinem eigenen Zimmer –, indem man ihm zum Beispiel vorschlägt: »Hilfst du mir? Wir werden ein bisschen aufräumen.« Und während es selbst den einen oder anderen Gegenstand entsprechend seinem Rhythmus aufräumt, übernimmt man selber den Rest.

V.H.: Mit welchem Alter sollte ein Kind in den Kindergarten kommen?

F.D.: Ein Kindergarten hat meistens kein Interesse an einem Kind, das sich noch nicht allein beschäftigen kann, sich nur mit seinem Bären unterhält und noch nicht frei mit anderen Kindern spielt. Außer manchen kleinen Mädchen oder Jungen, die schon sehr gewitzt sind, halte ich ein Eintrittsalter von zweieinhalb Jahren für noch zu früh, besonders für ein Einzelkind. Seine Mutter sollte es aber schon in diesem Alter daran gewöhnen, täglich mit anderen Kindern zusammen zu sein. Wenn das Kind mit drei Jahren seinen Namen weiß, sein Alter, seine Adresse, sich schon fast ganz allein anziehen kann, kann es in den Kindergarten kommen. Übrigens wünscht es sich das auch.

Das Kind sollte körperlich schon selbstständig sein, was nicht so sehr eine Frage des Alters, sondern des Niveaus seiner gesamten Entwicklung ist.

V.H.: Soll man Mädchen und Jungen unterschiedlich erziehen?

F.D.: Sie werden von selbst unterschiedlich aufwachsen. Aus biologischen Gründen nehmen sie die Welt nicht in derselben Art und Weise wahr. Im Gegenteil, man sollte ihrer sexuellen Differenz schon sehr früh Beachtung schenken und dafür sorgen, dass jede und jeder stolz auf sein Geschlecht ist.

Wenn es aber darum geht, welches Spielzeug man ihnen gibt oder mit welchen Aufgaben man sie zu Hause betraut, sollte man keinen Unterschied machen: man kann einem Jungen ebenso eine Puppe geben wie dem Mädchen einen Lastwagen, wenn es sich ihn wünscht.

V.H.: Wie soll man mit einem Kind verfahren, das kleinere Diebstähle begeht: Süßigkeiten, Buntstifte, Bücher usw.?

F.D.: Kleinere Diebstähle stellen eine durchaus ernste Angelegenheit dar, selbst bei einem ganz kleinen Kind, und es ist zu bedauern, dass sie von vielen Eltern auf die leichte Schulter genommen werden. Manchmal versteht das Kind noch nicht den Unterschied zwischen *dein* und *mein*, aber dann ist es ja auch kein Diebstahl. So lässt sich das Kind seine eigenen Spielsachen mit demselben Gefallen wegnehmen wie es anderen ihr Spielzeug nimmt.

Kindern von klein an beizubringen auf das aufzu-
passen, was man gerade hat, es jemandem zu geben,
wenn man will, zu fragen und niemals einfach zu
nehmen stellt einen wichtigen Teil der Erziehung
dar.

Wie reagiert man, wenn sich das Kind in einem Laden wortlos einen Gegenstand nimmt? Sicherlich nicht, indem man
losbrüllt, ihm eine Tracht Prügel verpasst oder nur die Augen
verschließt! Man muss mit dem Kind sprechen und ihm die
Dinge einfach erklären: »Dieser Lutscher, den du dir genommen hast, gehört dem Ladenbesitzer, der ihn bezahlt hat. Stell
dir mal vor, jeden Tag würden zehn oder zwanzig kleine Jungen in den Laden kommen und sich wie du einen Lutscher
klauen, wie soll er damit fertig werden, seine Familie ernähren? Also gehen wir gemeinsam zu ihm und geben ihm den
Lutscher zurück oder bezahlen ihn.« Ein Kind soll immer sagen können, was es gerne haben möchte, aber es nicht immer
auch gleich bekommen.

V.H.: Familienväter sind häufig nicht zu Hause. Wie kann
man Kindern helfen eine solche Trennung zu ertragen?

F.D.: Zuerst einmal sollte man keine Angst haben mit ihnen
darüber zu sprechen. Die Mutter sollte sagen, dass sie nicht
gerne von ihrem Mann getrennt ist, der Vater, dass ihm seine
Familie fehlt, wenn er abwesend ist, und warum er häufig
nicht zu Hause ist. Ein Vater, der viel unterwegs war, erzählte
mir, dass er immer versucht hat seinen Kindern von dort, wo
er gerade arbeitete, eine Postkarte zu schicken. Andere wieder kommen nie zurück ohne ihren Kindern ein kleines Geschenk mitzubringen.

V.H.: Wie können Eltern mit der Sexualerziehung besser zurechtkommen?

F.D.: Indirekte Fragen zu diesem Thema kommen immer im Alter von drei bis vier Jahren. Um auf die Neugierde des Kindes einzugehen sollte man sich auf das beziehen, was das alltägliche Leben bietet. Zum Beispiel, wenn man einer schwangeren Frau begegnet: »Wusstest du nicht, dass die Mama ihr Baby vor der Geburt in ihrem Bauch trägt? Und weißt du, wer das Samenkorn des Babys in ihren Bauch getan hat? Na klar doch, der Vater des Babys. Du wirst sehen, in einigen Wochen wird diese Frau keinen dicken Bauch mehr haben, sondern einen Kinderwagen, in dem das Baby liegt.«

Auf keinen Fall irgendwelche lächerlichen Geschichten. Die Wahrheit. Denn die Kinder werden sie zum Schluss immer erfahren; sie fragen sich dann, warum man sie angelogen hat, was das Ende ihres Vertrauens bedeutet.

V.H.: Aber was ist, wenn die Fragen präziser gestellt werden? Zum Beispiel: »Wie ist das eigentlich, wenn man die Babys macht?«

F.D.: Das hängt von der Reife des Kindes ab: die meisten von ihnen verstehen noch keine anatomischen Details. Aber für diejenigen, die in ihrer Entwicklung schon weiter sind, existieren bereits die Worte dafür, also sollte man sich ihrer bedienen. Es wäre nur wünschenswert, dass die Mütter mit den Mädchen und die Väter mit den Jungen sprechen.

V.H.: Was würden Sie sagen, wenn Sie mit einem Satz das Hauptprinzip zusammenfassen müssten, von dem sich die Eltern bei der Kindererziehung leiten lassen sollten?

F.D.: Das Kind verstehen, es respektieren und für das Leben wappnen. Gibt es dafür nicht ein bestimmtes Mittel, *das* Mittel schlechthin, nämlich es einfach zu lieben?

Gewalt ohne Worte

Für mich ließe sich Gewalt wie folgt definieren: Gewalt ist, wenn man <u>nicht</u> mehr spricht oder nicht <u>mehr</u> spricht. Also wirft man sich auf den anderen, Körper auf Körper ...

Gewalt existiert auf allen Ebenen, setzt schon mit den ersten Lebensmonaten ein, und zwar in einer Weise, die nicht immer deutlich wahrzunehmen ist.

Zum Beispiel wenn eine Mutter ihr Kind stillt oder ihm die Flasche gibt und es gleichzeitig mit Umarmungen eindeckt: Es handelt sich dabei um eine Form von Gewalt. Man hat festgestellt, dass Babys, die während des Stillens zu sehr liebkost wurden, später, wenn sie laufen lernten, anfingen zu beißen. Was nicht vorkam, wenn die Mütter beim Stillen mit ihnen sprachen, ohne ihre Ohren und ihre Haare zu betätscheln oder sie in ihre Schenkel und Waden zu zwicken. Wenn aber ein Kind im Augenblick der Befriedigung eines notwendigen Bedürfnisses gestört wird, beim Schlafen, beim Essen, wenn es unablässig abgeknutscht wird, reagiert es später mit einem »beißenden Mund«, der es geworden ist: Die Gier seiner Mutter wollte aus ihm, in gewisser Hinsicht, eine Brust machen, an ihm saugen, obwohl es in diesem Moment nur ein Mund war. Indem sie durch ihr Verhalten Münder und Brüste herstellte, wurde dem Kind die Sprache der Großen schon sehr früh als eine Sprache eingetrichtert, die saugt und zubeißt.

Gewalt manifestiert sich entlang dem, was einem Kind seit seiner Geburt widerfährt. Man hat schon viel davon gesprochen ... So wird das Neugeborene in der Klinik von der Mutter genommen um in ein Zimmer gebracht zu werden, in dem die Babys vor lauter Verzweiflung brüllen. Wieder zu Hause, ist es oft in einem getrennten Zimmer. Warum es in eine »Einzelzelle« sperren, wobei es doch so gerne die Anwesenheit anderer spüren will? So hört ein Baby meistens auf zu schreien, wenn es mit anderen in einem Raum ist. Man spricht mit ihm und es schläft ein, wann es will.

Später kommt das Kind in den Kindergarten. Aber das kleine Kind in Gesellschaft der anderen bedarf der Präsenz der Eltern, weil es noch nicht weiß, *wer es ist*. Tochter von wem, Tochter von wer? Ab dem Zeitpunkt, wo es sich sicher ist, dass seine Mutter oder sein Vater es nicht vergessen werden und zurückkommen um es abzuholen, kann man es im Kindergarten zurücklassen. Aber Achtung! Stürzen Sie sich nicht auf Ihr Kind um es beim Abholen zu umarmen. Es wäre besser, zuerst mit ihm zu sprechen um es schonend auf die Veränderung vorzubereiten; man kann es ja Zuhause immer noch in den Arm nehmen.

> *Oft passt sich ein Kind gut an das Leben in der Gemeinschaft an, als ein kleines Teilobjekt dieser sprechenden Masse, die ein Kindergarten für es darstellt. Aber wenn es zu seiner Mutter zurückkommt, ist es regressiv, klebt an ihr und unternimmt allein gar nichts mehr. Es ist dann mit ihr in keiner sprechenden Beziehung.*

Während der Woche verhält es sich mit den Erzieherinnen und Kindern überhaupt nicht so. Aber es ist verletzt, in gewisser Hinsicht durch die Verdoppelung der Situation gespalten, die das Kind einerseits in die Mitte einer lebendigen Gemeinschaft stellt, wo man es als Mitglied dieser Gemeinschaft anspricht und es sich als solches zum Ausdruck bringt, und andererseits in die Position eines Wieder-Eingefangen-Werdens, weil die Zeit, die der Mutter gefehlt hat, nicht anders ausgefüllt werden kann als durch eine rein körperliche Beziehung.

Das Kind einer Tagesmutter, die es liebt, wieder zu entreißen, stellt auch eine Art Gewalt dar. Man sollte sich ruhig eingestehen können, dass ein Kind eine gute Tagesmutter manchmal sogar mehr liebt als seine Mutter. Das Kind kann mehrere Mamas haben, nur muss es wissen, dass es nur eine einzige Mutter hat, die es geboren hat, nämlich die, die es unter ihrem Herzen trug. Jede andere schützende und mütterliche Person kann Mutter genannt werden. Hierdurch wird kein Kind hinters Licht geführt, das weiß, woher es kommt, wo seine Mutter, die es geboren hat (wenn es sie noch hat) sich aufhält, diese in der Tat einzigartige Mutter. Ein Kind, das von seiner Mutter verlassen wurde, kann sterben. Wenn es nicht daran stirbt, dann deswegen, weil es davor genug Liebe bekommen hat diese Trennung zu überleben. (Nichts ist nicht wieder zu reparieren, nichts ist nicht wieder zu ersetzen. Man muß nur langsam etwas an seine Stelle setzen.) Aber das Kind hat ein Bedürfnis, dass man mit ihm über die Geschehnisse spricht, die es von seiner Mutter getrennt haben. Gestörte Kinder, die nicht mit ihrer Mutter gelebt haben und die man zum Psychoanalytiker bringt, sind plötzlich wach, wenn man von der Mutter, die sie geboren hat, spricht. Ihr tiefer Schmerz löst sich oft in Tränen auf. Die Pflegemütter solcher Kinder, in einem Heim oder von der Sozialhilfe gestellt, beklagen dann die Tränen des Kindes: »Warum machen Sie ihr so viel Kummer?« Sie verstehen nicht, dass genau dieser Schmerz das Kind rehumanisiert. Indem wir über die Geschichte des Kindes sprechen, kehren wir gemeinsam zu jenem Augenblick zurück, wo es seine Mutter das letzte Mal gesehen hat. Wenn die Pflegemutter das Kind zu dieser Zeit bereits versorgt hat, stellen wir gemeinsam fest, dass sie ihm nie von seiner Mutter erzählt hat, wenn diese zum Beispiel, Sonntag für Sonntag, nicht zum Kind zurückkam um es zu besuchen. Obwohl sie doch merkte, wie sehr das Kind auf seine Mutter gewartet hat.

Einmal habe ich gesehen, wie ein Kind ab dem Zeitpunkt

autistisch wurde, als die Pflegemutter, die seine Mutter gekannt hatte, wechselte: Sie hatte eine letzte Brücke zu seiner
Mutter geschlagen. Das Kind war sechzehn Monate und seine
soziale Entwicklung auf dem Stand von neun Monaten.

> *Es wurde geheilt, indem es seinen Wunsch verstand*
> *nach der Trennung von dieser Pflegemutter sterben*
> *zu wollen.*

Am Ursprung späterer Neurosen befindet sich immer eine
grundlegende Wahrheit, die nicht ausgesprochen wurde.

Ich habe das oft genug im »Maison Verte« erlebt, einer sozialen Einrichtung, die für Kinder von der Geburt bis zu drei
Jahren gedacht ist, die von ihren Eltern begleitet werden und
wo es jedem möglich ist zu sprechen und gehört zu werden.
Die Erwachsenen ruhen sich dort aus, indem sie andere treffen und über ihr Leben sprechen. Und wir, die die Kinder in
diesem Haus aufnehmen, sprechen mit ihnen darüber, was
ihre Mutter oder ihr Vater gesagt hat.

> *Es kommt der Moment, an dem die Eltern bemer-*
> *ken, dass sich die Beziehung zu ihrem Kind tiefgrün-*
> *dig verändert. Er tritt immer dann ein, wenn sie ihm*
> *genau erklären, was es aus ihrem Leben betrifft und*
> *sie ihm bislang verschwiegen haben.*

Eine regelrechte Revolution findet statt, für die Eltern ebenso
wie für die ganze Umgebung. Zuerst »hört« das Kind, was es
betrifft. Ab dem Augenblick, wo man das Leiden der Mutter
in Worte gefasst hat, ihre Enttäuschung bei seiner Geburt, familiäre Schwierigkeiten, hat es das Kind nicht mehr nötig sein
Unbehagen in irgendeiner Form zu manifestieren. Es braucht
keinen Saft mehr um einzuschlafen, keine Verweigerung des
Essens … Was ihm vor allem fehlte, war die Humanisierung,

die die wahren Worte der Trauer oder des Leidens, in das es seit dem Anfang seiner Geschichte als begehrendes Subjekt verwickelt war, in sich trägt. Es ist traurig feststellen zu müssen, dass viele Menschen, die sensibelsten und diejenigen, die besonders früh auf ihre sprechende Umgebung reagieren – mit denen man aber nicht über familiäre und persönliche Dinge spricht – gegenwärtig den Ausschuss unserer Zivilisation bilden, Aggressionen ausgeliefert, ohne die sie in den Genuss dieser unerlässlichen Humanisierung gekommen wären, die für alle unsere Gefühle die Vermittlung durch die Sprache darstellt.

Wenn man ein kleines Kind sieht, das ein anderes beißt oder umgekehrt, wird sein Verhalten durch die Worte der Erwachsenen »humanisiert«, die versuchen, den Sinn dieses Verhaltens zum Ausdruck zu bringen. Wenn Sie als Erwachsene die Gewalt von Kindern untereinander »sprechen können«, die ja ein Interesse füreinander ausdrückt, ohne dabei das Vorgehen des Kindes zu rügen, werden diese Kinder vielleicht die besten Freunde der Welt.

Zum Beispiel sagt eine Erzieherin im »Maison Verte« zu zwei Kleinen, die sich um ein Spielzeug streiten: »He, irgendwas geht da zwischen euch vor. Was ist los mit euch beiden?« Das jammernde Kind wird dann zu seiner Mutter rennen, sich beklagen und für drei Sekunden in ihren Schoß ausweinen, mit den Finger auf den »Bösen« zeigen und dann, wenn es getröstet ist, sich dem Angreifer wieder zuwenden. »Es hat gesehen, dass es nicht so schlimm war und will jetzt gerne wieder weiterspielen ...«, sagt die Erzieherin zu der Mutter. Jedes der Kinder zieht eine Lehre aus diesem Spiel »stark-schwach«. Dabei geht es nicht um gut oder schlecht, sondern um das Leben einer Beziehung, das sich seinen Ausdruck verschafft. Der Anfang einer Freundschaft kann aber durch die Angst eines Erwachsenen misslingen, der schimpft, sich darüber ärgert, dass ein Kleinerer von einem Mittleren angegriffen wird oder der Mittlere von einem Älteren von drei Jahren. Stattdessen sollte er in der Nähe beider Kinder mit Worten intervenieren, die ihrem leidenschaftlichen Treiben einen Sinn geben: »Ihr habt euch wohl etwas zu sagen! Aber das ist schwierig, wenn einer stark und der andere schwach ist. Du, der Große, das macht dir Spaß den Kleinen zu Boden zu werfen, du hast dich jetzt gut amüsiert, aber du wirst davon kein Kleiner mehr ...« In diesem Augenblick ist der Blick des Größeren total interessiert. Er hat verstanden! Ein »Großer« greift einen Kleinen an, jenen Kleinen, der immer noch in ihm steckt und ihn, der ja eigentlich gar nicht mehr klein werden will, aufstachelt zu regredieren.

Beim Menschen heißt lieben zuerst »werden wie«.

Sich des Spielzeugs des Kleinen zu bemächtigen bedeutet wie er zu werden und gleichzeitig prügelt sich der Ältere gerne, um der Größere zu sein. Haben die Kinder erst einmal den Grund ihrer Gewalt verstanden, werden sie zu Gefährten und amüsieren sich gemeinsam, trotz ihrer unterschiedlichen Größe.

Eine Mutter, die in den Kindergarten kommt, sagt zu der Erzieherin: »Die Kleine da hat aber einen seltsamen Kopf!« Und das Kind geht zu ihr und sagt: »Weil ich Trisomie 21 habe. – Was hat sie gesagt? – Sie hat Ihnen gesagt, dass sie mongoloid ist.« Und in ihrer Verwirrung ruft die Mutter: »Was, mein Gott, sie weiß es?«

Genau, dieses Kind *weiss es*. Es hatte ein sehr gutes Jahr im Kindergarten verbracht, aber dann wollte sie die Erzieherin nicht in die Vorschulklasse aufnehmen und sie musste auf eine Privatschule gehen. Viele Schwierigkeiten mongoloider Kinder resultieren aus ihrer genetischen Ausstattung, aber viele auch aus der Tatsache, dass man nicht *wahr* mit ihnen spricht.

Dasselbe Kind wurde im Alter von zweieinhalb von einem kleinen, fünfzehnmonatigen Jungen, einem kleinen Kraftprotz, genauso groß wie sie, attackiert. Von dem Jungen umgestoßen verzog die Kleine ihr Gesicht und stand dann wieder auf ohne ein Wort zu sagen. Ich habe dem jungen Angreifer damals gesagt: »Du siehst, sie hat einen seltsamen Kopf, weil sie Trisomie 21 hat, wohingegen du, von dem man auch sagt einen seltsamen Kopf zu haben, völlig gesund bist. Du hast es nicht nötig sie zu schubsen. Sie ist nicht böse und könnte eine gute Freundin von dir sein.« Erst schlich er ein wenig um sie herum, dann kam er und brachte ihr ein Spielzeug. Worauf sie den Arm um seinen Hals legte und auf ihren Vater zuging, der gekommen war sie abzuholen. Zufrieden und ohne ein Wort dabei zu sagen. Im Grunde wollte der Junge nur mit ihr kommunizieren, was unter anderen Umständen aber misslungen wäre …

Jedes Mal, wenn wir ein Kind ein anderes angreifen sehen, liegt es daran, dass es interessiert ist, neugierig geworden oder Lust hat einen Gegenstand zu nehmen, der dem anderen gehört. Einen Versuch ist es allemal wert. So wie der Kleine stolz ist sich einen Gegenstand anzueignen, für den sich ein Großer interessiert. Selbst wenn er mit ihm nichts anfangen kann, wird er sich groß vorkommen, weil er etwas von dem Älteren hat.

Man muss Kindern die Gründe erklären, warum sie gewalttätig miteinander umgehen. Und wenn der Erwachsene ihr Verhalten dabei nicht dramatisiert, verschwindet die Gewalt unter ihnen. Aber leider will ein Erwachsener die Kinder häufig nur verurteilen, die ein Risiko auf sich genommen haben, sich einer Gefahr aussetzen oder einen anderen in Gefahr bringen.

Auch in der Schule sollte der Lehrer wissen, dass man mit bestimmten Worten gegen die sekundäre Gewalt angehen kann. Was die primäre Gewalt angeht, handelt es sich um Kontaktsuche, die man auch als solche interpretieren sollte ohne jemals den zu beschämen, der besiegt wurde.

> *Niemals sollte man ein kräftiges Kind darum bitten ein schwächeres zu beschützen. Wenn man schwach sein muss um den Schutz des Erwachsenen zu genießen, wird das Kind keine Lust haben stark zu werden.*

Wir sollten stattdessen auf die richtigen Worte achten und einem Kind, das zu sehr leidet, sagen: »Du bist noch zu klein um dich mit diesen Großen da abzugeben; wenn du stärker bist, kannst du aber mit ihnen spielen ohne dabei etwas zu riskieren.« Mehr nicht.

> *Niemals einen Großen darauf verpflichten Mitleid mit einem Kleinen zu haben. Die Großen kennen weder mütterliche noch väterliche Gefühle und wenn sie sie (scheinbar) haben, noch schlimmer! Machen Sie ihnen dafür bloß keine Komplimente.*

Sich bei aller Verschiedenheit tolerieren ist schon sehr gut und reicht als Erziehungsziel bis zu sieben, acht Jahren, dem Alter, in dem der Ödipuskomplex meistens überwunden worden ist.

Um Feindschaften zu verstehen muss man nach der Bedrohung suchen, die in jeder Freundschaft steckt. Sie besteht für einen Menschen darin ganz in der Nähe des anderen seine Identität zu verlieren, indem man diesem anderen gleich wird. Das gilt auch für Paare, die in eine Beratungsstelle kommen. Immer gilt es also die *Identität* des Kindes in seiner Beziehung zu allen anderen, Mutter und Vater eingeschlossen, zu unterstützen. Alles was mit der Differenz zwischen Gegenständen und Personen, zwischen Lebewesen und leblosen

Dingen, die nicht sterben und sich nur zerschlagen lassen, zu tun hat, ist für Kinder von erstaunlichem Interesse. Auch dies ein Anhaltspunkt, die Gewalt unter kleinen Kindern zu überwinden. Kleine Kinder glauben einfach, dass derjenige, den sie attackieren, genauso kaputtgeht wie ein Gegenstand, auf den sie schlagen: »Pass auf, er wird nicht kaputtgehen!«, kann ihnen der Erwachsene sagen.

Aber oft erzählt man den Kindern nicht vom Leben, das sich nur über den Tod definieren lässt und will ihnen stattdessen eintrichtern, dass es schlecht ist sich zu streiten, obwohl es doch weder gut noch schlecht ist, selbst wenn es einmal körperlich wehtut. Im Grunde und in Wirklichkeit handelt es sich um eine ungenügende Kommunikation, die sich wortlos zwischen zweien abspielt, die in Gefahr sind, auf fatale Weise ihre Identität zu verlieren, wenn sie sich in einem Alter gern haben würden, bevor sie sprechen können. Die Erwachsenen können ihnen *Sicherheit* hinsichtlich dieser *Identität* geben. Eine Sicherheit, die sie dann, im Zusammenhang mit jedem Austausch, mit allen Belohnungen und Prüfungen tief in sich tragen können.

Dieser Ansatz läßt sich ebenso auf die Auseinandersetzungen um die Vorlieben der Kleinen im Kindergarten anwenden: Vorlieben, wie sie von der Mutter geweckt und an ihr festgemacht werden, aber auch an jeder anderen Mutter, die das Kind dort trifft. »Wenn du eine andere Mama als deine eigene haben möchtest, übernimmst du eben deren Vorlieben. Entwickelst du keine eigenen, hast du nur die deiner Mutter und nicht die eines anderen.« Wenn ein Kind abhängig von seiner Mutter ist, kann man es sich ruhig mit den Vorstellungen einer anderen Frau identifizieren lassen.

Kinder müssen auch wissen, dass die Rechte derer, die sich mit ihnen beschäftigen und sie beaufsichtigen, begrenzt sind. Sie werden dafür bezahlt Verant-

204

wortung zu übernehmen,
aber niemals sie »zu lieben«.

Was ist Identität? Das Kind seiner Eltern zu sein und eine sexuierte Geschichte zu haben. Der Vorname, ob weiblich oder männlich, ist für diese Geschichte signifikativ. Wenn ein Kind darüber Bescheid weiß, kann es mit anderen zusammen sein. Es wird nach Mitteln und Wegen suchen zu kommunizieren, Fortschritte zu machen, mit dem anderen zu rivalisieren, und zwar ohne die Gefahr, sich von seiner eigenen Persönlichkeit zu entfremden.

Für die Kleinen, ob im Kindergarten oder in der Vorschule, bringen die richtigen Worte über den Sinn ihres Verhaltens, die es gleichsam dekodieren, die körperliche Gewalt zum Verschwinden.

Was die verbale Gewalt betrifft, sollte sie immer respektiert werden. Manchmal drückt sie sich in einer Sprache aus, die unserer nicht unbedingt entspricht. Was in Ordnung ist und entsprechend anerkannt werden muss. Niemals ist es schlecht etwas zu sagen, allerdings manchmal verboten, es in die Tat umzusetzen. Das muss man dem Kind gegenüber aber immer erklären.

Die literarischen Texte, die für Kinder gedacht sind, beinhalten oft einige nützliche Abschnitte über Aggressivität. Wozu soll Kinderliteratur gut sein? Die Kinder erfahren in ihr etwas über *wahre* Empfindungen. Im Fernsehen sah ich einmal Vorschulkinder mit einer Psychologin sprechen; eines von ihnen gestand: »Ich hoffe, dass meine Mutter mich jetzt nicht hört. Was würde sie bloß mit mir machen, wenn sie wüsste, dass ich eine Freundin habe.« Und mir sagte einmal ein Kind: »Ich, ich werde niemals jemanden lieben, das ist schrecklich. Ich wäre beinahe gestorben, so habe ich jemanden geliebt. –

Wann war das? – In der Vorschulklasse ...jetzt kann ich es sagen. Sie ist weggegangen. Ich dachte nur an sie und als ich morgens kam, konnte ich ihr nichts sagen. Ich habe meinem Freund von ihr erzählt ...Sollte man nie machen ...er hat sie mir weggenommen.«

Auf ähnlich tiefe Empfindungen stößt man bei folgendem kleinen Mädchen von sechs Jahren, das inmitten seiner Spielkameraden über seine Freunde und die Liebe spricht. »Es ist nicht dasselbe, ob man einen Freund hat oder ihn *liebt*. Wenn man einen Freund hat, hilft man ihm seinen Anorak aufzuhängen oder gibt ihm Bonbons. – Und wenn man ihn liebt? – Wenn man ihn liebt, ärgert man ihn absichtlich um zu sehen, ob er einen immer noch liebt. Je mehr man ihn ärgert umso mehr liebt er dich. Stimmt doch, oder etwa nicht? – Ja, genau so. – Aber wenn einem dann jemand zum Hals raushängt, geht man doch, protestiert ein Junge. – Dann sind schließlich noch andere da, es gibt nicht nur dich, antwortet das Mädchen.

In diesen Sätzen drückt sich etwas wahrhaft Menschliches aus, eine Menschlichkeit, die wahr spricht, weil der Psychologe genau zugehört hat, wobei die Kinder vor ihren Eltern übrigens nicht so gesprochen hätten.

> *Die Lehrer haben oft gar keine Ahnung von dem, was in ihrer Klasse vor sich geht und viel wichtiger ist als die betreffende Schulstunde selbst.*

Wenn man sich bei Kindern vor dem Alter von acht oder neun Jahren danach erkundigt, was sie unter Liebe und Begehren verstehen, erhält man überraschende Antworten. Kinder dieses Alters können wahre Dinge über die Liebe sagen oder sich über sie wahr verständigen. Schon vor seinem neunten Lebensjahr kann ein Kind mit einem Erwachsenen über Liebe sprechen, vorausgesetzt, der Erwachsene belehrt es nicht und hört dem Kind ehrlich und respektvoll zu. Oft besteht unser Fehler darin das Kind zu verletzen, wenn wir ihm zum Beispiel sagen: »Du weißt ja gar nicht, wovon du sprichst. Das ist aber nicht schön, was du da sagst.« Etwas zu sagen ist niemals »schön« oder »böse«, sondern höchsten richtig, wenn das Wort auf den Sachverhalt auch zutrifft. Sich »gut« oder »schlecht« benehmen, meinetwegen, aber nicht, was das Sprechen betrifft. Spricht man dagegen mit Kindern von zwölf, dreizehn Jahren über Liebe, geraten sie in Schwierigkeiten. In diesem Alter liest man lieber etwas für sich allein ohne darüber zu sprechen. In der Schule sollte man Kindern in diesem Alter besser keine Liebesgeschichten anbieten, besonders nicht in gemischten Klassen. Weil bei Jugendlichen in diesem Alter die Scham erwacht, wenn es um etwas anderes als platte Sexgeschichten geht.

In Klassen für verhaltensgestörte Kinder leben die Kinder hinsichtlich ihrer Triebimpulse auf einem regressiven Niveau. Schon lange fehlen diesen Kindern die mittelbaren Vorstellungen ihrer affektiven und ebenso erotischen Empfindungen. Ihnen fehlt im wörtlichen Sinn das Vokabular.

Also drücken sie sich durch nichts anderes als durch Gewalt aus oder sind von Angst beherrscht, einer Art von Phobie vor der Gewalt. Durch Liebe könnten sie sich ausdrücken, hätten sie die Texte, die ihnen erlauben würden ihre ästhetischen, kindlichen, freundschaftlichen Empfindungen und Liebesgefühle zu äußern. Solche Texte würden sie in die Sprache einführen, und zwar auf eine Art und Weise, die sie der Kultur hin öffnet. Die Worte im Rahmen von sogenannten Lerneinheiten, die man ihnen anbietet, interessieren sie nicht, weil sie nicht dem entsprechen, was in ihnen vorgeht, und nicht dem, wonach sie suchen um es auszudrücken. Je weniger aber Kinder über ein Vokabular verfügen um auszudrücken, was in ihnen vorgeht, je mehr ist ihr Körper die Beute von Gewalt und Sex.

Mit unserem Erziehungssystem bringen wir unseren Kindern bei, dass sie nichts und die Erwachsenen alles wissen.

Dabei verfügen sie doch über die Erfahrung von allem, was sie bereits gelebt haben, und wenn wir sie mit den notwendigen Worten ausstatten würden, indem wir ihnen literarische Texte anbieten, Lieder oder Poesie, könnten sie auch über diese Erfahrung sprechen und würden deshalb weniger leiden. Natürlich berücksichtigen Worte immer nur die Erfahrungen, die jemand gemacht hat, aber das gilt nicht mehr und nicht weniger auch für Erwachsene. Welches Blau sehen Sie, wenn Sie von Blau sprechen?

Nicht nur, dass wir und oft auch sogenannte »Fachleute« (Psychologen, Erzieherinnen, Ärzte) darauf beharren, unsere Kinder ständig von allem überzeugen zu müssen, wir verbringen auch unser Leben damit ihnen Angst zu machen.

Ein Kind zu erziehen heißt sich nicht für Verhaltensweisen zu schämen, die uns selbst beängstigen.

Was für Gewalt tun wir beispielsweise einem Kind an, das laufen will. »Erst wird dir heiß, aber dann frierst du« sagen manche Mütter. Die Angst vor einer Krankheit kann zum Zwang werden und ein Kind in seinen Aktivitäten völlig fesseln. Ist aber Sorgen zu haben nicht auch ein Teil mütterlicher Freude?

Die Entdeckung der Wirklichkeit bedarf
eines regen Austauschs

Parents et Maitres: Es fällt uns leicht zu sagen: »So ist nun mal das Leben« oder »So ist das nun einmal«. Wenn sich ein Kind zum Beispiel über eine Ungerechtigkeit oder Schikane beklagt und wir ihm dann, genervt von seiner Jammerei, oder überzeugt, dass es sich einfach nur wehren muss, sagen: »So ist das nun einmal«. Ich würde gerne wissen, was Sie über den Gebrauch dieses Spruches denken und ob Sie ihn für hilfreich halten, einem jungen Kind den Weg ins Leben zu ebnen.

Françoise Dolto: Sie wollen sagen, dass man sich leicht jemandes entledigt, der vor einem Problem steht, indem man ihm sagt: »So ist das Leben nun mal«. Es stimmt, dass Mütter ihren Kindern diesen Satz häufig sagen: »Stell dich nicht so an, so ist es halt. – Aber das finde ich gar nicht schön! – Mag sein ... Aber was willst du lieber: leben oder sterben? – Natürlich leben – Eben, jeder Mensch muss da durch ...« Um dem Kind aber zu helfen kann man sagen: »Das ist nicht so schlimm, als würde dir dieses oder jenes passieren ... Davon stirbt man nicht ... Jetzt hast du ein paar blaue Flecke gekriegt, aber die werden schon von selbst wieder heilen, und zwar ab dem Augenblick, wo du weißt, dass sie auch zum Leben gehören ...« Sagen wir, um einen medizinischen Fachausdruck zu gebrauchen, dass man damit das Kind gegen die Illusion zu impfen versucht, die Behütung seiner Kindheit würde ewig andauern.

Zu sagen »So ist das Leben« läuft darauf hinaus *unpersönlich* zu sein. Es zeigt, an welchem Punkt die Mütter schon angelangt sind, dass sie nicht mehr über sich selbst sprechen können. Darüber, wie sie ähnliche Enttäuschungen, die ihre Kinder in Verzweiflung stürzen, selbst überwunden haben.

> *Oder dieser Spruch: »Jedes Problem hat nur mit einem selbst zu tun.« Ich glaube nicht, dass ein solcher Gedanke einem menschlichen Wesen weiterhelfen kann.*

Helfen kann aber ein Verständnis dafür, was hinter dem Problem, hinter dem Zusammenstoßen von Imaginärem und Realem steht und auch, dass sich hinter diesem Imaginären immer eine ganze Struktur verbirgt: eine Struktur, die auf dem Vertrauen auf eine Person beruht, die das Imaginäre so werden ließ, wie es ist.

Nehmen wir ein Kind, das aus der Schule nach Hause kommt und berichtet, es sei geschlagen worden. Ein Klassenkamerad hat ihm einen »Pferdekuss« verpasst, einen Fußtritt, es an den Haaren gezogen oder seinen Ranzen auf den Boden geschmissen … Und seine Eltern sagen ihm: »So ist das halt … Damit musst du fertig werden. Du kannst dem nur aus dem Wege gehen, du kannst nur dies, du kannst nur das tun.« Und weiter sagen sie nichts. Das kann diesem Kind doch nicht genügen!

> *Wenn es sich beklagt und leidet, dann vielleicht deshalb, weil sein ganzes ethisches Universum zusammengebrochen ist. Vielleicht haben ihm seine Eltern beigebracht auf Gewalt nicht mit Gewalt zu reagieren.*

Und jetzt wird es von einem anderen verdroschen und seine Eltern sagen ihm: »So ist das halt! – Aber warum hat man mir denn nicht gesagt, dass es solche Idioten gibt, dass man sich so etwas nicht gefallen lassen darf, dass man sich verteidigen muss, sich wehren mit einem Tritt?«

Mit seinem Klagen zeigt das Kind auch, dass es die Gründe für die Aggression, die es erfuhr, nicht verstanden hat. Natürlich gibt es Idioten. Aber vielleicht ist der Kamerad durchaus gutwillig, nur ängstlich, einer, der noch niemanden kennt und sich besonders »hart« zeigen will. Wie anders wäre es gewesen, wenn das Kind auf gleiche Art und Weise hätte reagieren können und sagen: »He, wir beide sind neu hier. Was hast du eigentlich gegen mich?«

Anders ausgedrückt, sich derselben Sprache bedient hätte, nur nicht in negativer Weise. Dies ist eine Erziehungsmethode, die das Kind auf alle Arten ethischer Probleme, denen es begegnet, gut vorbereitet. Weil Kinder ja oft die Opfer von Kameraden sind, die ebenso wenig wie sie selbst Idioten sind, aber über eine andere Sprache verfügen. Und in besagtem Augenblick ohne Verteidigungsmöglichkeit sind, Gefangene ihrer eigenen Ethik.

Es wäre auch möglich, dass das verprügelte Kind den Angreifer an seinen kleinen Bruder erinnerte, den er nicht riechen kann. Oder eine unmögliche Stimme hat: Alles bei einem Menschen ist Sprache! Vielleicht hat es auch etwas mit der Kleidung zu tun: Er hat von seiner Mutter besondere Klamotten geschenkt bekommen, was Aggressionen bei denen auslöst, die kein so schönes Sweatshirt tragen können … Über alle diese Dinge könnte sich ein Kind, wenn es nach Hause kommt, mit seiner Mutter oder seinem Vater beraten. »Kennst du diesen Jungen eigentlich schon? Ist zwischen euch schon irgendwann etwas vorgekommen? – Nein. – Ist er mit allen so? – Nein, er ist immer nur hinter mir her. – Kannst du dir nicht vorstellen, an wen du ihn vielleicht erinnerst? … Hör, versuch mal zu begreifen, was da vorgefallen ist. Nur weil er unmöglich war, muss er sich ja nicht weiter so verhalten. Vielleicht ist es so eine Art von ihm, mit dir Kontakt aufzunehmen …«

Sich damit zu begnügen zu sagen »So ist das halt«, fügt dem Vorgefallenen überhaupt nichts zu, löst gar nichts. Wenn es darum geht, wie das Kind angezogen ist, zieht es sich eben nicht mehr so an, wie es seine Eltern am liebsten hätten; zu Hause kann es ja wie ein »Bourgeois« herumlaufen, aber in der Schule reicht auch der »Blaumann«. Das Leben mit anderen besteht immer aus Hilfe und Zusammenarbeit, auch im Negativen, was nicht immer ohne Spannungen abgeht … Es ist auch nicht schlimm Faktoren, die die gegenseitige Hilfe verhindern, einen weiteren hinzuzufügen.

Der Spruch »So ist das Leben nun mal« kann auch eine Tür öffnen um zu sagen: »Also wie ist es denn?« Und man spricht darüber. Er kann sogar Ausgangspunkt einer Existenzialphilosophie sein, die man Tag um Tag in seiner Familie oder mit seinen Freunden studiert.

> »Das Leben« ist ganz unpersönlich. Aber alle Menschen fragen sich, was das Leben eigentlich ist – im Verhältnis zu dem, was sich ständig ändert, in einem und um einen herum, in dieser subjektiven Begegnung mit einer Außenwelt.

Leider reagieren alle Menschen auf Vorgänge in ihrer Umgebung entlang von früheren Reaktionsweisen, die ihnen bekannt sind. Kinder entwickeln sich normalerweise in einem geschlossenen Milieu – dem ihrer Familie – , dem ein bestimmter Sprachgebrauch entspricht und eine bestimmte Art sich auszutauschen. Und das Kind glaubt, dass es außerhalb dieses Milieus ebenso zugeht. Aber das ist nicht der Fall, egal was in seiner eigenen Familie auch immer passiert. So dass die Kinder auf die Außenwelt so reagieren, wie sie in ihrem vorherigen Milieu gewohnt waren, eine Antwort zu bekommen oder wie man ihnen dort zuhörte.

Man muss sich aber Tag für Tag den Fakten stellen und sich mit ihnen auch als solchen auseinander setzen. Sicherlich lässt sich das Imaginäre nie ganz ausschalten. Nur kann man dafür sorgen, dass es sich an der Zukunft orientiert und nicht immer an der Vergangenheit. Was besondere Vorkommnisse betrifft, kann man sie wie Fakten behandeln. Zum Beispiel die Gesundheit. Man kann sich sagen: »Was ist die Realität dieses Faktums? Warum machst du aus einer Mücke einen Elefanten, indem du immer an die Vergangenheit denkst ... Schau lieber nach vorne ...« Man will sein Leid doch loswerden und nicht endlos die Gründe dafür studieren.

P.M.: Aber wie kann man dem Kind in der Realität helfen, mit seiner vom Imaginären erfüllten inneren Welt zurande zu kommen?

F.D.: Es geht nicht anders als ihm ein Beispiel zu geben, indem man selbst zurande kommt. Man sieht so viele Menschen, die sich in ihren Verletzungen einigeln: »Ja, so ist das Leben ... Es macht einen fertig ...« Jeder von uns *kann* seine Situation auch im Rahmen des Bestehenden verändern; Voraussetzung ist allerdings der Wunsch, auch wirklich etwas verändern zu wollen ... Nehmen wir das Beispiel eines Kindes, das aus der Schule kommt und seiner Mutter sagt: »Das ganze Jahr ist im Eimer: der Lehrer kann mich nicht ausstehen ... – Hör mal, kann die Mutter sagen, ich kann deinen Lehrer auch nicht ändern, ich kann mich bei ihm aber auch nicht darüber beklagen, was du mir sagst ... Wenn du willst, kann ich zu ihm hingehen um herauszubekommen, was er über dich denkt. Das könnte ich dir dann sagen ... Aber sag mir mal: Kann er gut erklären, verstehst du alles? – Ja. – Aber das ist doch schon was! Der Lehrer ist ja nicht da um deine Mutter oder deinen Vater zu ersetzen, auch nicht um ›nett‹ zu sein. Er wird dafür bezahlt euch zu unterrichten. Wenn er das kann, ist es schon eine Menge wert ...
Möglicherweise könnte es auch sein, dass du ihm nicht gefällst. Aber du musst ja auch nicht jedem gefallen ... Du gefällst deiner Mutter, deinem Vater, deinen Freunden, das reicht doch. Also beschäftige dich nicht so viel mit ihm, be-

schäftige dich mit deinen Aufgaben. Und dann wirst du das Jahr schon hinter dich bringen ...«

Wir sollten ein Kind so erziehen, dass es weiß, was es möchte, um daraus mit seinen eigenen Mitteln das Beste zu machen. Mit den Mitteln, die ihm gerade jetzt zur Verfügung stehen, in diesem Jahr. Es will die Schule wechseln? Vielleicht muss man ihm sagen, dass man keine andere Schule bezahlen kann als die staatliche Schule, die man mit seinen Steuern bereits bezahlt hat. Und wenn es in eine andere staatliche Schule will, »willst du das?«.

P.M.: Es geht also darum das Kind auf seinen Willen hinzuweisen ...

F.D.: Auf seinen Wunsch. Das Kind sagt sich: »Ich bin gegenüber jemandem machtlos, der mich nicht gern hat ... – Aber warum sollte er dich mögen? Dafür ist er doch nicht da. Und ebenso wenig bist du verpflichtet jemanden zu mögen.«

Im Grunde wollen Kinder, wie im angeführten Fall, von ihren Eltern verstanden werden, wenn sie einen Lehrer nicht ausstehen können.

»Ich weiß, dass es Augenblicke gibt, in denen du mich nicht ausstehen kannst ... Ich dich vielleicht ebenso wenig ... Als dein kleiner Bruder auf die Welt kam, hast du auch geglaubt, ich könnte dich nicht mehr leiden.«

Man spricht miteinander. Rückt die Dinge gerade. Man hebt hervor, dass Lehrer nicht dafür da sind geliebt zu werden. Ich habe viele Kinder gesehen, die sich in diesem Konflikt befanden und von der Schule zum Psychologen geschickt wurden um sie auf ihre Intelligenz zu testen; man unterstellte ihnen einfach dumm zu sein. »Meine Lehrerin kann mich nicht ausstehen und ich sie nicht.« Häufig handelt es sich um Kinder, die das »Pech« hatten, im Jahr zuvor oder in der Vorschule ihre Lehrerin sehr gern gemocht zu haben und jetzt einfach sitzen bleiben wollen um sie wiederzubekommen. »Er hat uns gesagt, dass wir wieder bei den Kleinen landen, wenn wir ihm nicht folgen: dass wir die Klasse wiederholen müssen. – Willst du wirklich wieder mit den jüngeren Kindern zusammen sein und ein Jahr dabei verlieren? Wenn es so ist, sag es deinem Vater ... Aber spätestens nach einem Jahr kannst du den Lehrer, den du jetzt hast, wiederbekommen. Weder ist er zu alt um demnächst pensioniert zu werden noch sehe ich einen anderen Grund, dass er demnächst die Schule verlässt. Und du bist doch in einem Alter, in dem man arbeitet um am Ende des Schuljahres eine Klasse höher zu kommen und mit seinen Freunden zusammen in der gleichen Klasse zu bleiben. Vergiss diesen Lehrer, der dir nicht passt und dem du vielleicht auch nicht passt. Sehen wir mal in der nächsten Woche weiter ...«

Eine Woche später kam sie wieder aus der Schule: »Wisst ihr, er ist jetzt weniger blöd ... – Ach ja? – Und dann habe ich auch gute Noten gehabt. Und alles andere ist mir egal. – Hattest du anfangs eine schlechte Note? – Ja schon, ich wollte eigentlich in die Klasse unter mir kommen.« Solche Kinder möchten in der Schule häufig Beziehungen zu solchen Lehrern aufbauen, die zu ihrer Familie passen. Oft hatten sie im Jahr zuvor eine Lehrerin, die diesem Wunsch sehr nahe kam und stießen dann unvorbereitet auf einen knochentrockenen Pauker.

Man muss das Kind von einer Ethik »freundlich versus unfreundlich« heilen, weil eine solche Schwarz-Weiß-Ethik in ihren Folgen steril ist. Das Vergnügen ein Fach zu lernen ist viel wichtiger als das Vergnügen des Lehrers oder das Vergnügen, das man mit ihm zusammen haben kann. Es geht dabei um die eigene Originalität und Kreativität.

Ohne in die Sprechstunde gekommen zu sein oder mit einem Psychoanalytiker gesprochen zu haben, hätten diese Kinder ihr Schuljahr verpatzt. Im Imaginären muss man mit ihnen alle möglichen Lösungen noch einmal durchgehen und sehen, ob es vielleicht noch eine andere gibt: das Problem besteht oft nur darin sich einzugestehen, dass auch Erwachsene nicht immer perfekt sind und oft persönliche Schwierigkeiten haben, die ihnen kaum die Möglichkeit lassen etwas anderes zu tun als die Arbeit und ihren Beruf, für die man sie bezahlt ...

P.M.: Oft empfinden wir gegenüber einem Kind Mitgefühl, weil es uns in irgendeiner Weise betört und dann einfach mächtiger ist als wir. Ist das falsch?

F.D.: Die Macht des Kindes ist dann enorm, wenn es sich nicht schuldig fühlt auch negativ reagieren zu dürfen. Also sollte man dem Kind zuerst diese Schuldgefühle nehmen. Es besitzt eine enorme Macht, wenn man sich mit ihm einig ist alle möglichen Lösungen seines Problems in der Vorstellung durchzugehen. Aber dafür muss man ihm zuerst gerecht werden und ihm zugestehen, dass seine Position durchaus zulässig ist, anstatt ihm beweisen zu wollen, dass es Unrecht hat und sich Illusionen macht.

P.M.: Was verstehen Sie eigentlich darunter, wenn Sie davon sprechen, etwas »im Imaginären durchzugehen«?

F.D.: Zum Beispiel, wenn ich sage: »Ja, du hast Recht, ich finde es auch nicht lustig, aber was tun? Was würdest du als Lösung vorschlagen? Willst du sitzen bleiben? Aber dann wirst du zurückfallen, du entwickelst dich sozusagen nach hinten ...Oder willst du auf eine andere Schule? Dann bist du deinen Lehrer los, aber siehst auch nicht mehr deine Freunde. Und dann spielt auch das Geld noch eine Rolle, wenn du auf eine Privatschule willst ...«

Es ist übrigens sehr wichtig, das Kind über das Familieneinkommen auf dem Laufenden zu halten. Sehr oft bemerkt es nicht, dass auch seine Eltern, ebenso wie es selbst, in Schwierigkeiten stecken. Das Mitgefühl der Eltern sollte »strukturierend« sein und nicht alles »zudeckend«.

Ich bin überzeugt, dass man aus allem eine positive Erfahrung ziehen kann. Es ist die Aufgabe derer, die dem Kind am nächsten sind, ihm zu helfen sich entlang seiner Probleme zu konstruieren, sich »zu impfen«. Aber sicherlich gibt es schwerwiegende Probleme, bei denen das Kind fühlt, dass es Hilfe braucht. Man muss mit ihm ausführlich über den symbolischen Schock, den es bekommen hat, sprechen um ihm zu zeigen, dass es die Macht hat ihn zu überwinden. Es geht nicht darum es zu trösten, sondern ihm beizustehen sein Problem zu überwinden, diese »Krankheit«, die es befallen hat, wenn ich es einmal so ausdrücken darf.

P.M.: Worauf beziehen sich Ihre Begriffe »strukturierendes Mitgefühl« und »zudeckendes Mitgefühl«?

F.D.: Ich sage »zudeckend«, könnte aber auch von »rückwärtsweisend« sprechen. Jene Frau zum Beispiel, die vorgibt jemanden zu schützen, indem sie etwas nicht anspricht: »Man sollte lieber nicht darüber sprechen.« Gegen Ende der großen Ferien stirbt die Mutter eines zehnjährigen Kindes in Paris bei einem Autounfall … Das Kind ist zu dieser Zeit bei seiner Großmutter mütterlicherseits. Diese ist vom Tod ihrer Tochter natürlich sehr betroffen. Trotzdem sagt sie ihrem Enkel nichts davon, unter dem Vorwand ihm nicht den Rest der Ferien verderben zu wollen. Er könne es bei seiner Rückkehr nach Paris von seinem Vater ja noch früh genug erfahren.
Dieser Vater ruft ganz verwirrt bei mir an. Er berichtet mir, dass seine Schwiegermutter zusammen mit ihrer anderen

Tochter zum Begräbnis nach Paris gekommen sei und ihren Enkel bei Freunden gelassen hätte. Mittlerweile fragt der Junge, wo seine Mutter ist, und wieder ist die Großmutter der Meinung ihm den Tod seiner Mutter nicht mitzuteilen, dieses Mal unter dem Vorwand den Schulbeginn nicht zu stören; sie sagt, seine Mutter sei noch in den Ferien …

In diesem Fall weiß ich nicht, wie sich die Dinge entwickelt haben. Aber ich weiß von ähnlich gelagerten Fällen, dass es nicht ausreicht, die Dinge bloß einmal beim Namen zu nennen, damit das Kind mehr und mehr die Realität des Todes begreift. Väter sind oft ganz erstaunt: »Aber ich hatte ihm gestern doch gesagt, dass seine Mutter gestorben ist, und heute fragt er mich: ›Wann kommt sie wieder?‹ – Aber ich bin mir sicher, dass es Ihnen auch schon so ergangen ist: Sie erwachen und sind völlig erstaunt, dass Ihre Frau nicht mehr da ist … Sie müssen mit ihrem Kind sprechen. Die Trauer um jemanden nimmt viel Zeit in Anspruch. Vielleicht hat Ihr Sohn Ihren Kummer gespürt, als er mit Ihnen sprechen wollte. Jetzt wagt er es nicht mehr … Er hat seine Mutter verlassen, als sie noch ganz gesund war. Man hat ihm von nichts erzählt. Er hat auch noch keine Beerdigungen gesehen. Wie sollte er denn Ihrer Meinung nach reagieren? Sprechen Sie mit ihm über das Phänomen, dass man nicht an den Tod von jemandem glauben kann, wenn man nicht dabei gewesen ist …«

P.M.: Sie sagen, man braucht lange um über den Tod eines Menschen hinwegzukommen. Um noch einmal auf alles zurückzukommen, worüber wir gesprochen haben: Könnte man sagen, dass ein Kind seinen Illusionen lange nachtrauern muss um seine Macht zu entdecken?

F.D.: Sicherlich. Und ebenso lange braucht das Kind, um sich an einen Neuankömmling zu Hause zu gewöhnen, sei es ein neuer Freund seiner Mutter, die allein lebt oder verwitwet ist, oder ein Neugeborenes. Es sieht das Neugeborene und will am nächsten Morgen, dass es wieder verschwindet. Die Eltern machen sich nie klar, wie lange das dauert.

> *Die Mutter brauchte neun Monate sich auf eine Ge-*
> *burt einzurichten oder Monate, um den Mann, den*
> *sie liebt, mit nach Hause zu nehmen. Und jetzt will*
> *sie, dass sich ihr Kind sofort einverstanden erklärt,*
> *von einem Tag auf den anderen, eine neue Bezie-*
> *hung zu jemandem aufzunehmen, die auf seine*
> *Struktur bedeutenden Einfluss haben wird.*

Das ist unmöglich. Die Entdeckung der Wirklichkeit ist nicht leicht und verlangt, dass man sich darüber mit den Menschen seiner Umgebung ausgiebig austauscht … »Du hättest es lieber anders? – Kann man wohl sagen. – Und wie? Wie es vorher war?« Sehen Sie? Das ist unser Kapital – sprechen zu können, sprechen über alle unsere imaginären Wünsche und dafür jemanden zu finden, der bereit ist anzuerkennen, dass die Wünsche angenehme Vorstellungen sind und die Realität anders beschaffen. Und wenn man jemanden trifft, der einem bei dieser Erkenntnis hilft, gelangt man auch selbst zu dieser Einsicht. Aber es braucht seine Zeit.

P.M.: Was uns zu dem führt, was sie ständig über die Rolle negativer Gedanken sagen und wie wichtig es ist einem Kind seine Schuldgefühle zu nehmen.

F.D.: Genau darum geht es. Die negativen Gedanken gehören dem Imaginären an und das Kind hat das Bedürfnis sie jemandem mitzuteilen, denn bei dieser Gelegenheit entwickelt sich ja der beständige Austausch mit anderen. Wenn es also seine negativen Intentionen nicht in Worten zusammen mit einem anderen verändern kann, verführen sie es zu aggressiven Akten, die anderen ebenso wie ihm selbst schaden. Sobald das Kind über die Selbstkontrolle seiner Handlungen verfügt, befindet es sich in einem Zustand sekundärer Schuld und die Schuldgefühle lassen sich nicht mehr abbauen.

Man kann jemandem Schuldgefühle, die er in seinen Vorstellungen empfindet, nehmen, aber niemand kann jemanden von der Schuld befreien eine Handlung begangen zu haben, die zu schädlichen Folgen führte: der Akt wurde begangen und derjenige, der es war, macht sich deshalb Selbstvorwürfe. Wenn ein Kind nicht dazu in der Lage war seine negativen Vorstellungen mitzuteilen, gerät es ab diesem Zeitpunkt in das Stadium neurotischer Schuldgefühle. Die Sprache gestattet einem menschlichen Wesen seine Wünsche mitzuteilen und sie nicht auszuagieren, wenn sich das Umsetzen in die Tat im Widerspruch zu seinen ethischen Vorstellungen befindet.

Um aus dem, was man sich wünscht, »das Beste zu machen« ist es notwendig auch sein Begehren nach etwas zur Sprache zu bringen, das nicht akzeptiert ist. Genau das leistet die Kultur. Sie erlaubt dieses imaginäre Begehren (in der Kunst, der Literatur, im Sport und in der Wissenschaft), befriedet es und fördert gleichzeitig die Erweiterung der vorhandenen Austauschmöglichkeiten in einer Gesellschaft.

Der Mensch ist in sich widersprüchlich und jedes Begehren will sich ausdrücken können. Es gibt die Realität, es gibt das Imaginäre und dazu das symbolische Leben, die Begegnung mit einem anderen, mit dem man sich versteht und mit dem man nicht ganz allein vor seinen inneren Widersprüchen steht.

Die Aggressivität beim
Kleinkind

Wir haben in Paris ein Freizeithaus für die Jüngsten, wohin sie in Anwesenheit ihres Vaters oder ihrer Mutter oder derjenigen, die sie tagsüber betreuen, kommen, und wir sind da um sie zu empfangen und bei uns aufzunehmen. Mehr und mehr konnte ich bei dieser Gelegenheit beobachten, was es mit der Aggressivität von noch sehr kleinen Kindern auf sich hat.

Wie wir feststellten, ist das Kind dann aggressiv, wenn es in keiner teilnehmenden Kommunikation mit seiner Umwelt steht und seine Gefühle dabei mimisch zum Ausdruck bringen kann. Es wird dann bis zu dem Tag immer aggressiver, an dem es über sein eigene Sprache verfügt. Und erst weil es anderen Kindern gegenüber gewalttätig wird und dank ihnen, vermag es sich in die Gebärdensprache mit den Personen, die um es herum sind, hineinzubegeben.

Aggressionen gegenüber anderen Kindern muss man als Suche nach Kontaktaufnahme mit ihnen verstehen und nicht als etwas »böses«, auch wenn das angegriffene Kind zum Weinen gebracht wird.

Folgendes ist dabei sehr interessant: Wenn die Mutter, deren Kind angegriffen wurde, sich nicht einmischt, wenn sich überhaupt keine der beiden Mütter einmischt, kann einer von uns Betreuern dem Kind sagen: »Es ist deshalb passiert, weil du ihm nicht sagen konntest, was du willst oder an ihm vorbeikommen wolltest und so getan hast, als würde er nicht existieren.« Denn genauso verhält es sich: Ein Kind von zwanzig

Monaten bewegt sich, als würde das Kind von zehn oder fünfzehn Monaten, das sich gerade in seinem Weg befindet, nicht existieren. Also schubst es dieses Kind, schlägt mit dem, was es gerade in der Hand hat, auf es drauf um sich Platz zu schaffen (was natürlich das andere Kind aufschreien läßt!) oder zieht das andere Kind an den Haaren um es auf den Boden zu zerren. Das Resultat ist immer dasselbe.

Das ist solange normal, wie das Kind von seinen Gebärden keine Kommunikation mit dem Erwachsenen oder dem anderen Kind aufnimmt. Ab dem Zeitpunkt, wo die Kinder wissen, dass eine Gebärde, ein Ausdruck etwas besagt, man sich damit ausdrücken kann und dafür nicht getadelt wird, verlieren sie in zwei oder drei Tagen das Schuldgefühl für ihre Aggressivität. Ihre Aggression wird zum Ausdruck ihrer Mimik, wenn ihr Blick nach einer Aufsichtsperson sucht um ihr zu bedeuten, dass derjenige, der ihnen im Wege ist, sie stört. Diese mimische Suche nach Kommunikation erlaubt der Erzieherin zu erklären, was vor sich geht und dass es keine Aggressivität mehr demgegenüber empfinden muss, von dem es sich beeinträchtigt fühlt. Die Aufsichtsperson kommt mit dem Kind, welches das andere störte, und beide verständigen sich untereinander.

Im entsprechenden Alter lässt sich beobachten, wie das aggressive Kind innerhalb von acht Tagen anfängt zu sprechen, etwas später das andere Kind. Oft mag der Kleine den, dessen Aggression er provozierte. Wir sind immer wieder sehr erstaunt ein Kind zu sehen, das erneut nach seinem Aggressor sucht, nachdem es regelrecht verprügelt wurde und getröstet werden musste. Was die Mutter natürlich erstaunt: »Was, du willst wieder zu ihm hin, na, du wirst schon sehen, dass er dich noch mal umschubst und schlägt!« Dann braucht die Mutter unsere Hilfe: »Er hat jetzt beobachten können, ›wie man angreift‹, was so viel bedeutet, dass man sich für ihn interessiert, wenn man ihn angreift.« Genauso, wie es umgekehrt der Fall ist:

Derjenige, der attackiert, interessiert sich für den anderen. Immer handelt es sich um ein Zeichen von Interesse, immer steht der Vorgang für etwas Symbolisches. Sobald man dies verstanden hat, weiß man, worum es sich bei der Aggressivität von sehr kleinen Kindern handelt.

Sicherlich, ich spreche jetzt von einer gesunden Aggressivität, aber es gibt natürlich auch Aggressionen, die erfahrungsgemäß »übertrieben« sind: Das Kind wurde für seine Aggressivität gerügt, so dass es für einige Zeit auf der Hut ist, solange es allein ist, d.h. solange es mit niemandem kommuniziert. Es isoliert sich mit einem Spielzeug. Man merkt, dass es Angst vor den anderen hat, weil es seine eigene Aggressivität fürchtet, die bei ihm von den anderen ausgelöst werden kann, eine aktive Aggressivität; die anderen schleichen notgedrungen um es herum und wollen es aus einem Wunsch nach passiver Aggression provozieren. Auch was die Aggression betrifft, gehören immer zwei dazu und es kann auch jemanden treffen, der »gar nichts gemacht hat« oder »nur lieb« war. Für das dem anderen motorisch vollkommen unterlegene Kind drückt sich auf diese Weise die Suche nach Kommunikation mit einem anderen aus. Es ist prinzipiell unmöglich, dass ein motorisch schwaches Kind den Kontakt mit einem motorisch starken Kind aufnimmt, ohne dass der Starke gegenüber dem Schwachen aggressiv wird. Das schwache Kind sucht dabei die Aggressivität des starken um sie an sich zu spüren. Es bedarf der Erfahrung des Starken und Mächtigen.

Wie viele Kinder sieht man, die sich – sehr viel später – täglich auf dem Schulhof schlagen und von denen man, zumindest bisher, annahm, sie seien neurotisiert. Aber das stimmt nicht. Es handelt sich dabei um neurotische *Reaktionen* und eine Psychotherapie müsste am Anfang gar nicht lange dauern (im Gegensatz dazu, wenn es zu spät ist!). Im

Grunde geht es nur darum zusammen mit den Beteiligten herauszufinden, was eigentlich passiert.

Diejenigen, die angegriffen wurden, halten sich für schuldig, attackiert worden zu sein, weil ihre Mütter mit ihnen schimpfen, anstatt dem Angreifer Komplimente zu machen.

Wenn ein Kind erzählt, wie es angegriffen wurde, sollte man dem Angreifer immer Komplimente machen. Man soll dem Kind sagen: »Er suchte den Kontakt mit dir und du bist nicht in der Lage gewesen darauf einzugehen. – Aber nein, er wollte mir doch wegnehmen, was ich gerade hatte. – Weil du ihn interessiert hast und dich nicht zu verteidigen wusstest; wie ist es dazu gekommen?« Es kommt vor, dass sich das angegriffene Kind deswegen nicht wohl in seiner Haut fühlt, weil es seine eigene Aggression innerlich verurteilt oder nicht weiß, was gerade in ihm vorgeht. Also schließt es sich im psychologischen Sinne »wie eine Muschel«, wodurch es den anderen nur noch mehr provoziert. Und es läuft immer darauf hinaus die Schläge dann auch einstecken zu müssen.

Die Psychotherapie baut eine Übertragung auf, indem sie erklärt, dass das nichtaggressive Kind den Angreifer interessiert und umgekehrt – zusammen sucht man dieses »womit«: ein wunderschöner Stift, etc. Manchmal liegt es auch daran, dass die Erzieherin mit bestimmten Kindern nicht schimpft (denn die Erzieherinnen mögen passive Kinder lieber). Weswegen das aggressive Kind auf solche Kinder eine Wut hat.

Anschließend sagt man dem Kind: »Immer wenn du das nächste Mal angegriffen wirst (diese Erklärung funktioniert bis zum Alter von dreizehn Jahren), passt du sehr gut auf, du denkst an mich (die Übertragungbeziehung) und passt auf Schläge auf, die «*besser wehtun*«. Man muß das Wort *besser* benutzen und nicht das Wort *mehr*, weil es sich um Kinder handelt, die künstlich zu Masochisten geworden sind. Das funktioniert ziemlich gut.

Das, was »*besser wehtut*«, sind Worte aus der Kindersprache, zu denen ich Ihnen in diesem Fall rate. In der Analyse, in der man eine neutrale Haltung einnimmt, also weder tadelt noch lobt, benutzen die Kinder solche Worte wie »das, was besser wehtut«. Das nächste Mal kehren sie zurück und reden davon »was besser wehtut«; damit haben sie eine Technik erworben sich zu verteidigen, obwohl sie dasselbe tun; andererseits zeigt man ihnen auch, wie sie reagieren können: »Er hat mir einen Faustschlag versetzt. – Wie? Zeig mir mal« (auf einem Kissen). Sie werden feststellen, dass das Kind dem Kissen einen vollkommen wirkungslosen Schlag versetzt; es verfügt über gar keine Technik mit der Faust zu schlagen, d.h. es befindet sich in der Phase oraler Aggressivität. Das Kissen repräsentiert einen Mund, in den es zurückkehren will oder aus dem es nicht herauskommt. Wohingegen der wirkungsvolle Faustschlag genau darin besteht kurz bevor man den anderen auch nur berührt hat zurückzuziehen und dann wieder zum Angriff überzugehen. Wenn Sie dem Kind beibringen so zu verfahren, wird es sofort verstanden haben. In der folgenden Woche wird es Ihnen sagen: »Die anderen schlagen mich nicht mehr«, und zwar deswegen, weil sie einen Verbündeten haben, sie sind jetzt »gleich« voreinander und mögen sich.

> *Kinder mögen niemanden, der ihnen ohnmächtig*
> *vorkommt, sie greifen ihn an, weil er ihnen zu*
> *schwach erscheint, wollen ihn durch ihre Aggression*
> *beleben.*

Zum Beispiel die Geschichte eines sechsjährigen Jungen. Er war mit seinen Briefmarken auf einer Briefmarkenbörse. Die Frau, die ihn begleitete, sah ihn von weitem Briefmarken mit einem Priester tauschen. Er kam zu ihr zurück und sie fragte ihn: »Hast du ihm Briefmarken verkauft? Hast du welche mit dem Priester getauscht? – Ja, antwortet das Kind. – Und weiter? – Wie du weißt, hauen uns die Priester noch mehr übers Ohr als die anderen, das ist mir aber egal, denn wenn man übers Ohr gehauen wird, lernt man auch die anderen übers Ohr zu hauen.«

Auf ihre anschließende Frage »Bist du dir da ganz sicher? antwortete das Kind mit folgendem, bemerkenswerten Satz: «Ja, ein anderer Freund hat mir gesagt: ›Mach dein Geschäft mit dem Typ, er weiß, wie man andere übers Ohr haut. Das wird er auch mit dir machen, aber du wirst dadurch lernen, wie es ist übers Ohr gehauen zu werden.‹«

Genauso läuft es, die Kinder lernen solche Dinge ohne ein Gespür für gut und böse; das ist ein Teil des gesellschaftlichen Lebens, ein zwischenmenschliches Training. Dasselbe gilt für die Aggressivität von Kindern untereinander.

Oft haben Kinder Schwierigkeiten sich verbal mitzuteilen, was beim gesunden Kind auf dem Höhepunkt der motorischen Aggression verschwindet. Diese motorische Aggressivität kann für Mütter unerträglich werden, aber immerhin wissen sie dann, dass ihr Kind in etwa acht Tagen sprechen wird …

> *Die motorische Aggressivität entsteht aus der Unfähigkeit des Kindes heraus, noch nicht sprechen zu können. Das Kind muss erst zu sprechen anfangen. Und wenn seine Worte verstanden werden, verschwindet die Aggressivität und macht immer mehr der gesprochenen Sprache Platz, die man dann nur noch korrigieren muss.*

Versteht man das eine oder andere Wort nicht, das es sagt, muss man es ihm sagen. Manchmal reagiert es darauf wütend oder schlägt sogar nach dem, der ihn nicht verstanden hat. Man muss ihm sagen: »Du hast Recht wütend zu sein, dass ich dich nicht verstehe, aber vielleicht bin ich es gar nicht, der dich nicht versteht, sondern die Worte, die du sagst, die nicht richtig sind; höre gut zu und zeige was du willst.« Und dann wird das Kind nach und nach dahin kommen sich richtig auszudrücken.

Das erste therapeutische Mittel gegen die Gewalt ist das Sprechen; die Verhandlung bei einem Streit, sprechen, wenn es darum geht ein starkes Gefühl auszudrücken oder einen Wunsch. Das Begehren kann sich nicht in einer Situation »Körper an Körper« ausdrücken, denn »Körper an Körper« vermischt es sich noch stärker mit dem Bedürfnis. Und deswegen wird das Begehren, das vom Bedürfnis nicht losgelöst ist, in starkem Maße schuldbesetzt, denn das Begehren eines Kindes von drei oder vier Jahren ist entweder zu »haben« oder zu »nehmen«. Es möchte den Worten, die es Ihnen sagt, einen Sinn verleihen und kann nicht. Es möchte sich etwas aneignen und stark darin sein und fühlt sich schwach: Angesichts dieses Scheiterns wird es gewalttätig. Das ganze Leben hindurch geht es immer darum.

Es wäre besser, die Gewalt würde sich physisch ausdrükken als somatisch, also innerhalb des Körpers. Und wenn nicht dort, äußert sie sich geistig durch eine Art von Nebel, der sich über die Intelligenz des Kindes legt. Und genau dann haben wir es mit einem Effekt dieser Nicht-Aggressivität zu tun, bei der das Kind zurückbleibt. Beim Zurückbleiben des Kindes handelt es sich um eine Aggressivität, die sich weder motorisch noch verbal ausdrücken konnte, aber »unglücklicherweise« ist das Kind psychosomatisch völlig gesund. Es ist gezwungen sich des »Verstehens« zu berauben, dank dessen es sich auditiv vor den Wahrnehmungen schützt, die es aggressiv werden lassen – was sofort zu Unannehmlichkeiten führt; oder es schützt sich visuell gegen solche Wahrnehmungen, die es aggressiv machen, von daher die Ticks, das Augenzwinkern oder auch die ständig zu Boden gerichteten Augen. Es zieht sich ganz einfach in sich selbst zurück.

Sieht man ein unsicheres und aggressives Kind zu uns kommen, geht es überhaupt nicht darum sich gleich mit ihm zu beschäftigen; stattdessen sehen wir uns seine Mutter an, seinen Vater, seine Großmutter, kurz gesagt, die Person, die auf es aufpasst.

> *Chronisch aggressive Kinder haben durch Verdrängungsmechanismen gehemmte Eltern. Viele dieser Eltern wirken gehemmt und depressiv und viele dieser Kinder brauchen ihre Aggressivität um die Sprache zu sprechen, die vom Erwachsenen verdrängt wird.*

Das Kind ist Ausdruck dieses »*Verdrängten*« und es tanzt auf ihren Nerven herum, auf einer bereits vorhandenen psychosomatischen Erkrankung oder einer mentalen Zwangskrankheit des Erwachsenen, der sich mit ihm beschäftigt. Wenn man nicht genau hinsieht, erscheint diese Person als durchaus normal, solange man nicht bei ihr zu Hause ist, aber in Anwesenheit des Kindes ist sie unaufhörlich dabei es an dem zu hindern, was es gerade macht oder auch so müde, dass sie kaum sprechen kann. Und ein Kind, das mit so jemandem zusammenlebt, *muss* aggressiv werden. Spricht es, provoziert es bei der betreffenden Person so viele Gefühle, dass es besser schweigt. Seine körperlichen Triebimpulse beherrschen es und das Kind wird dann zwangsläufig sehr unruhig.

Jede Gewalt will zum Ausdruck kommen, denn jede Gewalt ist symbolisch. Bevor das Kind sich fortbewegen kann, schreit es, und wenn es dann auf allen vieren krabbelt, wirft es mit Gegenständen um sich. Ein Kind muss die Gegenstände durcheinander bringen, weil es Leben, nur Leben ist, was mit zwanghaftem Verhalten nicht das geringste zu tun hat. Sein Verhalten soll den Erwachsenen zum Eingreifen bewegen. Wenn ein Kind nun aggressiv ist um jemanden zum Eingreifen zu zwingen und dieser Erwachsene gehemmt oder psychisch gefährdet, das Kind aber beaufsichtigen muss oder es sich um ein Kind handelt, das nach Kommunikation sucht und sie nicht bekommt, weil dieser Erwachsene – ohne gleich neurotisch zu sein – sich nur für seine Angelegenheiten interessiert und nicht für die des Kindes: dann fehlt es einem solchen Kind an Kommunikation.

Diese Kommunikation ist unersetzlich und das Kind sucht sie überall, sobald es anfängt, auf allen vieren zu krabbeln. Besonders, wenn es sie im Alter, als es sich noch nicht bewegen konnte, nicht bekam. Bisher konnte es nur brüllen; wurde diese Ausdrucksweise gehemmt, weil man nicht auf es einging, wird es mehr als nur »stilles Wasser«. Vielleicht ist es zu Beginn seiner Bewegungsfähigkeit sehr steif, aber bloß deshalb, weil es von seiner Angst vor dem ihm unbekannten Raum zurückgehalten wird, weil seine Mutter es nicht ausreichend herumgetragen hat und dabei mit ihm über alles sprach, was in diesem Raum vor sich geht. Der Raum ist für das Kind zu etwas Gefährlichem geworden und so kann es nur unbeweglich bleiben – und das nenne ich *symbolisch*. Bei diesem affektiven Zurückbleiben, dieser affektiven Hemmung, die man für ein Zurückgebliebensein des Kindes hält, handelt es sich bereits um »die Sprache« einer gehemmten Gewalt. Es gibt ein Sprichwort »Stille Wasser gründen tief«.

Man muss wissen, dass ein unbewegliches Kind ein potentiell sehr gewalttätiges Kind ist. Ein Kind, das nicht mit den Gegenständen um sich herum kommuniziert, das nichts in alle Dimensionen des Raumes baut um es anschließend wieder kaputtzumachen, ist gefährdet. Und zwar bis zu dem Zeitpunkt, an dem es zu anderen in Kommunikation treten kann.

Ein Kind, das zwischen zwanzig und dreißig Monaten seine Umgebung nicht »in Angst und Schrecken versetzt«, ist, was seine Zukunft betrifft, gefährdet. Es bedeutet, dass es nicht sublimieren kann: Das Anale zu übertragen heißt Stoßen und Zurückstoßen. Man muß nehmen und zurückwerfen.

Um einem sehr aggressiven Kind zu helfen muss es in einen anderen Code zurückkehren, in den spielerischen Code des Werfens und Zurückholens; man spielt zusammen und führt folgende symbolische Triebnotwendigkeit in das Spiel ein:

- Man wirft einen Ring auf einen Holzpflock;
- man wirft einen Ball in eine bestimmte Richtung;
- man setzt ein Puzzle zusammen, das man dann sofort wieder auseinander nimmt;
- man spielt Spiele aggressiven Hin- und Herbewegens und auch Spiele, bei denen etwas zerstückelt wird. Je mehr das Kind äußerlich zerreißen kann, desto weniger ist es innerlich zerrissen. Das alles gehört zur normalen Entwicklung eines Kindes.

Ein Kind, das keine Gegenstände besitzt und nicht einmal Papier, das es zerreißen kann, wird anderen gegenüber schrecklich aggressiv, obwohl es eigentlich gesund ist. Solche Kinder wachsen in einer Umgebung heran, in der sie über nichts verfügen, mit dem sie etwas »machen« können, sich ausdrücken. Und genau das ist vor dem Eintritt in das Sprechalter notwendig.

Etwas später ist jene Aggressivität am schlimmsten, die sich nicht sichtbar äußert. Ich denke an Kinder, die durch eine Phobie künstlich gehemmt sind und deshalb, wenn sie mit jemandem zusammen sind, nach und nach das Terrain abtasten und zu sehen versuchen, bis zu welchem Punkt sie aggressiv sein können. Man sollte sie darin durchaus unterstützen. Im Grunde wollen sie in eine Art von Aggressivität eingeweiht werden, die »gut spielen« heißt. Bei diesem Spiel geht es darum seine Aggressionen herauszulassen, ohne sich dabei wehzutun, und wenn, dann spricht man darüber:

»Nicht so schnell, du bist mit deinen Kräften zu weit gegangen.«

Die Rolle des Erwachsenen besteht genau darin dem Kind beizubringen sich der Kraft des anderen, seines Gegenübers, anzupassen. Wenn ein Kind ein »zu heftiger« Angreifer war, handelt es sich um eine schlecht gelungene Anpassungsleistung, die aber weder *gut* noch *böse* ist. Sobald man das verstanden hat, erreichen die Kinder auch die Ebene, auf der sie sich verbal auszudrücken vermögen, künstlerisch, mit feinen Bewegungen oder mit Zeichnungen. Jetzt können sie auf eine Art kommunizieren, die jedem verständlich ist. Ein Kommunikationsstil, der unverständlich ist, der sich ständig verändert und der bewirkt, dass der Erwachsene das Kind bei jeder Gelegenheit in einer Art und Weise aggressiv behandelt, auf die es gar nicht gefasst ist, kann das Kind in eine passive Stimmungslage versetzen um ein anderes Mal umso stärker aggressiv zu werden. Er macht das Kind aggressiv, wobei es besser wäre, das Kind äußert diese Aggression, die in ihm steckt, als sich ihr zu verschließen. Sonst schlägt es den somatischen Weg ein, Angina, Durchfall, Verstopfung, Hautausschlag, Ohrenentzündung, alles Dinge, die das Resultat einer nicht akzeptierten Agression beim Kind zum Ausdruck bringen.

Orale und anale Triebe stehen dabei ganz im Vordergrund. Bei den oralen Triebe handelt es sich um aggressive Triebe, verschwistert mit den »Partnern des Gehirns«, d.h. den Augen, den Ohren, dem Klang der Stimme, den Armen und Händen; die analen Triebe drücken sich durch Peristaltismus aus, durch Aggressivität des Zurückhaltens von Worten, wenn das Kind bereits sprechen kann, durch die Aggressivität nicht zu laufen oder durch Schimpfworte, die sich der Ausdrücke des Zurückstoßens bedienen.

Die schlimmste Spielart der Aggression ist die perverse Aggression, also jemand, der »freundlich tut«, aber in Wirklichkeit hochaggressiv ist. Zum Beispiel das Kind, das im Alter von neun Monaten an seiner Mutter klebt. Das depressiv anklammernde Kind ist ein sehr, sehr aggressives Kind. Seine Aggressivität wird in dieser Form zwar nicht sichtbar, aber trotzdem erfährt es eine Art von Zurückweisung: »Ich kann nichts machen, es hindert mich an der kleinsten Bewegung«, sagt die Mutter. Dieses Kind verfügt in der Tat über keine Mittel sich auszudrücken, es wurde durch die Entwöhnung verstümmelt und braucht eine Psychoanalyse.

Die Aggressivität, die den anderen daran hindert sich zu bewegen (eine Kunst des Babys, das genauso intelligent ist wie wir), resultiert aus der Unwissenheit des Erwachsenen die Situationen, in denen ein Kind unausweigerlich scheitert, mit Worten zu vermitteln. Nicht im Besitz seiner Bewegungs-fähigkeit klammert sich das Kleinkind ständig an seine Mut-ter. Es verhält sich so, als wäre es ein Fötus geblieben, wenn auch jetzt in ihren Armen, was natürlich nicht funktioniert, wenn es größer wird.

> *Die Mutter soll die Distanz, die sie zu dem Kind schaffen muss, mit Worten vermitteln, so lange, bis die Worte das Kind bewohnen und ihm die Tren-nung »vom Arm« erträglich machen.*

Wenn die Mutter arbeitet und das Kind jemandem überlässt, muss man vorher mit ihr gesprochen haben. Sonst stürzt sie sich beim Abholen auf das Kind um es zu umarmen; dieses ist vollkommen erschrocken und reißt die Augen auf. Es weiß nicht, was los ist, zumindest die ersten Male. Acht Stunden war es jetzt von ihr getrennt, es erkennt weder ihren Geruch, ihre Stimme, besonders wenn sie mit ihm nicht so oft gespro-chen hat, und zusätzlich muss sie jetzt sofort an ihm herum-machen (es anziehen, usw.). Es wird mit Küssen verschlun-gen, manipuliert und mit aller Geschwindigkeit nach Hause zurückgebracht.

So bringt man einem Kind bei, dass lieben und angreifen dasselbe ist. Es ist auch nicht erstaunlich, dass das Kind später, wenn es im Laufalter ist, aggressiv wird, denn für das Kind bedeutet zu lieben jemanden zu verschlingen, daran zu hindern sich zu bewegen, ihn zu manipulieren.

Ein Kind zu lieben bedeutet also ihm von seinem Begehren zu erzählen, von dem Begehren, das es selbst betrifft, und dem Begehren gegenüber diesem Erwachsenen, was aber nicht heißt ständig »Körper an Körper« miteinander zu spielen. Sonst wird sich die Aggression des Kindes, solange es noch nicht über die Sprache verfügt, steigern und über einen längeren Zeitraum anhalten.

Was die Aggressivität der Sprache betrifft, sollte man sich nicht gegen sie verwahren, auch nicht unter dem Vorwand dem Kind »gute Manieren« beizubringen. Man weiß nicht, was man damit anrichtet, und macht das Kind dennoch psychosomatisch krank. Stattdessen braucht man nur zu sagen: »Du weißt, ich verfüge über meine ›Filter‹. Vielleicht machst du mir ja Komplimente, aber es geschieht auf eine ziemlich seltsame Art und Weise.«

Das Kind wird nachdenken und weil es die Großen nachahmt – es fühlt sich nicht in der Lage seine Gefühle auszudrücken –, wird es sich so wie die Erwachsenen ausdrücken, wobei seine Aggressivität ein Zeichen des Begehrens und des Interesses darstellt. Diese Phase dauert etwa bis zum Alter von sieben oder acht Jahren, danach verfügen die meisten Kinder über Worte und einen bestimmten Stil um sich austauschen zu können. Zum Beispiel fühlen sie sich hintergangen, wenn sie nicht denselben Spaß haben wie der, mit dem sie sich gerade prügeln. Zu kämpfen und zu streiten ist notwendig und wenn es den Kindern an anderen Kindern fehlt, dienen ihnen die Erwachsenen als Kinder; sie schleudern ihnen Schimpfworte entgegen, weil sie keine Zeit haben ihren Freunden Gemeinheiten um die Ohren zu hauen. Das macht nichts, weil es sich legen wird, es sei denn, die Erwachsenen gehen untereinander genauso mit sich um. Kinder schnappen in der Schule begeistert Schimpfworte auf. Manche Eltern empfinden sie als ehrenrührig oder anrüchig, aber Kindern dienen sie dazu aus ihren Eltern Kumpel zu machen.

Und es kann ja auch spannend sein: »Kennst du noch andere Schimpfworte? Ich hab nicht so viele drauf.« Der Vater kann dem Kind eine Menge beibringen, zum Beispiel aus Comics, und es auf einen bestimmten Kommunikationsstil aufmerksam machen, der ja ebenfalls Teil der Kultur ist. Oft handelt es sich um Kinder, die sich mit Erwachsenen langweilen und sie auf diese Art »testen« wollen. Aber es ist idiotisch zu versuchen ihnen die Worte wieder in den Rachen zurückstopfen zu wollen, denn man will erziehen, bilden, was bedeutet sie erst einmal dort herauskommen zu lassen.

Die Krisen der Kindheit

Wir verändern uns von Stunde zu Stunde. Und Kinder vermitteln in unserer Gesellschaft ganz den Eindruck Krisen durchzumachen, die man alle unter zwei Gesichtspunkten betrachten kann. Zum einen handelt es sich um körperliche Veränderungen, die dem Wachstum entsprechen, zum anderen um psychologische Probleme, die ihre charakterlichen Veränderungen begleiten. Beides ist untrennbar miteinander verbunden und entspricht unserer doppelten Natur. Problematische Zeitabschnitte dieser Art finden sukzessive mit ungefähr sechs Monaten statt, wenn das Kind anfängt zu zahnen; zwischen sechs und zehn Monaten in der Zeit der Entwöhnung; zwischen fünfzehn und achtzehn Monaten, wenn das Kind anfängt zu laufen; zwischen drei und vier Jahren, in dem Alter, wenn das Kind soziale Kontakte zu seinen ersten Spielkameraden aufnimmt; zwischen sieben und acht Jahren, im sogenannten »Vernunftalter«, das mit den persönlichen moralischen Urteilen korrespondiert, die die Intentionen der Handlungen unabhängig von ihren Wirkungen begleiten und in dem das Kind hinlänglich genug zwischen Traum und Wirklichkeit unterscheiden kann (wobei zu fragen ist, ob diese Unterscheidung jemals vollständig gelingt). Schließlich folgt noch das Alter zwischen zwölf und dreizehn Jahren, in dem sich die Pubertät ankündigt. Ich bin zu der Überzeugung gekommen, dass sich in solchen aufeinander folgenden Entwicklungsstadien sogenannte Krisen weniger aus strikter Notwendigkeit ergeben, die der menschlichen Natur eigen ist, sondern darauf zurückzuführen sind, wie die Erwachsenen auf sie reagieren und erzieherisch damit umgehen.

Jedes Mal wenn ich solche Krisen behandelt habe, handelte

es sich um Kinder, die nicht wussten, wie sie ihre Empfindungen mit dem moralischen oder gar pseudomoralischen Gefühl eines noch kindlicheren Alters in Einklang bringen sollten, das zu verlassen sie sich schuldig fühlten.

Sie gingen einfach davon aus, dass sie ihren Eltern etwas antun würden, wenn sie größer werden.

Wir können kaum ertragen, wenn unsere Kinder leiden, oder mit ansehen, dass sie etwas riskieren, was sich nachteilig auf sie auswirken könnte. Wir möchten, dass sie wie jemand handeln, der entsprechende Erfahrungen schon hinter sich hat, aber wenn man sie nicht selbst gemacht hat, bleibt man nur ein charakterloser Hampelmann. Wir möchten immer, dass unsere Kinder mit dem Leben zufrieden sind, das wir ihnen bieten bzw. mit der Lebensweise in unserem Zuhause, welches ja auch das seinige ist. Wenn es mit irgendeinem seiner ihm zur Verfügung stehenden Mittel ein Leiden ausdrückt, durch Tränen, Schreie, Gesten, und wir uns nicht zu helfen wissen, kommen wir schnell zu dem Schluss, dass es nur aus purer Bosheit so handelt. Dabei fordern wir dieses Verhalten, das wir uns nicht erklären können, doch nur bei denen heraus, die ihre Gefühle verstecken sollen: Das Kind hat keinen Hunger, soll aber so tun, als hätte es welchen. Es ist nicht müde, soll aber so tun. Unter dem Vorwand der Sauberkeit soll es seine Blase und seinen Darm zu festen Zeiten entleeren, noch bevor es hierfür ein Nervensystem erworben hat. Wir zwingen ihm »gute« Manieren auf und schränken damit seine Freiheit zu leben gewalttätig ein, pochen auf Regeln, die jeglichen moralischen Gehalts entbehren, vom Kind aber sehr wichtig genommen werden, weil es Ärger bekommt, wenn es sie nicht einhält. Ein Kind in diesem Alter soll mal so oder so handeln, sagen, denken, fühlen. Bestimmte Dinge »gehen es nichts an«, andere wiederum sollen es interessieren. Zu lügen wird als schlimmes Delikt hingestellt, aber wir belügen es oder zwingen es dazu uns zu belügen, um uns durch seine Schweigsamkeit einen Gefallen zu tun, durch seine Diskretion, seine Freundlichkeit. Und alles in einem Alter, in dem es die Entwicklungsstufe des sozialen Alters noch nicht erreicht hat. Materieller Diebstahl gilt als höchstverwerflich, wir aber bringen ihm bei, wie gut es ist unsere Art zu sprechen, zu denken und zu handeln anzunehmen, statt sich auf eigene Weise eine eigene Persönlichkeit zu schaffen. Es soll ruhig das Resultat unserer Erfahrungen übernehmen, aber das Geld, Resultat unserer Arbeit, soll es respektieren. Es soll uns an allen seinen Sorgen teilhaben lassen, wir aber sagen ihm, dass unsere Sorgen es nichts angehen, obwohl es sie, zumindest in den meisten Fällen, sehr gut versteht. Also wird auch hier das Kind bestohlen statt sich mit ihm austauschen (Austausch=Leben). Wir vernachlässigen sein Herz, seine Bedürfnisse, seine Gedanken und stellen ihm nur unsere materielle Präsenz zur Verfügung. Manchmal können die Eltern den Gedanken, dass ihr Kind nicht mehr klein ist, nicht ertragen, die Tatsache, dass es langsam selbst Verantwortung übernehmen will, nicht glücklich bei ihnen ist, obwohl es doch »alles hat«. Manchmal schämt sich das Kind sogar kein Interesse, keinen Geschmack, keinen Spaß an Freundschaften, Spielen oder Büchern zu finden, die es eigentlich gern haben müsste. Es fängt beispielsweise an über Leute zu urteilen und möchte sich ihnen widersetzen. Es fängt an sich schwerwiegende Fragen über das Leben und die Gesellschaft zu stellen und muss dabei nicht immer einer Meinung mit seiner Umgebung sein. Oder es möchte noch Zärtlichkeiten austauschen, die man in seinem Alter für deplaziert hält, Mutproben unternehmen oder sich unter freiem Himmel austoben, was man nach seiner bisherigen Erziehung von ihm nicht erwartet hätte.

Kurz gesagt, wir Erwachsene pressen die Kinder künstlich wie moralische Gipsfiguren in aufeinander folgende Formen. Wenn es aber keine Krisen aufgrund unserer Erziehungsgrundsätze gäbe, würde sich das Kind perfekt verhalten und immer glücklich sein? Nein, denn das Kind kommt weder gut oder schlecht auf die Welt. Es wird mit Bedürfnissen geboren um auf verschiedenen Ebenen zu leben: dazu zählen die Instinkte, seine Affektivität, der psychische Apparat und die Sehnsucht seines ganzen Wesens hin zum Absoluten. Das Leben stellt das Kind schon sehr früh vor Probleme. Diese Probleme fügen ihm Leiden zu, durch die es hindurch muss, über die es triumphieren kann, nachdem es sie als unvermeidlich akzeptiert hat. Die Schwierigkeiten bei seiner Geburt, das Problem Hunger oder Durst zu haben, etwas schlecht zu verdauen, keinen Appetit auf etwas zu haben, zu zahnen, unter etwas zu leiden und deswegen aggressiv zu sein. Die Konfrontation mit den Naturgesetzen, mit Kälte, Hitze, Schwere, der Härte von Gegenständen; und natürlich mit den vielen Gefahren, die das Kind bedrohen.

Auf der moralischen Ebene stellt sich dem Kind das Problem der Trennung von allem, was uns angenehm ist, was wir lieben, das Problem der Zeit, die voranschreitet und des Raumes, der uns von dem trennt, was wir erreichen wollen. Das Problem der Erschöpfung. Das Problem des Todes von geliebten Wesen, das Problem der ewigen Flucht der Dinge, Probleme der anderen und mit uns selbst. Das Problem sich schwach zu fühlen, auf andere neidisch zu sein, das Problem diejenigen zu lieben, die uns schon bald enttäuschen, weil das Kind im Absoluten lebt und es sich das Relative erst beibringen muss.

Das Kind entdeckt das schwerwiegende Problem, dass das Gute sich nicht immer auszahlt, das Böse nicht immer bestraft wird, die Erwachsenen sich anders verhalten als sie vorgeben und die Welt nur über die Handlungen urteilt und die Intentionen missachtet. Das Problem stellt sich, dass man diejenigen, die man liebt, zum Leiden bringen kann, wenn man ihren Intentionen nicht folgt. Das Problem sich als absurd zu erfahren und mit Vernunft Handlungen und Gefühle rechtfertigen zu wollen, die viel stärker sind als der Verstand. Probleme über Probleme …

> *Die Kindheit ist jener Zeitabschnitt, auf den es am meisten ankommt. Enttäuschung über das Leben, Enttäuschung über sich selbst, Enttäuschung über die Erwachsenen. Dieser Verzicht stößt niemals auf etwas Sicheres, Gleichbleibendes, Perfektes. Wir selbst, Eltern, Lehrer, Freunde, alle Erwachsenen, egal, welche Funktion sie auch immer ausfüllen, werden immer wie sie, die Kinder, in Versuchung geführt, sind sündig wie sie.*

Nur Probleme! Und wir, die ängstlichen Erwachsenen schließen davor unsere Augen, damit sie die Arbeit in der Schule nicht stören, die Höflichkeit, die Offenheit, den Mut, die Lebenslust, die psychische und physische Gesundheit. Aber nur, wenn alle diese Probleme, die im Rahmen der Familie erlebt werden, erfolgreich gelöst wurden, stellt das Erreichen der sexuellen Reife eine Bereicherung, ein Aufblühen des Kindes dar. Wurden die Probleme jedoch nicht angenommen, sondern zurückgewiesen oder ging man ihnen aus dem Wege, stürzt dieser neue dynamische Schub das Kind in noch größere Verwirrung statt ihm Vertrauen in sich selbst zu schenken. Und alle Probleme stellen sich erneut, identisch, bloß außerhalb der Familie. Wenn wir, statt dem Kind seine Fehler vorzuhalten, sein Leiden respektieren, es auch in seinen Niederlagen lieben, ihm, wenn es uns darum bittet, helfen, nur in sich selbst, im Rahmen seiner eigenen Natur, das Vertrauen zu finden um ein Hindernis aus dem Weg zu räumen, das es stört, sehen wir unsere Kleinen von Tag zu Tag mehr aufblühen; die Kämpfe, die sie mit sich selbst austragen, werden von Tag zu Tag fruchtbarer. Von jungen Jahren an werden sie über das Leiden hinaus die Liebe des Lebens erfahren, die Liebe zu sich selbst trotz ihrer Misserfolge und die Liebe der anderen trotz der Enttäuschungen, die sie ihnen bereiten.

Die Rolle der Erziehung bei der Entstehung der sexuellen Identität des Kindes

Françoise Dolto: Viele sprechen vom dominanten soziokulturellen Einfluss, der dazu führt, dass Kinder sich als geschlechtliche Wesen begreifen, von der Nachahmung des Vaters, was die Jungen betrifft, und der Mutter, was die Mädchen betrifft. Aber ist Ihnen bekannt, dass der Junge oder das Mädchen seine Sprache nicht auf dieselbe Art und Weise erwirbt? Seit dem intrauterinen Leben ist das Begehren des Kindes gänzlich männlich oder weiblich. Womit ich nicht sagen will, dass man Jungen nur solche Spiele geben darf, von den man sagt, es seien »Jungenspiele«, oder Mädchen Spielsachen kauft, die »nur« für Mädchen sind. Aber unter allen Spielen, die es gibt, wird sich ein kleiner Junge – wenn er sich als solcher fühlt, denn er weiß es noch nicht – für Bewegungsspiele entscheiden und ein kleines Mädchen eher für ruhigere Spiele.

Der kleine Junge wirft viel mehr herum als das Mädchen, denn es gehört zu seinem männlichen Wesen expulsiv und »nach außen« zu sein, wenn er von seinen Wünschen animiert wird; und zum Wesen des kleinen Mädchens gehört es rezeptiv und attraktiv zu sein, also etwas an sich zu nehmen.

Natürlich brauchen Jungen ebenso wie Mädchen zum Spielen Repräsentanzen des tierischen und menschlichen Körpers, also Stofftiere oder Puppen, aber sie spielen damit nicht auf gleiche Weise.

Anne Guérin-Henni: Ist es nützlich Jungen eine Puppe zu geben?

F.D.: Jungen spielen gerne mit Autos, was Mädchen eher langweilig finden. Umgekehrt langweilen sich Jungen sehr schnell mit einer Puppe. Die Puppe ist für die Mädchen ein Penisersatz, es handelt sich um ein kleines Partialobjekt, das man vergisst und sich, wenn man den Wunsch dazu verspürt, wieder nimmt. Insofern sind die Puppen für die Mädchen Ersatz eines sichtbaren Geschlechtsteils, wohingegen die Jungen ein Geschlecht haben, das ihnen, wenn man so will, sichtbar zur Verfügung steht, das erscheint und dann wieder verschwindet, denn es ist für den Jungen in dem Moment kein Geschlecht mehr, sobald er keine Erektion mehr hat, d.h. kein Begehren. Ein Begehren, das ihn veranlasst mit einem Gegenstand zu spielen, den er schnell *auf etwas zu* bewegt, weil ihn sein Begehren auf ein Objekt hin orientiert. Dasselbe beim Mädchen, nur dass sie bevorzugt, wenn das Objekt zu ihr kommt. Für die Mädchen ist das Objekt der Vater und für die Jungen die Mutter. Das Begehren ist zur gleichen Zeit vorhanden wie die ersten Zellen des Fötus und die präsymbolischen Beziehungen zur Mutter und zum Vater, die schon während des intrauterinen Lebens existieren. Ein Junge ist ein »Gehen und Werden«, hinsichtlich der Fruchtbarkeit gegenüber einem Objekt, welches er verlässt, nachdem er es angetroffen hat; und das Mädchen ist eine »Gehen und Werden«, die das Objekt anzieht und seine Erinnerung an den Kontakt mit ihm wahren will. Die Behandlung von sehr kleinen Kindern zeigt, dass diese Differenz schon von früh an besteht. Was sich auch schon zu dieser Zeit in der Sprache bemerkbar macht. Die Sprache äußert sich ja nicht nur verbal, sondern auch durch Gesten, körperlich, sie ist nur Ausdruck eines unsichtbaren Begehrens, das von dem gespürt wird, für den sie auch Theater und ein Ort der Anrufung ist.

A.G.-H.: Ich frage mich, ob sich Eltern nicht schon sehr früh und übertrieben in ihrem Erziehungsstil an dem Geschlecht ihres Kindes orientieren und ihm eine entsprechende Rolle zuteilen anstatt es sich frei entfalten zu lassen.

F.D.: Sicherlich. Da haben Sie Recht.

A.G.- H.: Ich habe zwei Kinder. Sie lieben ihre Mutter, identifizieren sich mit ihr und mögen, ich glaube deshalb, gerne kochen.

F.D.: Weil sie das für phallisch halten. Und das stimmt auch, wenn die Mutter kocht, ist sie phallisch, d.h. gebend, aber Nahrung gebend, die nach und nach den Körper (des Kindes) aufbaut. Kinder beiderlei Geschlechts fühlen sich aus demselben Grund zu ihrer Mutter hingezogen: Sie führt in sie das Leben ein, das aus ihnen Erwachsenen macht. Kinder beiderlei Geschlechts können die Art der Mutter oder des Vaters annehmen, dabei aber nicht so stark empfinden wie das jeweilige andere Geschlecht. Ein Mädchen kann typisch männliches Verhalten sehr gut nachahmen, wie man es in solchen Familien beobachten kann, in denen die älteren Geschwister in seinen Augen schon »erwachsene« Jungen sind. Groß zu werden heißt für sie ein Junge zu werden. Den genitalen Geschlechtsunterschied merkt sie daran, dass ihre Brüder anders als sie pinkeln. Alle kleinen Kinder glauben, dass die Geschlechterdifferenz in der Art zu pinkeln besteht. Wenn ein mit einer Frau verheirateter Mann sich weiblich verhält oder umgekehrt, wird es für die Kinder ziemlich kompliziert.

A.G.- H.: Die Jungen können genauso im Sitzen pinkeln wie im Stehen. Ich habe einmal einen Kindergarten besucht, in dem man von den Jungen verlangte, im Sitzen zu pinkeln, weil sie dann gleichzeitig auch ihr »großes Geschäft« erledigen könnten. Ich hatte nicht das Gefühl, dass die Kinder dadurch durcheinander gerieten.

F.D.: Aber doch! Ich habe viele Kinder gesehen, die dadurch völlig durcheinander kamen. Die Sprache ist dazu da, damit der Junge zwischen dem Bedürfnis sich zu erleichtern, sei es anal oder urinal, und seiner Erektion, die seinem jungenhaften Begehren entspricht, unterscheiden kann. Sie wissen vielleicht nicht, dass kleine Jungen bis zu zweiundzwanzig oder dreiundzwanzig Monaten mit einer Erektion urinieren und deshalb, es sei denn, sie sitzen auf einem Topf, auch häufig daneben pinkeln. Erst ab dem Moment, ab dem sie nicht mehr mit erigiertem Penis pinkeln können, erfahren sie in vollem Maße den Unterschied ein Junge zu sein, d.h. eine Erektion zu haben, oder nur das Bedürfnis zu haben, pinkeln zu müssen. Die Unterscheidung zwischen »kleinem« und »großem« Geschäft stellt sich beim Mädchen zwischen neunzehn und zwanzig Monaten ein: das Mädchen sagt »pinkeln«, wenn es pinkeln muss, und » Wurst«, »Kacka«, etc., wenn es sein »großes Geschäft« erledigt. Beim Jungen stellt sich diese Unterscheidung erst viel später her. Es ist gar nicht gut, wenn ein Junge »Kacka« für beides sagt, und er sollte eigentlich auf die Toilette statt auf den Topf gehen, um im Stehen den Unterschied zwischen dem einen und dem anderen herauszubekommen. Er fängt ja an zu empfinden, was sich in seinem Körper abspielt. Mit dem Beginn der Empfindung der exkrementiellen Funktionen lernen sowohl der Junge wie auch das Mädchen leicht den Unterschied zwischen Fühlen und Nichtfühlen ihrer Ausscheidungsfunktionen, wohingegen das sexuelle Begehren mit den Exkrementen nichts zu tun hat. Aber beim Jungen sind sie noch bis zum Alter von zweiundzwanzig Monaten miteinander vermischt. Für ihn ist es ein wirkliches Problem, nicht mehr mit erigiertem Penis pinkeln zu können. Besonders wenn die Mutter, die sieht, wie er sein Glied anfasst um ein Begehren, das sich dort manifestiert, zu besänftigen, ihm sagt: »Jetzt pinkel endlich«, wo er doch in genau diesem Augenblick nicht kann! Jungen schaden sich physiologisch, wenn sie sich zwingen mit erigiertem Penis zu pinkeln. Und überhaupt fängt die Sauberkeitserziehung der Kinder in unserer Gesellschaft viel zu früh an, in einer Zeit, in der es darum gehen sollte Hände und Füße zu erziehen.

A.G.-H.: Eine Untersuchung hat ergeben, dass viele Mütter ihr Kind schon mit einem Monat auf den Topf setzen!

F.D.: Das Kind verwechselt seine Bedürfnisse mit den Wünschen der Mutter. Die Worte seiner Mutter schreiben ihm seine Bedürfnisse vor, anstatt sie das Kind selbstständig zum Ausdruck bringen kann, als ganzheitliches, menschliches Wesen. Das Kind ist in diesem Alter auch noch gar nicht voll ausgebildet. Sein Zentralnervensystem ist erst im Alter zwischen zwanzig und dreißig Monaten so weit, vorher kann es sich für »Nicht-Pipi-Machen« oder »Nicht-Kacka-Machen« noch gar nicht entscheiden. Worum geht es denn? Doch darum, aus dem Kind ein sprechendes Wesen zu machen, das sich seiner Hände mit Freude bedient, das neugierig alles erkundschaftet, das allein isst, allein trinkt, sich allein anzieht, kurz, ein autonomes Kind.

Fest steht, dass ein Kind, dessen Mutter seine Ausscheidungsorgane kommandiert, in seinem tiefen Bewusstsein niemals autonom sein wird, es sei denn, es fängt an, sich beim Eintritt in das Schulalter wieder in die Hose zu machen, was vorkommt.

Wenn man es beschämt, dann bestraft man im Grunde eine Regression, durch die es seine Autonomie wiedergefunden hat, schenkt man dem hingegen keine Aufmerksamkeit, geht es in kürzester Zeit vorbei.

A.G.-H.: In Ihrem Buch »Psychoanalyse und Kinderheilkunde« schreiben Sie: Für die *normale* (Hervorhebung von mir) Sexualität ist es charakteristisch, dass sich das kleine Mädchen kokett verhält, wohingegen der kleine Junge gerne kämpft. Sind diese Eigenschaften nun angeboren oder erworben? Was wissen wir darüber?

F.D.: Dieses Verhalten datiert beim Jungen auf den Beginn des Interesses für sein sichtbares Geschlecht und beim Mädchen auf das Interesse für ihr unsichtbares Geschlecht, das es sehr wohl empfindet. Gefühlsmäßig möchte das Mädchen die Aufmerksamkeit der männlichen Objekte in seiner Umgebung auf sich lenken. Denn wenn es sich sexuell zur Schau stellen würde, hätte es nichts zum Vorzeigen. Umgekehrt sieht es, dass die Jungen immer, wenn sie aufs Klo müssen, etwas zur Schau stellen. Die kleinen Jungen können das Objekt ihres Begehrens »auf den Punkt bringen«, es genau bezeichnen, die Mädchen nicht. Auf völlig unbewusste Art und Weise stellen sie die Anziehung ihres Objekts des Begehrens dadurch heraus, indem sie sich in die Position eines kleinen verführerischen Partialobjekts begeben um die Aufmerksamkeit von jemandem auf sich zu ziehen. Sie möchten sich sichtbar machen, wohingegen der kleine Junge bereits sichtbar ist, für sich selbst durch den Ort seines Begehrens.

A.G.-H.: Also wird der Junge nicht mit sich kokettieren?

F.D.: Sein Kokettieren besteht darin, sich mit den Großen zu identifizieren. Er weiß von Anfang an, dass er ein Erwachsener werden soll.

Das Schlüsselwort eines Kindes lautet, selbst wenn es dieses nicht wörtlich ausspricht: Erwachsenwerden. Sich der Erscheinung der Erwachsenen, also Vater-Mutter, anzupassen.

Diese Form der Koketterie existiert natürlich auch bei den kleinen Mädchen. Bei Vater-Mutter handelt es sich für das Kind um eine Art von doppelköpfiger Einheit, in deren Nähe es sich beschützt fühlt. Ein Kind, das nur von Frauen erzogen wurde, braucht lange um herauszubekommen, dass es das Recht hat groß wie ein Mann zu werden. Ein anderer und Begleiter seiner Mutter zu werden bedeutet für ein solches Kind eine Frau zu werden. Die Koketterie beim Jungen verfolgt also im Gegensatz zum Mädchen nicht das Ziel auf sich aufmerksam zu machen, sondern (da) zu sein.

A.G.-H.: Ist es nicht ebenso normal, dass ein Mädchen gerne kämpft und streitet?

F.D.:   *Ein Mädchen, das nicht streitlustig ist, verharrt auf einer affektiven Stufe von zweieinhalb Jahren, d.h. es ist affektiv retardiert.*

Aber es ist nicht auf dieselbe Art streitlustig wie der Junge. Das kleine Mädchen kratzt, kneift und zerrt, wirft aber keinen Gegenstand nach einem Jungen, erst viel später vielleicht, wenn es nicht zwischen zweieinhalb und drei Jahren darin unterstützt wurde eine Frau gemäß ihres Geschlechts zu werden.

A.G.-H.: Aber beißen nicht Kinder beiderlei Geschlechts?

F.D.: Babys beißen um etwas zu zerstückeln, wodurch sie sich entwickeln und anpassen. Denn um ihren Körper »herzustellen« haben sie das Bedürfnis zu beißen und zu essen. Mit dem Spracherwerb stellen sie fest, dass sie von der Mutter viel mehr Aufmerksamkeit geschenkt bekommen, wenn sie sprechen, so dass sie es ab diesem Zeitpunkt nicht mehr nötig haben sich durch Beißen auszudrücken. Kinder beiderlei Geschlechts beißen gerne, weil ihre Mutter sofort darauf reagiert. Ein Vorgang, der sich auf einer sehr frühen Beziehungsebene abspielt.

A.G.-H.: Und was ist mit Kindern, die sich gegenseitig beißen?

F.D.: Sie beißen, weil sie über keine Worte verfügen oder ihnen die Mutter im Alter von vierzehn oder fünfzehn Monaten nicht erlaubte mit ihren Armen anzugreifen, mit ihren Händen oder irgendwelchen Gegenständen. Hier zeigt sich eine affektive Sichtweise, die auf eine Entwicklungsstufe verweist, die eigentlich überwunden sein müsste.

A.G.-H.: Ist es gleichgültig, wenn man Kindern beiderlei Geschlechts Spielzeug gibt, das eigentlich für das andere Geschlecht gedacht ist?

F.D.: Im Gegenteil, ich finde es sehr nützlich.

A.G.-H.: Auch dem Jungen eine Puppe?

F.D.: Sogar mehrere.

A.G.-H.: In welchem Alter wird sich ein Kind seines Geschlechts bewusst? Mit sechs?

F.D.: In diesem Alter ist sich der Mensch seines Geschlechts vollkommen bewusst. Mit drei Jahren spielen Kinder, um eine kindliche Ahnung vom Geschlechtsunterschied zu bekommen. Anschließend geht es dem Jungen darum sich mit dem Elternteil zu identifizieren, der im Leben die maskuline Rolle zu spielen scheint. Wenn eine Geliebte diese maskuline Rolle eher zu spielen scheint als der Vater, wird sich der Junge mit der Geliebten identifizieren.

A.G.-H.: Oder mit seiner Mutter.

F.D.: Ja, zu Beginn des Ödipuskomplexes.

A.G.-H.: Es scheint so, als würde sich der kleine Junge in dieser Zeit in seinen Rollenspielen noch sowohl mit einer Frau als auch mit einem Mann identifizieren. Wobei er sich später, etwa mit sieben Jahren, weigert zum Beispiel Stewardess werden zu wollen.

F.D.: Für ihn wäre das erniedrigend, wie es umgekehrt für das Mädchen erniedrigend wäre mit sieben Jahren eine Männerrolle einzunehmen, auch wenn das nicht immer so gesehen wird. Denn das Mädchen erniedrigt sich zugunsten eines sekundären Interesses, nämlich das Gefühl zu haben, sie wäre es, die das Kommando führt.

A.G.-H.: Läßt sich nicht dennoch eine Gesellschaft vorstellen, in der das Weibliche nicht mit Schwäche gleichgesetzt wird und das Männliche mit Überlegenheit, eine Gesellschaft, in der Kinder nicht unter diesem Blickwinkel erzogen werden?

F.D.: Das Mädchen kann sich dem Jungen durchaus überlegen fühlen.

A.G.-H.: Nach der Theorie Freuds, so scheint es mir, ist das Mädchen von Beginn an mit Unterlegenheit und Schwäche geschlagen, weil es keinen Penis hat, weil es nicht so weit wie der Junge pinkeln kann und weil es für die häusliche Arbeit bestimmt ist, die in unserer Gesellschaft stets abgewertet wird.

F.D.: Die aber dann viel höher bewertet würde, wenn der Vater sie anders einstufen würde. Alles hängt von der gegenseitigen Wertschätzung unter den Eltern ab. Immer gibt es eine Form der Arbeitsteilung.

Mittlerweile gibt es Familien, in denen der Vater zu Hause bleibt, während die Mutter arbeitet, weil ihr Gehalt höher ist als das des Vaters. Die Kinder in solchen Familien können sich, solange sie klein sind, nur schlecht vorstellen, dass im Rahmen der Verteilung der Geschlechtsrollen der Vater der Mutter den Samen gibt, dass er sie, die Mutter, befruchtet.

A.G.-H.: Ist es denn für die Kinder eine Katastrophe in einer solchen Familie zu leben?

F.D.: Aber nichts ist eine Katastrophe! Alles spielt sich in der Sprache ab, alles lässt sich mit Worten sagen.

A.G.-H.: Ihrem Buch zufolge werten die Jungen die Mädchen ab, wenn sie merken, dass sie keinen Penis haben.

F.D.: Ja, das passiert immer. Aber dieses Überlegenheitsgefühl muss nicht lange andauern, es existiert nur in jenem Zeitabschnitt, in dem das Kind sensibel auf äußere Formen reagiert. Nur die äußere Form schafft diese Überlegenheit, denn das Gefühlsmäßige, ob ein Mann oder eine Frau tüchtig ist, spürt das Kind sehr wohl. Die Stimme der Frau kann viel angenehmer klingen als die des Mannes. Das Entscheidende ist nur, dass der größer werdende Junge realisiert, dass er nur ein Mann werden kann. Der schreckliche Gegenbeweis für den Jungen oder solche Männer, die das nicht begriffen haben, besteht dann darin, dass nur die Frau die Kinder, Fleisch aus ihrem Fleisch, trägt und dem Kind ihren Namen nicht geben muss um zu wissen, dass sie seine Mutter ist.

A.G.-H.: Also sind die Jungen, was dieses Gebiet betrifft, auf die Mädchen eifersüchtig?

F.D.: Aber natürlich. Frauen können auf Männer in dem Maße eifersüchtig sein, weil sie von ihnen nur befruchtet werden und sie anschließend die ganze Arbeit haben .... Aber eigentlich ergänzen sich beide. Der Mensch existiert nur als Mann-und-Frau. Der Mann ist ohne Bezug auf die Frau unvollständig und umgekehrt. Bei beiden existiert immer ein Mangel.

> *Der kleine Junge sagt sich: Sie hat keinen Penis, weil er das Geschlechtsorgan des Mädchens nicht sieht. Aber wenn er eines Tages entdeckt, dass sie im Gegensatz zu ihm Kinder kriegen kann, er aber ohne den Mann seiner Mutter nicht geboren worden wäre, stellt sich ihm das Problem ein Mann zu sein.*

Das Mädchen, das nicht darüber aufgeklärt wurde, dass sie ein Kind nur durch den Sexualakt bekommen kann, wird glauben, die Kinder durch Parthenogenese (Jungfernzeugung) zu produzieren, so wie ein Exkrement. Es lassen sich Frauen beobachten, die »mit ihrem Kreuz« gebären. Umso mehr, wenn die Hebamme betont: »Pressen Sie, pressen Sie.« Bei der Vorbereitung auf die sanfte Geburt bringt man den Frauen bei nach vorne zu pressen. Sonst würden sie dazu tendieren nach hinten zu pressen. Für eine Frau, deren Sexualleben vor ihrer Schwangerschaft nicht ausreichend entwickelt war, stellt es immer noch ein Problem dar.

Der weibliche Genitalapparat wird vom kleinen Mädchen als ein Ort wahrgenommen, an dem sich Empfindungen ebenso abspielen wie unsichtbare physiologische Erregungen, die nichtsdestoweniger die Begegnung der Menschen untereinander begleiten. Viele Spiele von kleinen Mädchen dienen dazu ihr Geschlecht zu spüren, Springseilhüpfen zum Beispiel, was die Jungen spontan nicht spielen, sondern höchstens um es den Mädchen nachzumachen. Die Jungen hingegen spüren ihr Geschlecht ausschließlich durch die Erektion.

A.G.-H.: Aber in der traditionellen Erziehung, die man ja immer noch vielen Kindern zukommen lässt, findet sich doch immer ein Element männlicher Überlegenheit.

F.D.: Sicherlich, besonders in den romanischen Ländern. Ich glaube, dass es eher aus dem Minderwertigkeitsgefühl der Männer resultiert, welches wesentlich stärker ist als das der Frauen. Zuerst macht der kleine Junge die Erfahrung, wie wichtig seine Mutter für ihn ist; später lernt er ihren Wert als Frau im Hause schätzen. Der Wert eines Hauses hängt immer noch davon ab, welches familiäre Klima die Frau dort schafft. Des weiteren sind die Männer von den Frauen abhängig, was ihre Nachkommenschaft betrifft, wohingegen eine Frau diesbezüglich nicht auf einen einzigen Mann angewiesen ist. Sie kann den Mann täglich wechseln und so viele Kinder haben, wie sie möchte, sie kann es sich aussuchen.

Als man der Frau Arbeit gab, erließ man ein Gesetz, dass sie ihrem Mann folgen müsse, denn sonst hätte er ihre Abhängigkeit nicht überwachen können. Auch der Mann will sich, ebenso wie die Frau, seiner »Urheberschaft« sicher sein. Aber viele Männer in unserer Gesellschaft haben diesen Wunsch nach Vaterschaft verdrängt, bzw. wünschen auf dieselbe Art wie Mütter Vater zu sein. Also identifizieren sie sich mit einem Kind, das von einer Frau bemuttert wird und wollen ihre Nachkommen entsprechend bemuttern.

Dagegen lässt sich eine Gesellschaft vorstellen, in der die Männer gar nicht an ihre Kinder gebunden sind. In gewisser Weise ist es in unserer Gesellschaft sogar der Fall.

Ständig sehen wir Väter, die sagen: »Was die Erziehung unserer Kinder betrifft, verlasse ich mich ganz auf meine Frau. Ich kenne die Kinder nicht einmal richtig.« Will ein Arzt einen Vater sehen, sagt der ihm: »Aber was soll ich denn bei Ihnen? Nur meine Frau weiß, was mit den Kindern los ist.« Das zu hören ist doch immer wieder sehr erstaunlich!

A.G.-H.: Nichtsdestoweniger gibt es auch junge Väter, die sich mehr und mehr mit ihren Kindern beschäftigen.

F.D.: Glücklicherweise.

A.G.-H.: In Kinderkrippen habe ich Väter beobachten können, die ihre Babys brachten und sie außergewöhnlich geschickt anzogen, auszogen, usw.

F.D.: Die manuelle Geschicklichkeit einer Frau unterscheidet sich nicht von der eines Mannes. Eine Frau kann übrigens mit Werkzeug, einer sogenannten Männerdomäne, genauso gut umgehen wie ein Mann.

A.G.-H.: Das Problem besteht denn auch mehr darin, dass ein Mann solche mütterliche Aufgaben für sich akzeptiert.

F.D.: Aber ihm wird dadurch viel zurückgegeben.

A.G.-H.: Um noch einmal auf Ihr Buch zurückzukommen: Dort habe ich gelesen, dass ein Junge beim Anblick eines Mädchens sich vorstellt, dass sie bestraft wurde, er denkt, man habe ihr den Penis abgeschnitten.

F.D.: Er denkt so, wenn man ihm nicht sofort die Wahrheit sagt. Er befindet sich zu dieser Zeit in einer »dentalen« Phase. Denn mit seinen Zähnen hat er etwas zerstückelt, um es zum Verschwinden zu bringen. Oder jede Zerstückelung dient dazu ein Teilobjekt vom Ganzen zu trennen. Also stellt er sich alles, was er sieht so vor, als ob er auf das Teilobjekt einen Einfluss gehabt hätte. Er führt hinsichtlich von Objekten oder den Formen der Außenwelt alles auf sein eigenes Verhalten zurück.

Der Vater bestimmt über die Geburt der Kinder. Er kann »Nein«, oder auch aus seinem Wunsch heraus »Ja« sagen. Die

Mutter kann nicht spontan »Nein« sagen. Sie kann heutzutage, dank der Pille, »Nein« sagen, was die Konzeption betrifft. Aber rein biologisch bedarf es im Anfangsstadium der Konzeption eines Kindes des Begehrens des Mannes. Der Vater gibt grünes Licht. Die Mutter kann die Ampel allerdings auf rot oder orange schalten …

In Familien, in denen die Mutter das Kommando führt, geschieht es im Namen des Vaters, zumindest solange sie und die Kinder den Namen des Vaters führen. Sie erzieht das Kind, damit es Träger dieses Namens wird.

Das Kind ist mit seiner spontanen Intelligenz viel subtiler als wir mit unserer reflexiven Intelligenz. Es versteht das ganz genau, schon mit drei Jahren.

A.G.-H.: Meine Kinder scheinen meinen Äußerungen und Entscheidungen mehr Gewicht zu verleihen als denen ihres Vaters.

F.D.: Wie alt sind sie denn?

A.G.-H.: Drei und viereinhalb Jahre.

F.D.: Dann sind sie von Ihnen noch abhängig. Und beziehen alle ihre Möglichkeiten über sie. Würde der Vater zu Hause bleiben, kochen, für ihre Ernährung sorgen …

A.G.-H.: Er hilft schon ein bisschen.

F.D.: Gewinnt das Kind den Eindruck, seine Mutter könne tun, was sie wolle, solange der Vater zu Hause bleibt, würde es sein ganzes Vertrauen dem Vater schenken, weil seine Sicherheit und sein Überleben dann von ihm abhängen.

Hat man einen Kompass, sucht man den Norden.
Aber der Kompass weist indirekt auch nach Süden,

253

der für das Licht steht, die Sonne, das Leben. Das
Kind verfügt ebenso über einen solchen inneren
Kompass. Es bezieht sich auf den Vater um zu wis-
sen, wo seine Mutter ist.

Oder es will wissen, wer von beiden lebensfähiger ist. Trifft
dies auf beide Eltern zu, wird es sich zwischen diesen entwik-
keln um später dem Bild seines Vaters zu entsprechen, wenn
es ein Junge ist oder im Falle eines Mädchens dem Bild der
Mutter.

Für Ihre beiden Kinder sind Sie im Moment in Ihrer Form
ebenso penishaft wie ihr Vater. Sie bewerten Ihre beiden Brüste als wären es zwei Penisse. Davon zwei an der Brust zu haben ist mindestens ebenso interessant wie eine einzige geschlechtliche Wölbung. Aber die Funktion Nahrung mit der
Brust zu geben ist der Funktion des Penis Leben zu geben unterlegen, weil ein Kind auch anders als an der Brust seiner Mutter ernährt werden kann, aber auf keine andere Weise als durch
den Penis anfangen kann zu existieren. Davon weiß das Kind
nicht durch seinen Verstand, aber es spürt durch und durch,
dass sein Geschlecht das Kostbarste an seinem Körper ist, weil
von dieser Stelle sein ganzes Begehren zu leben in Gang gesetzt
wird. Das Mädchen spürt sehr gut die Bedeutung seines Geni-
tals, weil daraus alle Empfindungen seines Lebens strömen.

A.G.-H.: Warum unterliegt das Kind bei seiner Einschätzung
der Sexualorgane solchen Irrtümern, wenn es sie entdeckt,
obgleich es über eine so außerordentliche intuitive Intelligenz
verfügt?

F.D.: Für den kleinen Jungen ist die Tatsache einen Penis zu
haben von so großer Bedeutung, dass er nicht verstehen kann,
dass die Mädchen keinen besitzen oder sogar noch stolz darauf sind. Das Mädchen empfindet dabei den umgekehrten
Stolz. So sehr, dass sie oft, wenn sie noch klein ist, keine Hose

tragen will, es sei denn, sie möchte verbergen, dass sie keinen Penis hat.

A.G.-H.: Aber wie kann das kleine Mädchen einerseits auf sein Geschlecht stolz sein und sich gleichzeitig unterlegen fühlen, weil es keinen Penis hat?

F.D.: Es fühlt sich ja nur einen Tag unterlegen, nämlich bis man es ihm erklärt hat. Man sollte sich mit ihm darüber unterhalten. Dabei handelt es sich um einen wichtigen Augenblick in der Sexualerziehung der Kinder. Die Differenz zwischen Mädchen und Jungen darf nicht als ein Unterschied zwischen weniger und mehr erscheinen, aber es ist ganz normal, dass eine Junge keine Lust hat ein Mädchen zu sein, sich mit einem Mädchen zu identifizieren. Denn bei einem sehr jungen Kind bedeutet lieben dasselbe wie sich identifizieren. Bis jetzt hat es sich mit seinem Vater, mit seiner Mutter identifiziert, mit allem, was erwachsener ist als es selbst, auch mit dem Kind, das schon laufen kann, solange es selbst noch nicht läuft, egal ob Junge oder Mädchen. Erst später wird dieser Prozess durch die Entdeckung, dass es ein Junge oder ein Mädchen ist, unterbrochen und es setzt die Identifizierung mit jener Hälfte seiner Umgebung ein, zu der er oder sie gehört.

Dennoch sind Kinder schon seit ihrer Geburt in gewissem Sinn orientiert. Der Säugling reagiert schon sensibel auf den Geruch des jeweiligen Geschlechts der Person, die sich mit ihm beschäftigt, ein Geruch, der für die Zukunft eine Ergänzung zu sich selbst darstellt. Für den Jungen ist es die Mutter und zwar ausschließlich, für das Mädchen die Mutter hinsichtlich der Ernährung und die Männer, was den Aufbau ihrer Beziehungen betrifft.

Der Junge sitzt in der Falle der Mutter, indem sie zur gleichen Zeit sein Begehren und seine Bedürfnisse befriedigt.

A.G.-H.: Ein Psychologe hat mir einmal gesagt: der Junge besitzt die Möglichkeit, sich zuerst mit seiner Mutter zu identifizieren und anschließend mit seinem Vater; wohingegen sich das Mädchen mit seiner Mutter letztlich niemals identifiziert.

F.D.: Der Identifikationsprozess ist ein verarmender, entfremdender Prozess. Was fatal ist.

A.G.-H.: Man sagt, dass die Jungen bei ihren Spielen, zum Beispiel im Sandkasten, viel mehr zerstören als die Mädchen. Warum?

F.D.: Die Jungen haben in der Nacht sechs Erektionen, wie viele am Tag, weiß ich nicht. Jedes Mal, wenn der Penis erigiert ist, wird er symbolisch wieder zerstört, wenn er zu seiner normalen Form zurückfindet. Bei den Sandkastenspielen handelt es sich um die Sublimation sexuierter Triebe, die nur den Körper des Jungen betreffen.

A.G.-H.: Wie erklären Sie sich, dass die Jungen in den Tests zur räumlichen Wahrnehmung die besseren Resultate erzielen?

F.D.: Ich finde nicht überraschend, dass der Junge im äußeren, sichtbaren Raum etwas konstruiert, er fügt etwas hinzu, wohingegen das Mädchen etwas an sich nimmt.

Das Mädchen hat ein attraktives, der Junge ein erektives Begehren: der Junge stellt Formen her, die offensichtlich sind. Während das Mädchen, wenn es mit Sand oder etwas anderem spielt, Formen herstellt, die Ausdruck ihres eigenen Körpers sind, d.h. Formen die verborgen sind und tiefer liegen.

Sie fühlt sich zu dem Inneren der Elemente hingezo-
gen um sie zu schmücken, ihnen Leben zu geben, sie
bewohnbar zu machen. Von daher besitzt das Mäd-
chen eine Vorliebe dafür Zimmer einzurichten, für
das Innere eines Bootes. Männliche Architekten ent-
werfen häufig Formen, die von außen schön anzuse-
hen sind, in deren Innerem man aber nicht leben
kann. Eine Architektin beschäftigt sich dagegen eher
mit der Lebensqualität des Innenraums.

A.G.-H.: Vielleicht weil sie sich seit ihrer frühesten Kindheit vornehmlich um das Haus zu kümmern hatte.

F.D.: Nein! Solange sie noch ganz klein ist und im Sand spielt, spielt dieser Faktor noch keine Rolle.

A.G.-H.: Aber schon als kleines Mädchen bekommt sie doch zu hören, sie soll die Schränke wie ihre Mutter aufräumen.

F.D.: Das mag sein, aber was passiert, wenn die Mädchen eines Tages beschließen würden nicht mehr als Frau zu handeln?

A.G.-H.: Das weiß ich nicht, aber ich sehe nicht ein, wieso Männer keine Schränke aufräumen sollen.

F.D.: Erwachsen geworden, werden diese sehr frühen Triebe, egal wie, sublimiert. Wenn Sie sich jetzt wünschen, dass die Männer diese Arbeit erledigen sollen, handelt es sich einfach um die Vorstellung, wie eine Arbeit anders verteilt werden soll.

A.G.H.: Ich wüsste nicht, warum ich meine Jungen daran hindern sollte ihre Schränke aufzuräumen?

257

F.D.: Aber wer spricht denn davon sie daran zu hindern? Es ist einfach nur so, dass es den Jungen egal ist etwas zu verlieren, ganz im Gegensatz zu den Mädchen. Es dauert lange, bis ein Junge versteht, dass er irgendetwas, das er verloren hat, nicht einfach zu sich zurückkommen lassen kann, egal wie sehr er sich das wünscht. Weil er gewohnt ist, dass eine Erektion fast von selbst wieder zurückkehrt, wenn sie ihm, ohne zu wissen wohin, abhanden kam.

A.G.-H.: Was genau versteht man unter aktiven und passiven Trieben?

F.D.: Der Junge verfügt über aktive Triebe, das Mädchen über passive. Ein Trieb ist ein Begehren, ein Wunsch. Der passive Trieb ist ein attraktives (im Sinne von zu sich hinziehendem, d.Übers.) Begehren. Der aktive Trieb ist ein ejektives (herauswerfendes) Begehren. Bei beiden handelt es sich um sexuelles Begehren. Es existieren noch andere als sexuelle Wünsche, aber aus dem sexuierten Ursprung aller unserer Wünsche ergibt sich, dass es einen dominanten Wunsch beim Jungen gibt, nämlich den Wunsch etwas zu riskieren; beim Mädchen nicht. Um noch einmal auf die Spiele zurückzukommen: Jungen haben wenig Sinn dafür den Raum zu gestalten, sondern bewegen sich dort hin und her, mit ihren Zügen, Autos, usw. Sie stellen sich vor damit weit wegzufahren, auch von ihrem Zuhause. Im Gegensatz zu Mädchen gestalten sie nicht den Raum oder das Haus um darin zu leben, um dort zu bleiben.

A.G.-H.: Was hat das alles mit dem Geschlecht zu tun?

F.D.: Die Kinder haben keine Beziehungen mit *dem Geschlecht*, sondern mit den Geschlechtern, nämlich mit dem jeweiligen ihrer beiden Eltern. Für sie existiert das Geschlecht nur wie es von den erwachsenen Vorbildern um sie herum repräsentiert wird. Deshalb lassen sich soziokulturelle und biologische Faktoren auch nicht voneinander trennen, weder was die Gewohnheiten einer jeden Familie betrifft noch jedes besondere Dreieck Vater-Mutter-Kind. Alle Familienstrukturen, ob traditionell oder nicht, wirken sich günstig auf das Kind aus, wenn aus ihnen eine männliche oder weibliche Dynamik des »Gehens und Werdens« im zukünftigen Zeugungsakt resultiert, d.h. in dem sich gegenseitig ergänzenden Zusammentreffen zwischen den Geschlechtern. Dies alles immer im Hinblick auf die Zukunft des Kindes. Da in der Gesellschaft alle möglichen Rollen existieren und jedem erlauben sich aktiver oder passiver Triebe zu bedienen, hat das Kind eine große Auswahl.

A.G.-H.: Haben die Mädchen wirklich die Wahl? In unserer Gesellschaft fühlt sich die erwachsene Frau dem Mann gegenüber generell schwach oder unfähig.

F.D.: Aber doch deshalb, weil man sie mit den Männern gleichsetzen will. Sie fühlt sich nicht unfähig wie die Männer zu verfahren, sondern empfindet nicht den entsprechenden Wunsch. Das ist alles.

A.G.-H.: Wenn sie diesen Wunsch nicht empfindet, so vielleicht deshalb, weil man ihr ihn ausgeredet hat, darauf besteht, dass sie in ihrer beschränkten Frauenrolle ausharrt?

F.D.: Vielleicht.

Aber es ist auch möglich, dass sie das Gefühl hat etwas authentisch Weibliches zu verlieren, wenn sie genauso wie die Männer handelt, und zwar ihre zukünftige geschlechtliche Besonderheit.

Sicherlich kann ein Frau arbeiten, sich in den Dienst der Gesellschaft stellen, aber vor allem kann sie Kinder bekommen. Und ein Kind braucht seine Mutter bis es autonom ist, d.h. mindestens während seiner ersten drei Lebensjahre.

A.G.-H.: Diese Zeit ließe sich verkürzen, wenn es mehr Kinderkrippen geben würde.

F.D.: Was ich nicht glaube. Es sei denn, das Kind könnte von einer Gruppe mütterlich betreut werden.

A.G.-H.: Was in der Kinderkrippe geschieht.

F.D.: Überhaupt nicht. In der Krippe gibt es eine Gruppe von anderen Kindern, aber keine Gruppe von anderen Erwachsenen. Nur eine solche Gruppe könnte das Kind tragen und die Person, die diese Gruppe anleitet, wäre eine väterliche Instanz. In der Krippe aber stellen die anderen Kinder die Träger mütterlicher Eigenschaften dar. Der Erwachsene in der Krippe ist keine Mutter. Die Mutter ist jemand, die man berührt, die man riecht, mit der man einen engen körperlichen Austausch hat. Und diesen Austausch braucht das Kind bis es drei Jahre alt ist, also bis zu dem Augenblick, wo es ihn in Worte fassen kann. Die Kinder, die heutzutage in die Krippe gehen, lernen spät zu sprechen, weil sie niemanden haben, der in Worte fasst, was sie machen.. Es gibt dort jemanden, der verbietet, der organisiert, der etwas bringt und wieder zurücknimmt, aber es fehlt eine Mutter, die das Kind in die Sprache einführt, indem sie ständig über alles, was sie oder das Kind gerade macht, spricht. Von daher sind die Krippenkinder etwas zurück, weil dort keiner ist, der ihnen die Handlungen, die sie nicht zustande bringen und die andere schon können oder sie bei ihnen sehen, vermittelt, alles Dinge, die in der Sprache ganz nebenbei aufgewertet und symbolisiert werden. Bei der Sprache handelt es sich um die Symbolisierung aller unserer Triebe, ob empfunden oder ausagiert.

A.G.-H.: In der Vorschule oder der ersten Klasse kommt es häufig vor, dass Kinder ihre Lehrerin, die sie gern haben, mit ihrer eigenen Mutter identifizieren; sie wird eine Art Mutterersatz.

F.D.: Was schade ist. Weil die Mutter einzig und unersetzbar ist. Wenn ein Kind sich sehr eng zu seiner Lehrerin hingezogen fühlt, weil sie ihm beibringt sich besser auszudrücken oder wie ein Junge oder ein Mädchen zu verhalten, wird es seine Mutter behandeln, als wäre sie nur für sein körperliches Wohlbefinden nützlich und nicht, um ihm auch die Kultur nahe zu bringen. Oder die Mutter würde für das Kind, ebenso wie die Lehrerin, ausschließlich die Kulturleistungen repräsentieren. Wobei doch die Lehrerin das Kind als eher väterliche Instanz ins soziale Leben einführt. Die Mutter ist Wegbereiterin des familiären Lebens, was nicht dasselbe ist.

Die Schule ist eine neutralisierende Institution. Sie soll Kinder erziehen, andere in der Gesellschaft nicht in ihrer Entfaltung zu behindern, aber sie ist nicht dazu da, um das Begehren der Kinder zu befriedigen.

Umso besser, wenn sich dieses Begehren trotzdem in einem erlaubten Rahmen ausdrücken lässt, aber die Schule verfügt über kein Wort für das, was nicht erlaubt ist. Die Mutter benennt das Nicht-Erlaubte, weshalb es symbolisiert wird und in die Phantasmen eintritt. Das Begehren lebt in den Phantasmen und realisiert sich wenig in den Handlungen. Sonst wären Begehren und Bedürfnisse dasselbe. Bedürfnisse lassen sich nur in Handlungen verwirklichen, solange die Gesellschaft diese gestattet. Die Lehrerin kann auch kein Verhalten in ihrer Klasse gestatten, bei dem sich das einzelne Kind gefährdet. Die Mutter kann dieses Risiko in Bezug auf ihr eigenes Kind eingehen, weil sie da ist auf es aufzupassen und ihm die Gefahr entsprechend zu erklären. Mit dreißig oder gar vierzig Kindern ist das vollkommen unmöglich. Die Lehrerin beaufsichtigt also wie eine Mutter, aber sie spricht Verbote wie ein Vater aus. Sie kann dem Begehren, dem Verbotenen oder dem Erlaubten keine Sprache verleihen. Das, was nicht angeordnet ist, was sich nicht im Rahmen der Ordnung abspielt, existiert in der Schule nicht. Über das, was man nicht tun kann, spricht man in der Schule nicht. Die Schule ist in Bezug auf das Imaginäre Schule der Wirklichkeit und Schule der Unterdrückung des Imaginären, was die gangbaren Möglichkeiten betrifft, die Raum und Zeit gestatten.

A.G.-H.: Sie verbietet nicht nur das Imaginäre, sondern auch die Handlungen selbst.

F.D.: Ja, in dem Rahmen wie das Imaginäre am Anfang jeder Handlung steht. Wenn sie dem Kind die entsprechenden Handlungen verbietet, wird es glauben, dass ihm das Imaginäre verboten wird, weil man es niemals in Worte fasst.

> *Stellt man dem Imaginären Worte zur Verfügung und gestattet dabei nur solche Handlungen, die sozial verträglich sind, würde es sich wirklich um eine Schule des Lebens handeln.*

A.G.-H.: Was halten Sie davon, wenn eine Lehrerin den Jungen erlauben würde sich zu schminken?

F.D.: Warum nicht, es gibt diese Phantasien. Aber die Kinder wissen, dass sich in der Wirklichkeit ihre Mutter und nicht der Vater schminkt. Aber warum sollten sich Jungen nicht auch einmal schminken: sie mögen sich ja auch gerne verkleiden. Immer wenn ein Kind mit etwas spielt, wird es den Gegenstand wählen, der ihm unendliche Phantasien ermöglicht. Wählen sie spontan einen Gegenstand, dann einen solchen, der ihnen die Phantasien einer Rolle als zukünftiger Mann oder zukünftige Frau in unserer Gesellschaft gestattet. Ein Spielzeug, das diese Phantasien nicht bietet, wird schnell langweilig.

A.G.-H.: Die Kinder langweilen sich mit ihrem Spielzeug?

F.D.: Sie langweilen sich weniger mit Spielsachen, die auf lange Sicht Phantasien erzeugen, die sie voranbringen. Der Junge spielt mit einem kleinen Auto, damit sich seine Räder drehen, sicherlich, aber auch um sich vorzustellen, Sieger des Rennens zu sein. Von daher spielt er die Rolle von tapferen Männern, die er aus dem Fernsehen kennt. Die Kleine spielt die Rolle einer tüchtigen Frau mit ihrer Puppe, die sie sich lebendig vorstellt und die sie kommandiert, um Macht über ein Partialobjekt zu haben.

A.G.-H.: Aber Eltern wählen doch für ihr Kind die Spielsachen aus, die zu seinem Geschlecht »passen«. Also wird sich der Junge für das Auto und das Mädchen für die Puppe interessieren.

F.D.: Es sind Spielsachen, die zu seinen triebmäßigen Handlungen passen. Wenn die Mutter ihrer Tochter eine Puppe gibt, gibt sie ihr das Recht sich mit ihr zu identifizieren. Sie gehen davon aus, dass nur die Eltern die Auswahl des Spielzeugs treffen. Das stimmt, aber es lässt sich ja auch beobachten, wie das Kind einem anderen Kind etwas stibitzt.

In Familien, in denen die Kinder noch nie eine Waffe in den Händen hatten, stürzen sich die Jungen auf jedes Gewehr, das man ihnen anbietet.

A.G.-H.: Und die Mädchen?

F.D.: Die Mädchen nie. Der Junge rivalisiert mit dem Vater: Obwohl er Sohn dieser Frau ist, nimmt der Vater sie ihm weg. Das Mädchen identifiziert sich mit seiner Mutter und obwohl die Mutter vom Vater genommen wird, findet sie sich damit ab. Der Junge ist eifersüchtig, das Mädchen nicht. Also hat sie kein Bedürfnis zu töten.

A.G.-H.: Sie sprechen in Ihrem Buch aber von einem Mädchen, das seinen Vater, seine Mutter und seinen Bruder mit einer Pistole aus Papier töten wollte.

F.D.: Aber nicht, weil es mit ihnen rivalisierte. Es handelte sich um ein frühreifes Mädchen, das endlich »es selbst« sein wollte. Mit der Pistole wollte es sich derer entledigen, die von ihm verlangten sich nur nach ihren Wünschen zu richten.

Ein Kind muss seine Eltern symbolisch töten um wie sein Vater und seine Mutter zu werden.

A.G.-H.: Aber warum wollte dieses kleine Mädchen unbedingt mit einer Pistole töten?

F.D.: Vielleicht, weil es sich mit seinem älteren Bruder identifizierte, vielleicht, weil seine Mutter die Jungen unter den Geschwistern vorzog, keine Ahnung. Kinder strukturieren sich immer entlang der Vorlieben des Vaters und der Mutter.

Liebt ein Vater nur Jungen, maskiert seine kleine Tochter ihre Fähigkeiten mit den Fähigkeiten eines Jungen um ihm gefallen zu können. Was der Armen natürlich nicht gelingt, aber sie versucht es. Sie hat das Begehren eines Mädchens, das seinem Papa ge-

fallen will, und dieses Begehren lässt sie sogar ihr Geschlecht verleugnen.

A.G.-H.: Also eine ziemlich ungemütliche Situation?

F.D.: Ja, aber letztlich ohne große Bedeutung, denn dieses Mädchen wird sein Begehren bald sprachlich ausdrücken können.

A.G.-H.: Wollen Kinder beiderlei Geschlechts ihre Eltern umbringen?

F.D.: Absolut, so zwischen fünf und sieben Jahren. Oft haben sie in diesem Alter Alpträume, in denen der Tod der Eltern vorkommt. Es gibt kein Kind, das nicht phantasiert: »Wenn Mama stirbt, was wird aus mir?« Leider fühlen sich die Kinder mit diesen Phantasien schuldig, weil Sie zwischen Traum und Wirklichkeit noch keinen Unterschied machen.

A.G.-H.: Wenn ein Mädchen ebenso wie ein Junge ein solches Ausmaß von Aggressivität an den Tag legt, wie kann es gleichzeitig nach außen diese »natürliche Müdigkeit«, diesen »passiven Widerstand«, zeigen, die Sie an anderer Stelle erwähnt haben?

F.D.: Aber glauben Sie mir, dieser Widerstand ist sehr stark und gefüllt mit einem phantastischen Begehren.

Und das schläfrige Verhalten des Mädchens resultiert daraus, dass es sich davon einen Nutzen verspricht. Es weiß um das Begehren, mit dem die Aggressivität eines Mannes auf es abzielt und hat Angst um sein eigenes Begehren, von den Jungen und von den Männern angegriffen zu werden.

265

A.G.-H.: In gewisser Weise beherrscht es sich …

F.D.: …weil es fürchtet in eine Leidenschaft hineingezogen zu werden. Beim Mädchen nimmt die Aggressivität weniger sichtbare Formen an, eben weil sein Geschlecht weniger sichtbar als das des Jungen ist.

A.G.-H.: Hat das Mädchen dann ebenso wie der Junge den Wunsch sich zu verteidigen und anzugreifen?

F.D.: Es empfindet weniger den Wunsch anzugreifen. Es greift den an, der es angreifen will, aber nicht den, der es in Ruhe lässt. Aber ob Mädchen oder Junge, der Mensch verteidigt sein Begehren und die Freiheit seines Begehrens von klein auf. Bei manchen Müttern fällt es sehr schwer seine Freiheit zu verteidigen, selbst beim Essen. Wie viele Mütter lassen ihrem Kind nicht einmal seinen eigenen Rhythmus um seinen Brei herunterzuschlucken. Sie füllen es gegen seinen eigenen Rhythmus ab, gegen den Wunsch und das Bedürfnis des Kindes.

A.G.-H.: Dieses Stopfen führt zur Anorexie.

F.D.: Ja, denn bei der Anorexie handelt es sich um eine symbolische Selbstverteidigung des Subjekts. Sie besagt: »O.k., der Körper wird sterben, aber das Subjekt soll sich selbst erhalten bleiben, und zwar als ein freies Subjekt.«

A.G.-H.: Aber viele Mütter machen diesen Fehler.

F.D.: Ihre eigene Angst veranlasst sie dazu das Kind mit Essen zu überhäufen und voll zu stopfen. Die Eltern setzen kein Vertrauen ins Leben, das sich auch schon im intrauterinen Stadium ganz natürlich abspielt, ohne Zutun der Mutter. Die Ärzte kennen die Ängste der Mütter, weil sie es selbst mit der Angst zu tun kriegen, wenn ihr kleiner Patient abmagert.

Sie wissen immer noch nicht, dass das Kind ein sym-
bolisches Wesen ist und keine »Verdauungsröhre«,
kein kleines Etwas, das nur an der Brust seiner Mut-
ter hängt, sondern ein begehrendes Wesen, das nicht
nur aus einfachen Bedürfnissen besteht.

Das Begehren des Kindes kann auch in Widerspruch zu dem
seiner Mutter stehen, wenn sie ihm seine Freiheit verbietet.

A.G.-H.: Immer noch sieht man Mütter, die im Freien zu ihren Kindern sagen: »Pass auf, du machst dich dabei schmutzig.«

F.D.: Was heißt: »Wenn du nach deinem Begehren lebst, werde ich die Arbeit haben!«

A.G.-H.: Aber sie haben ja eine Waschmaschine.

F.D.: Darum geht es nicht, hier kommen ethische Vorstellungen ins Spiel. Eine Ethik, die darauf hinausläuft, dass der äußere Schein wichtiger ist als das Leben.

A.G.-H.: Ich glaube, dass Mädchen, die sich schmutzig machen, noch stärker unterdrückt werden als Jungen.

F.D.: Weil die Mutter ihre Tochter mit der identifiziert, die sie
selbst als Kind war. Zu ihrer Zeit wurden hauptsächlich Mädchen beschimpft, wenn sie sich schmutzig machten. Es dauert
sehr lange, bis sich Lebensgewohnheiten verändern. Die
Frauen haben heutzutage das Recht zu studieren, sind mit
achtzehn Jahren volljährig, aber ich kenne noch Familien, in
denen die Eltern sagen: »Das Gesetz ist mir egal, du verlässt
das Haus ohne unsere Erlaubnis erst, wenn du einundzwan-
zig bist.« Wenn diese Frauen einen starken Willen haben ab-
zuhauen, machen sie es und begeben sich in entsprechende

soziale Gefährdungen, werden zu Ausreißerinnen und die Eltern haben dann kein Recht mehr sie wieder zurückzuholen. Wenn sie aber von ihren Eltern abhängig bleiben, die sie mit Geld eindecken, nun denn ... Was die Lebensdynamik betrifft, führen die reichen Milieus beim Individumm zu der stärksten Verarmung. Die Kinder entwickeln sich dort in völliger Abhängigkeit, während Kinder aus armen Elternhäusern viel selbstständiger sind, weil sie wissen, dass sie später ihr Geld in jedem Fall selbst verdienen müssen.

Die Oberschicht ist also bezogen auf das Triebmäßige arm und verteidigt sich, indem sie ihre Kinder überbehütet. Und je mehr sie sie schützt, umso ohnmächtiger und kraftloser werden sie.

Selbstständigkeit ist das Erste, was man einem Kind meiner Meinung nach beibringen sollte. So dass es allein isst, sich anzieht, sich wäscht. Mein Sohn ist mit drei Jahren ganz allein in den Kindergarten gefahren ...

Vier Jahre alt

Die Erziehung zielt darauf ab, dass sich jedes Kind nach und nach von den anderen unterscheidet, indem es seine Fähigkeiten entwickelt ohne der Entfaltung der anderen bewusst (die Kleinen sagen: mit Absicht) zu schaden.

Fragen Sie das vierjährige Mädchen oder den vierjährigen Jungen immer wieder nach seiner Meinung über alles, was sie um sich herum sehen und wahrnehmen, unter Leuten, beim Betrachten von Werbeplakaten, Schaufenstern usw. Einzige wichtige Ausnahme: Ihre Aufmachung und Ihre Beziehungen zu seinem Vater oder seiner Mutter (wenn das Gespräch zwischen Vater und Kind stattfindet). Wenn es um Ihren Mann oder Ihre Frau geht, stopfen Sie ihm die Worte nicht in seinen Rachen zurück, nehmen aber das Gesprächsthema auch nicht von selbst wieder auf.

Was Ihre Beziehungen zu anderen Kindern aus der Familie oder von Freunden betrifft, spricht es gewöhnlich von selbst mit Ihnen darüber und gibt sein persönliches Urteil ab. Blamieren Sie das Kind niemals, gehen Sie auf es ein, auch wenn sie manchmal erstaunt sind ...

Egal, was es Ihnen sagt, geben Sie ihm das Recht so zu denken.

Sind sie damit nicht einverstanden können Sie ihm auch den Rat geben, einmal mit jemand anderem darüber zu sprechen, um das Thema noch einmal aufgreifen zu können. Verteidigen und rechtfertigen Sie sich nicht; einerseits nutzt es nichts, andererseits ist es vielleicht nur die Wahrheit, die Sie verletzt hat. Sie können dem Kind sagen: »Du leidest darunter und dennoch liebe ich dich.« Oder auch: »Du siehst, auch Eltern machen Fehler.«

Ein vierjähriges Kind kann bei der persönlichen Auseinandersetzung mit uns selbst eine außergewöhnliche Hilfe sein.

Auf Urteile des Kindes wie »Du liebst mich nicht« oder »Der oder die liebt mich nicht« können Sie antworten: »Du auch nicht, du hast es niemals gewollt mich zu lieben, noch überhaupt zu lieben, es höchstens (wenn es der Fall ist) manchmal ausgehalten.«

Mit Worten und dem gemeinsamen Austausch über ihre Auffassungen, Ansichten und indem Sie ihm helfen sie zum Ausdruck zu bringen, können Sie den kritischen Verstand Ihres Kindes in diesem Alter schärfen. Sie können es darin unterstützen nicht so zu denken wie dieser oder jene, den es liebt oder bewundert, sondern selbstständig seine Meinung zu vertreten. Es ist das Alter in dem man dem Kind helfen muss, Liebe nicht mit Vereinigung, mit Abhängigkeit oder Gehorsam zu verwechseln. Also sollten wir uns diesbezüglich auch über unsere Beziehung zu dem Kind im Klaren sein. Den Geschmack und das Verhalten derer, die man liebt *tolerieren*, heißt weder beides nachzuahmen noch im Namen einer vorgeblichen Liebe immer zu rechtfertigen. Es geht darum zu entdecken, wer man selbst ist, in dem, was vielleicht ähnlich ist wie bei den anderen, aber sich dennoch davon sehr unterscheidet.

Der Einfluss von Tieren, Steinen und Pflanzen auf die Psyche des Kindes

Ich möchte über ein Thema sprechen, mit dem sich die Psychologie bislang wenig beschäftigt hat, über die affektiven Beziehungen des Kindes, aber in diesem Fall nicht zu seinen Eltern, sondern zu den Pflanzen, Steinen und Tieren. Wenn ich von »Pflanzen« spreche, dann meine ich die ganze Pflanzenwelt, also die Bäume, die Blätter, die Blumen.

Ich werde auch über die Beziehungen des Kindes zu den Mineralien sprechen. Es ist sehr wichtig, die Entwicklung des menschlichen Wesens von Anfang an zu verfolgen. Und wie lange dauert es beim Kind sich als ein menschliches Wesen, vergleichbar anderen Menschen, zu begreifen, zu verstehen, dass es weder ein Kiesel, eine Pflanze noch ein Tier ist!

Das mag Sie erstaunen, aber wenn ich Sie an Ihre Erfahrung erinnere und die Aufmersamkeit auf Ihre Erinnerungen lenke, wissen Sie, dass ein Kind zum Spielen Gegenstände braucht, die Tiere repräsentieren, sei es aus Stoff oder irgendeinem anderen Material. Das wissen alle Erwachsenen, haben aber niemals wirklich darüber nachgedacht.

Sie wissen auch, dass sich das Kind bei Spaziergängen auf die bunten Blüten stürzt, sie mit Freude und Übereifer abrupft und in die Hand nimmt. Eine Begeisterung, die in sich zusammenfällt, sobald es bemerkt, dass die Mutter mit seiner »großartigen« Leistung nicht zufrieden ist, es ausschimpft etwas Unnützes gepflückt zu haben – und dann noch ohne Stengel! Denn leider unterscheiden sich für das Kind die Werturteile des Erwachsenen vollkommen von seinen eigenen.

Der Einfluss der Pflanzen

In welchem Alter reagiert das menschliche Wesen sensibel auf Pflanzen? Es geschieht, kurios genug, im Alter von drei Monaten, noch bevor es richtig sehen kann.

Wenn sie bei einem bewegungslosen Baby, das ein Lächeln offensichtlich ignoriert, Freude hervorrufen wollen, zeigen Sie ihm ein Kastanienblatt, ein Blatt von einem Gummibaum, von irgendeiner ganz gewöhnlichen grünen Zimmerpflanze: Sie werden sehen, wie sich dieses Kleine, das noch nie gelächelt hat, begeistert, aus voller Lunge atmet und alle Anzeichen eines wirklichen Austauschs erkennen lässt, den es bis zu diesem Zeitpunkt offensichtlich noch niemals gehabt hat. Das ist sehr interessant, denn wir beobachten, wie sich zwischen dem Kind, das streng genommen noch nicht sieht, und den Pflanzen etwas wunderbar Aufregendes und ganz und gar Heilsames abspielt ohne diesen Austausch genau bestimmen zu können.

Wenn sie in Ihrer Umgebung ein stark zurückgebliebenes Kind kennen, das sich aus physiologischen Gründen niemals weiterentwickeln wird, dessen Gesichtszüge etwas definitiv Gealtertes verraten, bevor sie überhaupt jung waren, dann halten Sie einmal (wenn es achtzehn Monate alt ist, zwei oder drei Jahre) mehrere grüne Blätter in sein Gesichtsfeld und wedeln ein bisschen damit; vielleicht wird seine Mutter ihr Kleines zum ersten Mal lächeln sehen. Was ist passiert? Offenbar hat ein *Austausch* stattgefunden. Und alles bei dem Kind zeugt von der Aktivität dieses Austauschs, zuerst eines physiologischen Austauschs, der dann von einem typisch menschlichen Ausdruck begleitet wird, von seinem Mienenspiel bis hin zu einem Lächeln.

Das ganz kleine Kind schenkt bunten Flecken nicht mehr Aufmerksamkeit als zum Beispiel Blättern. Aber mit acht

Monaten liebt das gesunde Kind die bunten Tupfen. In den Blumen findet das Kind, was es gleichzeitig an den Pflanzen und am Leben der Farben begeistert. Das ist der geeignete Moment, in dem Eltern den Kindern Blumen geben können. Das Kind will sie aber auch in die Hand nehmen, sie mit den Fingern zermatschen oder manchmal auch mit dem Mund.

Auf einer Blume herumzukauen gibt dem Kind das Vergnügen, sie einerseits betrachten und andererseits sinnlich spüren zu können. Ich möchte Ihnen in diesem Zusammenhang den Satz eines etwas älteren Kindes von drei Jahren zitieren. Dieser kleine Junge malte sehr gerne Blumen und malte sie, wenn man so will, von der Natur ab. Er betrachtete die Natur nur um sie möglichst getreu, zumindest seinem Urteil nach, abzumalen. Aber natürlich mischten sich unter seine Zeichnungen auch unbewusste Vorstellungen. Sei es durch Selbsterziehung oder durch die Erziehung seiner Umgebung, dass der Dreijährige sich schon damit abgefunden hatte, dass man Blumen nicht isst; dafür riss er sie gerne heraus und meinte sie besser malen zu können, wenn man sie betrachtet und dabei ihre Blütenblätter entfernt. Sie kennen das Spiel: »Er liebt mich, er liebt mich nicht« usw. Er hatte schon das soziale Alter erreicht, in dem sich das Kind dessen, was es tut, völlig bewusst ist. Auch wenn kein Freund in seiner Nähe war, nahm er die Blumen und zupfte ihnen wortlos die Blütenblätter ab, was ihm ganz offensichtlich großes Vergnügen bereitete …

> *Dieser kleine Junge malte auch gerne Früchte und sagte: »Man kommt besser auf ihre Farbe, wenn man sie gleichzeitig isst.«*

In der Tat nimmt das Kind ja den Kontakt zur Welt dadurch auf, dass es anfängt sie sich *einzuverleiben*. Sie haben sicherlich schon von den affektiven Stadien gehört, in denen das Kind mit sogenannten »archaischen« Mitteln den Kontakt zur Außenwelt herstellt, die sich vorzustellen ein Erwachsener Mühe hat. Das Kind hat zum Beispiel Lust seine Mutter zu essen. Weil alles, was es lernt, von der Mutter kommt, ist sie auch gut zu essen: Alles, was es liebt und was draußen ist, möchte es in sein Inneres aufnehmen. Alle traumatischen Störungen, die aus der Abwesenheit der Mutter resultieren, haben nicht mit ihrem Fehlen in der Außenwelt zu tun, sondern mit ihrem Fehlen im inneren Leben, das sich beim Kind entsprechend bemerkbar macht. Was die mütterliche Pflege betrifft, kann die Mutter von jemand anderem ersetzt worden sein. Aber diese Person hat das Innere des Kindes nicht mit ihrer notwendigen affektiven Präsenz ausgestattet, weil das Kind nicht allein von der Nahrung lebt, sondern von der affektiven Anwesenheit, die es zusammen mit der Nahrung in sich aufnimmt. Das Kind nimmt gegenüber Pflanzen, Blumen oder Bäumen dieselbe Haltung ein, die einer *Einverleibung*.

Kinder identifizieren sich gerne mit Erwachsenen. Ebenso gerne identifizieren sie sich mit Bäumen. Dabei handelt es sich um ein Spiel, das die Eltern nicht ausreichend verstehen: nichts ist für ein Kind aufregender als sich im Blattwerk eines Baumes zu verstecken. Nur auf dem Land weiß man, wie gerne sich Kinder aus Blättern Kronen basteln und sich selbst wie einen Baum herausputzen. Es ist nicht dasselbe wie die einfache Verkleidung mit irgendwelchem Flitter; die Kinder glauben mit ihrer Verkleidung selbst Teil der Natur zu sein und beziehen daraus ein herrlich aufregendes Gefühl von Fülle und Überfluss, das sie in ihren Kostümen als Indianer, Krankenschwester oder Briefträger nicht empfinden würden.

Wenn dieses Stadium der Liebe zu den Blumen und Pflanzen nicht verwirklicht wird, lassen sich bei den Kindern schwere Störungen ihres Selbstbezugs feststellen, erwähnenswert sind in diesem Zusammenhang die Verdauungsstörungen.

Wenn ein Kind keine Blumen liebt, keine Pflanzen, keine Bäume, kann es keinen Appetit haben.

Ich möchte über ein Mädchen sprechen, über das ich mehrere Artikel geschrieben habe, über poupée-fleur (Blumenpuppe). Es handelte sich um ein kleines magersüchtiges Mädchen, das weder seine Stofftiere noch Puppen mochte. In der Behandlung wurde sie zur Erfinderin, denn ich habe nur empfangen, was von ihr kam. Angesichts ihres großen Interesses an einer »Blumenpuppe« bat ich ihre Mutter uns eine Puppe zu fabrizieren: sie sollte bis über den Kopf mit grünem Stoff bespannt sein, also kein Gesicht haben und eine Krone aus künstlichen Margeriten tragen. Die Idee entwickelte ich aus der Vorstellung heraus, das Kind könne auf diese Puppe seine instinktiven Bedürfnisse projizieren, die noch fest an das orale Stadium geknüpft waren und sich auf diese Weise ihrer bewusst werden.

Und was sage ich – poupée-fleur brachte ein Wunder hervor, wenn man als Wunder bezeichnen kann, dass sich ein Kind wieder das Recht nimmt Nahrung zu sich zu nehmen und sich zu lieben, indem es isst.

Ausschlaggebend dafür war lediglich eine Blumenpuppe gewesen, die es lieben konnte. Und das, obwohl es die Stadien, in denen es seinem Verdauungstrakt große Beachtung schenkt und sich wohlig fühlt, wenn er wieder aufgefüllt wird, übersprungen hatte und sogar das Alter hinter sich gelassen, in dem man spontan seine Mutter liebt, die Blumen und jemand anderen. Später haben mir Leute, die auf dem Land leben, von ähnlichen Resultaten erzählt: »Zwei Stunden, nachdem es die Blumenpuppe bekommen hatte, aß das Kind, das in seinem Leben immer nur an Keksen geknabbert hatte, abends Fleisch und ernährte sich am nächsten Tag wie alle anderen auch.« Nie zuvor hatte seine Mutter einen ähnlich ekstatischen Ausdruck bei ihrem Kind gesehen; es sagte unaufhörlich, während es über die Blumenpuppe nachdachte: »Sie ist so schön« ohne dass es wagte, sie zu berühren. Diese ästhetische Bewunderung für eine Blume provozierte eine Wiederbesetzung (wie wir uns psychologisch ausdrücken) des Rechts, die Nahrung schlucken zu dürfen, so dass es mit der Welt der Pflanzen wieder Frieden schließen konnte.

Einige Kinder entwickeln im Verlauf ihrer Entwicklung hysterische Hassgefühle auf die eine oder andere Pflanze. Es hat immer mit einem Verdauungsproblem zu tun. Es scheint, dass der Kontakt zu Pflanzen dem Menschen gestattet das Vegetative in sich zurückzugewinnen, wieder in den Vollbesitz seiner Atmung und Verdauung zu kommen. Es gibt ja auch den Spruch, dass jemand, der müde oder abgespannt ist, »ins Grüne« fahren soll. Offenbar stellen die Pflanzen besonders für die Stadtmenschen etwas ganz Besonderes und Notwendiges dar, von dem sie sich schon seit langer Zeit entfernt haben. Was auch für die gilt, die auf dem Land leben, wenn sie keinen affektiven Kontakt mehr zur Natur haben.

Die Vorstellung der Bäume, ihres ganzen Ausmaßes, der Wurzeln, des Stammes und der Zweige entwickelt sich erst mit vier Jahren. Vor vier Jahren weiß das Kind nichts von den Wurzeln. Aber ab vier Jahren weist ihre Abwesenheit in Kinderzeichnungen auf Probleme zwischen dem Kind und seinen Eltern hin, die ja seine eigenen Wurzeln sind. Das Kind kann sich mit diesem Baum nicht identifizieren: »Wenn ich eine Blume wäre, ein Baum, hätte ich keine Wurzeln«. In diesem Alter verläuft eben alles nach dem Plan der Identifikation. Sie können das Kind, das mit den Wurzeln seines Lebens, d.h. mit seiner Vergangenheit Probleme hat, fragen, wie sein gemalter Baum eigentlich aufrecht stehen soll: er müsste, seiner Wurzeln beraubt, eigentlich festgeklebt sein.

Manche Menschen mit Lebensmittelphobien können keine Wurzeln essen, andere wiederum lieben Wurzeln über alles. Hier handelt es sich um affektive Elemente, die unbemerkt auftauchen und auf die man achten sollte, wenn man ein Verhalten erklären will, das man sonst nicht verstehen würde. Ein solches Verständnis könnte uns dabei helfen den Menschen in seinem wirklichen Wert zu begreifen und nicht nach Kategorien von Gut und Böse, in seinem vitalen Wert, was seine Lebensenergie betrifft.

Der Einfluss von Mineralien

Erst nach den Pflanzen scheint das Kind zu verstehen, was Mineralien eigentlich sind. Am Anfang zählen nur Elemente wie die Erde, der Sand und das Wasser. Das Kind besitzt von Mineralien noch keine Vorstellung. Sie sind ihm Dinge zum Spielen, zum Werfen, sich in den Mund zu stecken. Gegen drei Jahre, wenn die ersten Anzeichen für eine Liebe zu zerbrechlichen und vergänglichen Pflanzen auftauchen, rückt die Bedeutung von Steinen in den Vordergrund.

> *Sie können ein Kind beim Anblick fallender Blätter*
> *leiden sehen und beobachten, wie es sie aufliest,*
> *damit sie nicht unglücklich sind.*

Es hat in seinem eigenen Leben noch nicht begriffen, dass die Dinge ein Recht haben zu verschwinden. Und sei es auch nur durch seine Erziehung, dass das Kind in dieser Phase innerlich die Überlegenheit der Steine erkennt. Weil sie immer da sind, sind sie von unvergänglichem ästhetischen Wert, auf den man sich verlassen kann.

Manche Kinder, die mit ihrer Familie oder allem Lebendigen Probleme haben, beziehen sich geradezu zwanghaft auf Steine. Ich habe eines gesehen, das schon ein richtiger Mineraloge war. Der Junge war in Wirklichkeit ein Ausreißer, der Steine klaute, jemand der zwanghaft hinter Steinen her war. Als er in mein Arbeitszimmer kam, schrie er: »Super! Bergkristall, Amethyst.« Jeder kleinste Stein in meinem Zimmer folgte in seiner Aufzählung, sonst sah er nichts. Im weiteren Verlauf des Gespräches zeigte sich, dass dieses Kind in seiner Existenz niemals einen stabilen Wert besessen hatte. In seiner Tasche trug er zwei Steine mit sich herum, den guten und den bösen. Und weil ein Stein unvergänglich ist, musste der ganze Tag für ihn schief gehen, wenn er den bösen berührte. Wenn der Stein lügen würde, hätte er keine andere Wahl gehabt als sich umzubringen, da nichts außer den Steinen einen Wert für ihn besaß. In seinen Augen versprachen seine Eltern ihm keine Sicherheit. Das Ausreißen dieses Kindes wurde einzig und allein von der Suche nach lauter verschiedenen Steinen motiviert, was ihn zu den Schaufenstern und verschiedenen Straßenbelägen unter der Sonne von Paris trieb. Er war unschlagbar: »Diese Straße ist mit solchen Steinen gepflastert, in dem Schaufenster, in der Vitrine beim Antiquitätenhändler liegen die und die Steine.« Er kannte ganz Paris an den Namen von Steinen, die sich dort und dort befanden.

> *In Wirklichkeit suchte er vollkommen verzweifelt nach etwas, das für ihn von unvergänglichem Wert war, nach einer ethischen und ästhetischen Größe.*

Weil er sich im Verlauf der Psychoanalyse darüber bewusst werden konnte, wurde er aus schulischer Sicht ein durchaus angepasster Junge. Nachdem ich ihn nach langer Zeit wieder traf, sagte ich zu ihm: »Und die Steine?«

»Das war, als ich klein war.« Er hatte damit ein Symptom zum Ausdruck gebracht.

Das Kind im Alter von drei Jahren besitzt gegenüber Steinen also eine positive Haltung. Es bedarf nur eines Steines um sich sicher zu fühlen. Wenn man ihm die Bedeutung zukommen lässt, er sei gut, er würde Mutter gesund machen oder jemandem bei der Arbeit helfen, bekommt dieser Stein einen magischen und unvergänglichen Wert. Nichts anderes auf der Welt ist für das Kind unvergänglich: ein Papier zerfällt, es macht Spaß es zu zerreißen; eine Blume verwelkt, eine Speise wird gegessen;

> *Eltern ändern sich ständig, man weiß nicht, was sie denken, einen Tag bekommst du eine Ohrfeige, am nächsten unternehmen sie bei derselben Angelegenheit nichts. Nur die Steine verändern sich nie.*

In diesem Lebensabschnitt muss das Kind mit der Vorstellung des Todes fertig werden und mit dem Gedanken an das Beständige im Vergänglichen.

> *Wenn Sie ein Kind von drei Jahren sehen, das einseitig auf Steine fixiert ist, können Sie sicher sein, dass es anfängt das Vergängliche zu begreifen und es ihm schwerfällt, es als solches zu akzeptieren. Es fühlt sich selbst davon aufs Korn genommen, davon berührt. Also muss es ein paar Steine lieben um sicher zu sein, dass wenigstens etwas von ihm nicht verschwindet, selbst wenn es bewegt wird.*

Bei der Betrachtung der positiven wie negativen Rolle, die Steine im Leben eines kleinen Kindes spielen, habe ich nebenbei das Problem der Zwanghaftigkeit gestreift. Um zwanghafte Gedanken zu definieren sagt man: »Sie sind wie eine Mauer.« Sie scheinen tatsächlich so etwas wie ein unvergängliches Gefängnis zu bilden, eine Steinkonstruktion, von der man nicht weiß, wie man sie zerstören kann, weil die gewöhnlichen vitalen Mittel hierfür nicht auszureichen scheinen.

Zwangsgedanken entstehen aus Angst vor einem affektiven Tod. Am Anfang übernehmen sie eine Schutzrolle, bevor sie jemanden mit der Zeit ganz gefangen nehmen.

Einfluss der Tiere

Im Gegensatz zu landläufigen Vorstellungen interessieren Kinder zuerst die allerkleinsten Tiere. Die Flöhe, die Ameisen, die Würmer und alles, was so herumwuselt, interessieren das Baby von acht oder neun Monaten.

Wenn es großen Tieren seine Aufmerksamkeit schenkt, dann höchstens deswegen, weil sich seine Eltern mit ihnen beschäftigen. Vögel interessieren es nur, wenn man sie ihm zeigt bzw. wenn sie das Baby irgendwo in der Ferne als kleine Punkte sieht und sie nicht greifbar sind.

Ein Kleinkind, das sich für die kleinen Tiere interessiert, hat am Anfang überhaupt keine Angst vor ihnen. Sobald es allerdings bemerkt, dass sein Finger Herr dieser Tiere ist, dass es sie zerdrücken kann und sie sich dann nicht mehr bewegen, empfindet es Vergnügen und Angst zugleich. Denn durch das Tier entdeckt das Kind den Tod und ebenso den Stillstand der Bewegung. Es selber ist ja in einem Alter, in dem seine Beweglichkeit erwacht: mit neun Monaten entdeckt es die winzigen Tiere; im Laufalter entdeckt es die Enten, die Hühner; mit achtzehn Monaten die Säugetiere: Das Leiden und der Tod ist für das Kind im Kontakt mit der Tierwelt das Hauptproblem.

Indem Eltern ihr Kind glauben machen, es würde ein Tier zum Leiden bringen, neurotisieren sie es.

Natürlich gibt es Kinder, die Tiere ärgern und belä-
stigen, von den Tieren dafür aber offensichtlich be-
wundert werden. Warum? Sicherlich deswegen, weil
diese Tiere keinerlei destruktive Absicht verspüren.

Es scheint, als würden diese Haustiere oder Tiere auf Bauern-
höfen zwischen sich und den Kindern so etwas wie einen lebendigen Austausch spüren. Fügt das Kind ihnen allerdings
wirklich etwas zu, zeigen sie ihm mit einem Prankenhieb
oder Biss, dass sie sehr wohl in der Lage sind sich zu verteidigen. Es ist gefährlich, wenn Erwachsene solche Reaktionen
mit dem Satz kommentieren: »Siehst du, jetzt hast du ihm
wehgetan.« Besser man sagt ihm: »Siehst du, es weiß sich sehr
wohl zu verteidigen.« Das ist ganz wichtig, denn die Tatsache
sich zu verteidigen ist ja weder gut noch böse und zeugt lediglich vom Selbsterhaltungstrieb des Tieres. Das Kind entdeckt, dass es die Grenze des Erlaubten überschritten hat,
und genau das ist es ja, was es reizt, nämlich eine solche Grenze zu überschreiten. Gerade die Erwachsenen sollten sich
nicht einmischen, weil sie mit ihrem »Vermenschlichen« der
Tiere alles verpfuschen statt die Tiere Tiere sein zu lassen. Die
Begegnung mit dem Tier wird für die Kinder sonst zu einer
»zwischenmenschlichen« Erfahrung, genauso wie man sagt,
jemand sei »bissig«. Dabei geht es doch nur darum: Man
selbst hat gezeigt, wie stark man ist und das Tier hat gezeigt,
dass es auch stark ist. Wenn sich das Kind dabei verletzt, »geschieht es ihm nicht recht«, sondern es handelt sich um eine
durchaus positive Erfahrung, die es zuerst machen und dann
akzeptieren muss. In seinem Wissen bedeutet sie einen guten
Schritt voran.

Mit dem Tod eines Tieres entdeckt das Kind eine Grundbe-
dingung allen Lebens. Die Eltern sollen dem Kind den Tod
nicht als etwas Schlechtes, sondern als Tatsache hinstellen.
Wenn das Kind, was ganz normal ist, unter dem Tod eines
Haustieres leidet, sollte man sein Leiden nicht dadurch ver-

schlimmern, dass man es dafür schuldig macht. Wenn ein Kind sieht, wie ein Auto ein Kätzchen überfährt, mit dem es gespielt hat, soll man ihm nicht sagen: »Siehst du, genau dasselbe kann dir auch passieren«, weil es diese Befürchtung bereits hat, sondern: »Das kleine Kätzchen ist vielleicht nicht lange genug bei seiner Mutter geblieben, es wusste noch nicht, wie man über die Straße kommt, aber das macht nichts, die Mutter wird noch neue kriegen.« Diese Haltung ist erzieherisch wertvoll und Sie werden sehen, dass das Kind schon am Abend nach einem anderen Kätzchen fragt. Das Kind musste diese Erfahrung machen, braucht deshalb aber nicht nicht das Gefühl zu haben, der Tod sei eine entsetzliche Angelegenheit. Das Kind kann den Tod seiner Eltern noch nicht zulassen; es kann aber den Tod von etwas Lebendigem, das es liebt, unter der Bedingung zulassen, dass es sich weiter an es erinnern kann, auch wenn er das Lebendige materiell von ihm trennt.

Wenn auf dem Land ein Haustier geschlachtet wird um es anschließend zu verspeisen, muss man den Wunsch des Kindes respektieren, davon nicht essen zu wollen.

Eltern, die ihr Kind oft »mein kleines Häschen« nennen und vor ihren Augen einen Hasenbraten in den Backofen schieben, sind immer ganz erstaunt es eines Tages sagen zu hören: »Wann wird eigentlich meine kleine Schwester gebraten?«

Das Kind kommt immer auf solche Gedanken, die man ihm eingibt. Später wird es Ihnen sagen: »Als ich klein war, habe ich gesagt, wie gut es wäre, wenn man die kleine Schwester endlich verspeisen würde; aber hätten wir sie damals gegessen, wäre sie heute nicht mehr da.«

Nach und nach kommt das Kind zu der Einsicht ein Mensch zu sein, der gezwungen ist von Pflanzen und Tieren zu leben, indem er sie zerstört bzw. tötet. Wir können gar nicht anders als diese Form der Zerstörung zu akzeptieren, und zwar nicht, indem wir sie als gut oder schlecht bewerten. Wie alle primitiven Wesen sind wir zivilisierten Erwachsenen gezwungen zu töten um uns zu ernähren.

Wenn wir ein Tier, das ein Kind geliebt hat, töten, ist es besser, das Kind ignoriert einfach, dass davon gegessen wird anstatt ihm die Tatsache noch zu unterstreichen: »Du bist ja blöd, schließlich muss man etwas essen.« Größer geworden, wird es eines Tages sagen: »Die Menschen sind böse, sie essen Tiere.« Und Sie erklären ihm, dass die Menschen sterben würden, wenn sie nicht Pflanzen und Tiere essen würden. Nur weil wir Menschen sind, können wir die Tiere, die wir gegessen haben, lieben und ihnen von daher eine gewisse Wertschätzung zukommen lassen.

Um das Gefühl zu haben an der Gesellschaft von Tieren zu partizipieren, stört es Kinder auch nicht, mit der Pfote einmal eine gewischt zu kriegen. Immer handelt es sich dabei um aggressive Beziehungen, die auf gegenseitiger liebevoller Anziehung beruhen, d.h. um das Bedürfnis eines vollzogenen Austauschs.

Häufig identifizieren sich Kinder mit wilden Tieren. Sie wissen ja, wie viele Kinder gerne Krokodil spielen, Tiger oder Löwe. Das hat mit den aggressiven Instinkten der Menschen zu tun, die man in der Gesellschaft nicht zulassen kann.

Sich in ein wildes Tier zu verwandeln, das sehr weit weg lebt und in Gegenden, wo keine Menschen wohnen, gibt den Kindern das Recht aggressive Gefühle auszudrücken, die es bei seiner Entwicklung unterstützen werden und die tatsächlich niemandem schaden. Und so, wie sich diese Tiere wieder ins dichte Buschwerk zurückziehen können, sollten auch Sie Ihren Kindern möglichst viel Freiheit geben in der »Wildnis« leben zu können, d.h. auf der Straße oder auf dem Land.

Sagen Sie Ihren Kindern nicht: »Jetzt hör endlich auf so herumzuschreien!« Lassen Sie es alles machen, »was zum Lachen ist« und ihm gut tut. Wenn man etwas »nur zum Spaß« machen kann, kann man auch besser ernsthaft leben.

Ein kleiner Junge versuchte seinem Bären gute Manieren beizubringen: »Und wenn du mir nicht gehorchst, dann werde ich sie dir beibringen!« Und er versetzte dem Bären mit diesen Worten einen Klaps. Genau diese Methode, jemandem die Zivilisation »manu militari« beizubringen, übertragen wir auf das Kind.

Also lassen wir unseren Kindern das Spiel wie die wilden Tiere zu leben, aber beteiligen uns nicht selbst daran, weil wir ihnen damit keinen Dienst erweisen werden. Mit viereinhalb oder fünf Jahren haben sie das Alter erreicht, in dem sie den Ödipuskomplex ausleben können, mit anderen Worten, es findet eine erste Integration ihrer Triebe und deren Zivilisation statt. Ihr Bewusstsein, Mensch zu sein entwickelt sich ebenso wie das Bewusstsein, unzertrennlich mit der Gruppe durch ihre sozialen Regeln verbunden zu sein.

Sie werden über viele Möglichkeiten verfügen, ihre aggressiven Gefühle in ihrer Phantasie auszuleben, so dass sie nicht in die zwischenmenschlichen Bindungen eingehen. Die Gefühle des Bruders bezogen auf seine Schwester, des Jungen auf seinen Vater, der Tochter auf ihren Vater, der Tochter auf ihre Mutter können mit heilender Wirkung in das Reich der Phantasie eintreten: imaginäre Kämpfe zwischen Tier und Mensch, zwischen Tier und Pflanze, Tier und Stein, Tier und Monster.

Wofür es ja auch die Märchen gibt. Rotkäppchen, wo der Wolf die Großmutter frisst, wird oft zu früh erzählt. Aber in einem bestimmten Alter hat das Kind einen wahren Heißhunger auf derartige Geschichten, und wenn man sie ihm nicht erzählt, erfindet es sie selbst. Es spielt »Wolf« und tut so, als ob es Sie fressen wolle – und es ist so angenehm dieses »So-tun-als-ob«!. Auf diese Weise lebt das Kind seine Gefühle der Einverleibung aus. Es handelt sich um primitive Regungen, es isst, wenn es sich die Erwachsenen einverleibt, jemanden, den es gern hat. Doch statt der magischen und gefühlsmäßigen Einverleibung muss es lernen, sich mit diesen Erwachsenen auf zivilisierte Art und Weise identifizieren; was einzig und allein vermittels der kulturellen Identifikation geschieht.

Wenn das Kind das Alter erreicht, in dem es versteht, dass der Tod auch seine Eltern oder diejenigen, die es lieb hat, treffen kann, reagiert es manchmal mit einer Verneinung seines Menschseins. Es will kein Mensch werden, weil die Menschen, im Gegensatz zu den Tieren, nicht ersetzbar sind. Wenn das Kind beim Tod eines Huhnes, einer Katze oder eines Hundes, den es liebt, großen Kummer hat, sollten sie den Kummer akzeptieren ohne ihn gleich allzu tragisch zu nehmen und das Kind wird schnell andere Tiere gern haben; es wird sich mit der Tatsache des Todes abfinden, mit diesem ständigen Vergehen, das der Folge der Jahreszeiten entspricht. Menschen, die ihre Tiere geliebt haben, sagen bei deren Tod: »So einen werde ich nie wieder haben« – und schaffen sich umgehend einen neuen Hund an. Der Mensch kann die Liebe, die er mit jemandem geteilt hat, auf einen anderen zu übertragen. Das von uns gegangene Tier ist ersetzbar; nur die Menschen sind ganz und gar unersetzlich. In der gelebten Erfahrung eines Menschen gibt es etwas, das ihn niemals mit jemand anderem gleichsetzt, und sei es ein Zwilling.

Bei Kindern, die allein aufwachsen, also Einzelkindern, sollte man auf ihre Gefühle Acht geben, die sie gegenüber Tieren empfinden. Ich möchte Ihnen den Fall eines kleinen Mädchens vorstellen, das einen Kontakt zu seiner Umgebung nur herstellen konnte, indem es sich bei allen einschmeichelte. Ständig war es das Objekt von Blicken und Bewunderung;

die ganze Familie lebte von der Liebe zu ihr, denn sie war niedlich, hübsch und immer »lieb Kind«, wenn man sie vorzeigte. Sie selbst aber hatte keinen anderen wahren und lebendigen Austausch als mit einem Hund. Obwohl der Hund kränkelte, weigerte sich der Vater ihn während der Flucht 1940 mitzunehmen; er sei zu krank und würde wahrscheinlich in den kommenden Monaten sterben. Eine Entscheidung, die ihm niemals verziehen wurde. Die heute 20jährige Frau ist innerlich immer noch von einer Art affektivem Krebs befallen, was angefangen vom Vater für alle ihre Männerbeziehungen gilt. Äußerst fromm betet sie ständig von ihrem Hund, dem einzigen Wesen auf der Welt, das immer Rat wusste. Ihren Eltern kann sie nicht verzeihen, dass sie diesen Hund in ihrer Abwesenheit haben sterben lassen. Sie wirft ihnen vor, dass sie nicht mit dem Hund zusammen sterben durfte, nicht innerlich an dessen allmählichem Ende teilnehmen durfte, ertragen, was man ihr absichtlich vorenthalten hat. Alles zusammen bewirkte bei ihr, sich von den Menschen innerlich völlig loszusagen, was einer schwierigen psychologischen Behandlung bedurfte. Gefühlsmäßig hatte sie sich mit dem Martyrium dieses Tieres identifiziert und sich durch diese morbide Liebe dem Männerhass geweiht.

Sie kennen sexuelle Anomalien, die man unter dem Wort »Sodomie« zusammenfasst. Es handelt sich dabei um solche Menschen, die als Kinder ihre gefühlsmäßige Brutalität nicht ausleben konnten. Kann ein Mensch mit einem gewalttätigen Temperament seine Gewalt im Rahmen seiner Erziehung nicht in Spielen loswerden, versucht er sie an Tieren auszulassen, besonders dann, wenn er selbst der Gewalt von Erwachsenen unterworfen ist. Hindert man ihn daran, spricht vieles dafür, dass ein schwerpathologischer Kern in ihm keimt, der im Alter seiner genitalen Sexualität nicht dazu führt andere körperlich zu misshandeln, sondern Lust beim Sexualakt mit Tieren zu empfinden.

Wenn Sie dagegen Ihrem zwei- bis vierjährigen
Kind erlaubt haben, seine Aggressivität im Rahmen
von verschiedenen Spielen zu befriedigen, die auch
mit Tieren stattfinden können, wird es in Zukunft
zu keiner sexuellen Fehlentwicklung kommen, weil
es die motorische Sexualität des Stärkeren gegenüber
dem Schwächeren ausgereizt hat (das Tier wird sich
irgendwann verteidigen und ihm seine Grenzen auf-
zeigen).

Es wird sich mit Tieren befreunden, die dann nicht mehr
Spielball seines Genießens sind, wie bei denen, die sich von
dieser Perversion angezogen fühlen. Sie sind vielleicht erstaunt, dass man solche Menschen psychoanalysiert, oder ich
von der Entstehung einer Perversion wie der Sodomie spreche, ohne sie moralisch zu verurteilen bzw. Psychoanalytiker
nie von dem Guten oder dem Bösen im Menschen sprechen.
Vertieft man sich aber in die Gefühle von Menschen, die diese
Anomalien zeigen, stellt man fest, wie sehr unglücklich sie
sind sich nicht mit Menschen austauschen zu können, die ihnen beibringen könnten, ein gefühlsmäßig ausgefülltes Leben
zu haben. Um leben zu können müssen sie sich wie Tiere betrachten, denn jemand, der sich zur Sodomie hingezogen
fühlt, ist ein Mensch, der sich fühlt wie ein Tier und die Ko-
mödie auf zwei Pfoten zu laufen nur spielt, um eine ungefäh-
re Ahnung davon zu haben, was es bedeutet ein Mensch zu
sein. Er fühlt sich als Fremdling verloren in einer feindlichen
Umwelt, und wenn nicht mit seiner ganzen Person, so doch
mit einem entscheidenden Teil von sich selbst.

Auch andere Tiere wie Fische und Vögel sind für den Menschen, der sich mit dem Schwimmen schwer tut und nicht
fliegen kann, von großer Bedeutung. Wenn ein Kind einen
Vogel liebt, weil dieser so weit in den Himmel davonfliegt
und überall sein kann, wo das Kind nicht hinkommt, fühlt es

sich etwas weniger machtlos. Wenn es sich mit diesen Tieren identifiziert, kann es das Leben auf der Erde, das einen so häufig auf die Probe stellt, für einen Augenblick hinter sich lassen.

Auf die gleiche Weise ist das Kind glücklich bei der Vorstellung, mithilfe eines Vogels mit jemandem kommunizieren zu können, den es liebt und der weit entfernt von ihm wohnt. Der Vogel wird zum Boten seines Herzens. Das Kind braucht den affektiven Austausch und die lebendige Unterstützung, die seinen Gedankenflug symbolisieren. Beides ist häufig unersetzlich, um die unvermeidbaren affektiven Enttäuschungen zu ertragen.

Lassen Sie ein Kind kein Tier im Käfig halten, wenn es Skrupel oder einfach ein »gutes Herz« hat; sagen Sie vor ihm auch nicht »das arme Tier in seinem Käfig«, weil es sich dann unnötigerweise schuldig fühlen könnte. Und sagen Sie ihm auch nicht: »Aber du musst ihm auch jeden Tag etwas zu essen geben.« Beschäftigt es sich denn selbst damit jeden Tag essen zu müssen? Geben Sie dem Kind ein Tier, dass es die Freude spürt größer zu sein als ohne das Tier.

Erst ab zehn Jahren ist das Kind fähig, sich ebenso wie um seine eigene Gesundheit um das Wohlergehen eines Vogels zu kümmern. Wenn es hungrig ist und entdeckt, dass sein Vogel kein Futter mehr hat, wird es ihn innerhalb von vierundzwanzig Stunden vollstopfen und in den folgenden drei Wochen vergessen ihn zu füttern. Sie selbst müssen für das Tier sorgen und dem Kind auf diese Weise ein Beispiel geben, das früher oder später Früchte trägt.

Wenn manche Eltern ihre Kinder damit erpressen, dass sie sagen »ich kümmere mich nicht um dein Tier und wenn es stirbt, dann hast du Schuld«, geben sie ein Beispiel in zweifacher Hinsicht: Eines für ihre eigene Faulheit und eines für ihren Sadismus.

Und folgt das Kind dieser Erpressungsmethode, dann nicht aus Liebe zum Leben, sondern aus einem Schuldgefühl heraus; aber aus Mitleid heraus lieben lässt sich nicht, ohne sich selbst dabei zu erniedrigen.

Einen Fisch gern zu haben entspricht bestimmten affektiven Wünschen. Sein symbolischer Wert ist ganz besonders und spielt sich auf der Ebene von Konflikten fast im Mutterleib ab. Menschen, die der Nähe und der Freundschaft eines Fisches bedürfen, haben schon als ganz kleine Kinder Schwierigkeiten damit gehabt sich den Eltern anzupassen. Es lässt sich gut beobachten. Wenn ein Kind, das weder zu seiner Umgebung noch zu Tieren irgendeinen Kontakt aufgenommen hat und alles um sich herum zerstörte, ein mächtiges Verlangen bekommt Fische zu sehen, sei es in einem Glas, einem Aquarium, in einem Bach, können Sie ziemlich sicher sein, dass es auf dem Weg der Besserung ist. Das Kind entdeckt von neuem das Recht geliebt zu werden, so klein, dass man nur eine unbewusste Erinnerung an sich selbst hat. Übrigens gibt es ja auch den Spruch »sich wohl fühlen wie ein Fisch im Wasser«, was so viel sagt wie »sich wohl fühlen wie ein Kind im Uterus«. Ein Kind, das denkt »wie gerne wäre ich ein Fisch und wie schön ist es ihnen zuzusehen«, ist dabei, endlich mit seiner ersten schwierigen Fühlungnahme Frieden zu schließen, im intrauterinen Leben oder kurz darauf in den Berührungen mit seiner Mutter, die gestört waren. Das Bedürfnis unter Wasser zu jagen bedeutet beim Kind wie beim Erwachsenen die fleischfressenden Tiere unter der Meeresoberfläche zu beherrschen und manchmal geht es darum, aggressive und nervöse Spannungen eines Ödipuskomlexes zu vernichten, der in den Übertragungen, die die Begegnungen des täglichen Lebens liefern, nicht gelöst werden konnten.

Die Rolle der Pflanzen und Tiere bei der Sexualerziehung

Die Art und Weise, wie sich die Tiere und Pflanzen vermehren und reproduzieren, bedeutet für das Kind den besten Einstieg, etwas über das Sexualleben zu erfahren. Wenn man den Akzent auf das affektive Leben legt, d.h. auf seine Liebe zu den Pflanzen und Tieren, lassen sich ihm die Naturgesetze der Befruchtung schon sehr früh nahe bringen. Man macht es aufmerksam auf den Wechsel der Jahreszeiten, erzählt ihm vom Einfluss des Regens und des Frosts auf diese verschiedenen Perioden, über die Bedeutung von Staubgefäßen und Fruchtknoten und das neu entstehende Leben im Wald während der Brunftzeit. Das alles ab dem Alter von vier oder fünf Jahren. Jeden Frühling können Sie dem Kind erzählen, wie die ganze Natur wieder zum Leben zurückfindet, und ihm helfen die verschiedenen Phasen zu beobachten. Und Sie können sicher sein, dass solche Kinder mit acht oder neun Jahren keinerlei Probleme haben Sexualität und Ausscheidung durcheinander zu bringen.

Und wann immer das Kind zwei Tiere sieht, die ganz eng aufeinander hocken, sich »umarmen«, zum Beispiel zwei Insekten, was das Kind häufig beobachtet, können Sie ihm sagen: »Sie sind dabei zu heiraten.« Das Kind setzt den Vorgang nicht mit dem unter den Erwachsenen gleich, lernt aber die Tiere und ihr »Lebenswerk« verstehen. Wenn Sie ihm alle diese Dinge als einfache Tatsachen näher gebracht haben, die natürlich und wunderbar zugleich sind, vermeiden Sie, dass es mit zwölf Jahren zwanghaft auf alles Sexuelle fixiert ist. Im Grunde besteht darin das ganze Problem, Respekt für die Eltern und bestimmten Körperstellungen gegenüber zu empfinden, die sich das Kind in seiner Vorstellung nicht erklären kann. Bei Kindern, die weder mit Pflanzen noch Tieren vertraut gemacht wurden, sind die Klippen der Sexualerziehung nicht einfach zu umschiffen; man weiß nicht, was das Kind schockieren wird und was nicht. Wurden diese Fragen jedoch beantwortet, bevor das Kind sie auf seine Eltern überträgt, erscheint ihm alles natürlich und das Kind sieht darin nichts Anstößiges.

Nachdem ich hinsichtlich der Rolle von Pflanzen und Steinen vom Hundersten zum Tausendsten gekommen bin, dies zu den Fischen.

Ich möchte Ihnen jetzt zum Schluss noch einige interessante Zitate vorlesen.

Das erste stammt von einem Mystiker aus dem Mittelalter: »Was ich über die göttlichen Wissenschaften weiß, habe ich in den Wäldern und Feldern mithilfe des Gebets und der Meditation gelernt. Beim Gebet sollte man die reichste Sprache hören, die es gibt.« Die Wälder und Felder sprechen zu den Menschen. Und wir berauben unsere Kinder dieser so reichen Sprache in der tiefsten Stille, wenn wir ihnen den Frieden und die Freiheit der Wälder und Felder vorenthalten, Frieden und Freiheit, die für sie von der Freude begleitet werden ohne Schuldgefühle Blumen zu pflücken, manchmal auch Zweige abzubrechen, mit einem Wort, ihre Aggressionen an der Pflanzenwelt auszulassen. Aber Sie wissen ja, in diesem Alter zeugt die Aggressivität des Kindes von der Liebe zu den Dingen, die es angreift.

Ein anderes Zitat, einige Jahrhunderte alt, stammt von einem mystischen Hindu: »Höre eine große Erfahrung: du lernst mehr von den Wäldern als aus den Büchern: Bäume und Steine lehren dich, nichts aus dem Mund eines Herrn zu empfangen.«

Und noch ein Zitat, dieses Mal aus dem Buch Hiob: »Du sollst dich mit den Tieren auf dem Feld zusammentun und die Tiere der Felder werden in Frieden mit dir sein, frage die Tiere ...«

An dieser Stelle unterbreche ich, um Ihnen noch den Fall eines kleinen Jungen zu erzählen, der ganz allein unter älteren Menschen aufwuchs, von denen die Jüngste, neben seiner Mutter, fünfzig Jahre alt war. Er hatte einen Hund zum Freund und war überzeugt, dass dieser unaufhörlich zu ihm sprechen würde. Wenn die Erwachsenen der Familie nach Hause kamen und zu dem kleinen Jungen sagten: »Was hast du heute gemacht?«, fragte er seinen Hund »Was sagen wir ihm, was sagen wir ihm nicht?« Der Hund antwortete: »Wir sagen es ihm« und der Junge wandte sich entsprechend an den Erwachsenen. Er war vollkommen davon überzeugt, dass der Hund mit ihm sprach und er mit ihm. Unter den Alten, die ihm verboten, auf die Möbel zu klettern, langweilte sich dieses Kind schrecklich. Sobald sie auftauchten, gab er dem Hund ein Zeichen: »Sie wollen uns hier nicht mehr haben« und der Hund tröstete ihn und so gingen sie beide, in enger Freundschaft miteinander verbunden, zusammen spazieren.

» ...Frage die Tiere und sie werden dir den Weg weisen und auch die Vögel des Himmels werden dich lehren; sprich mit der Erde und auch sie wird dir etwas zeigen, und die Fische des Meeres werden dir etwas erzählen.« Es ist schon sonderbar, dass dieses Zitat mit den Fischen schließt, denn die Fische des Meeres scheinen noch mehr erzählen zu können: so als ob die schlußendliche Anpassung des Menschen an die tiefsten Elemente seiner Vitalität von dem Poeten in einer Unterhaltung mit der Welt unter Wasser ausgedrückt werden würde.

Im Folgenden einige Antworten von Françoise Dolto auf Fragen, die ihr nach dem Vortrag gestellt wurden:

Ein Teilnehmer: Warum angeln Kinder so gerne?

F.D.: Bei den Menschen scheint das Fischen und Angeln ein Äquivalent zur Meditation zu sein, ein Angler ist nie boshaft, auch wenn er offensichtlich wenig gesellig ist. Die Verführung des Angelsports liegt darin mit der Natur zu kommunizieren, mit einem »da ist vielleicht etwas Lebendiges« zusammenzukommen, von dem man angezogen wird, das man sucht, das man erhofft. Aus einem Glas oder Becken zu angeln ist vollkommen uninteressant, aber im Meer oder im Fluss zu angeln, für nichts und wieder nichts stundenlang zu warten und einen ganzen Tag in ständiger Hoffnung zu vergeuden, darin liegt eine Art von Verführung. Bekanntermaßen sprach der hl. Franz von Assisi sogar mit den Fischen, was außer ihm allerdings keiner fertig gebracht hat. Der friedliche Fischer spricht mit ihnen, indem er einen kleinen Angelhaken an seiner Schnur befestigt.

T.: …Verstehe ich Sie richtig, dass man Kinder systematisch die Pflanzen zerstören lassen soll oder auf Pilze treten?

F.D.: Es geht dabei nicht darum etwas systematisch zu tun. Wenn das Kind systematisch zerstört, handelt es sich um ein bereits neurotisiertes Kind. Pilze zu zertreten ist typisch für ein Kind, denn der Pilz repräsentiert ein Teil, das in seinem Innern noch mit der Mutter verbunden ist, ein Teil seiner selbst oder einen jüngeren Bruder. In den symbolischen Projektionen stellt der Pilz ein Kind dar, das auf die Brust seiner Mutter fixiert und ihr Parasit ist. Wenn ein Kind also Pilzen einen Fußtritt versetzt, so häufig einem Teil seiner selbst, der noch Baby bleiben möchte oder einer Mittelsperson, die es auf den Pilz überträgt, weil es wütend ist machtlos zu sein. Der Erwachsene kann ihm beibringen, dass man sowohl Spaß haben kann als auch den Pilz anschließend verspeisen, denn es ist allemal erzieherischer dem Kind, statt sich aufzuregen, zu sagen: »Sicherlich macht es Spaß nach Pilzen zu treten, aber noch besser ist es, sie zu kochen und anschließend zu essen.« Wenn der Erwachsene aber sagt: »Der arme Pilz, jetzt hast du ihm so wehgetan«, wird sich das Kind mit dem Pilz selbst identifizieren. Wir sollten von den Kindern nicht verlangen sich zwangsweise mit uns zu identifizieren, aber wenn das Kind sieht, dass Sie sich nicht so verhalten wie es selber und ihm sagen: »Du fragst dich vielleicht, warum ich den Pilzen keinen Fußtritt versetze« oder »Du siehst ja, mir macht das keinen besonderen Spaß«, wird es Ihnen vielleicht antworten, wenn es gerissen ist: »Aber du gibst mir ja auch ab und zu Ohrfeigen« oder: »Dir gefällt es vielleicht nicht, aber mir!« Trägt sein Verhalten systematische Züge, ist das Kind vielleicht etwas zwanghaft, aber man kann es machen lassen, es geht ihm um das augenblickliche Vergnügen, was mit einer neurotischen Störung nichts zu tun hat. Das Kind muss leben und man sollte ihm nicht per Zwang ein zivilisiertes Betragen eintrichtern, wenn die Sache nicht lohnt; vielmehr sollten Sie ihm den Weg weisen, sich mehr und mehr als menschliches Wesen zu begreifen und es seine aggressiven Bestrebungen gegenüber Pflanzen und Tiere während einiger Jahre befriedigen lassen.

Denken Sie sich nicht in die Pflanzen und Tiere hinein. Für Kinder ist schon schlimm genug, dass zumindest in den Städten die Pflanzen auch für das Geld stehen, das man für sie ausgibt, und es dann der finanzielle Verlust ist, über den die Menschen klagen, wenn sie das Kind eine Blume ramponieren sehen. Man muss aber wissen, dass es einem Kind in einem bestimmten Lebensabschnitt gefällt, Pflanzen zu zerstören, und zwar immer dann, wenn man ihm nicht von klein auf beigebracht hat Pflanzen zu lieben und zu pflegen. Wenn Sie einem Kind im Alter von vier, fünf oder sechs Monaten von Zeit zu Zeit Blumen mitbringen, damit es an ihnen sein Vergnügen und seine Freude hat, können Sie sicher sein, dass es sie mit zwei Jahren nicht zerrupft. Wie seine Mutter wird das Kind die Blumen lieben um sie zu pflegen und zu betrachten.

Wie ein gewöhnlicher Abiturient
kriminell wurde

Im Dezember 1948 findet man den 17jährigen Gymnasiasten Alain Guyader tot auf einem verlassenen Grundstück mit einer Kugel im Rücken. Man sagt, er sei Opfer eines Schusses aus dem Hinterhalt geworden. Dennoch gesteht Claude, einer seiner Klassenkameraden, der Mörder gewesen zu sein. Die Angelegenheit löst in der Presse großen Wirbel aus. Während der Untersuchungen haben Gerüchte und Enthüllungen Hochkonjunktur. Alain habe damit geprahlt, Doppelagent gewesen zu sein und Kontakte zu sowjetischen Geheimdiensten gehabt zu haben. Er habe große Summen Geld ausgegeben und von einer Geliebten und einem Kind von vier Monaten gesprochen. Man sprach auch von einem antikommunistischen Geheimbund, der von einem gewissen Bernard, seinem Komplicen, angeführt wurde. Während einer ihrer Zusammenkünfte hätte man den Tod bzw. die Hinrichtung von Alain Guyader beschlossen. Bernard besorgt die Tatwaffe von seinem Vater, einem unbescholtenen Polizeioffizier ... Tatsächlich scheint die Triebfeder des Mordes aber Eifersucht gewesen zu sein. Alain und Claude waren in dasselbe Mädchen, Nicole, verliebt. Alain hatte ihr geschrieben, er werde sie gewaltsam entführen und mit nach Kanada nehmen, und dann überall herumerzählt, sie habe sich ihm freiwillig ergeben. Sehr schnell aber fand man heraus, dass Alain kein Doppelleben geführt hatte. Nicole sollte natürlich nicht entführt werden, vielmehr hatte sie selbst Alain gedrängt den Brief zu schreiben um Claude eifersüchtig zu machen. Bei dem Geheimbund handelte es sich um eine reine Erfindung um der Polizei gefällig zu sein. Außer der überdrehten Phantasie der Heranwachsenden, die in diesen grauen Nachkriegsjahren ein Leben führten, das sie anödete, war an der ganzen Geschichte nichts dran. In seinem Urteil befand das Gericht vielmehr unter Ausschluß der Öffentlichkeit, dass es sich um ein Verbrechen aus Leidenschaft gehandelt habe und verurteilte Claude zu zehn Jahren Gefängnis ohne Bewährung, Bernard, seinen Komplicen zu fünf Jahren und gewährte Nicole einen Strafaufschub.

(Nach einem Artikel von Sorj Chalandon aus Libération vom 12. Mai 1990)

Kürzlich hat sich ein Drama ereignet. Unter einer Bande von Jugendlichen geschah ein Mord, ein Mord, der sich um die Vorstellung von einer Frau drehte, ohne dass bei den Jungen der Bande oder auf ihrer Seite, wie es scheint, eine tiefe gegenseitige Anziehung bestanden hätte.

Dieses Drama erschütterte die Presse. Und diese Erschütterung ist ein Aspekt der Angelegenheit. Man leitete umfassende Nachforschungen ein. Gerne hätte man einen festen Knoten gefunden, um die Geschichte von dort aus aufzurollen. Aber es gab ihn nicht. Auch keine große Rechtfertigung des Verbrechens. Er war »eben« gestorben, man hätte ihn ebenso gut nur verdreschen können. Von privater und öffentlicher Seite hieß es, von den Eltern bis zu dem Verbrecher seien sie alle sehr freundlich, sehr korrekt und sehr gut erzogen. Alle hätten einen guten Ruf und verfügten über hohe Moralvorstellungen. »Man kann die Klasse, in der beide, der Mörder und das Opfer eine aufgeklärte Moralerziehung genossen, nur loben«, sagte der Vater des Opfers, der seiner Meinung nach über die Vorurteilsfreiheit eines hochgebildeten Menschen verfügt. Man kann auch die mustergültig christliche Familie des gut behüteten Mädchens nur bewundern, die sogar von sich aus zur Messe ging.

> *Was einen bei dem Mord von Alain Guyader durch Claude P. erstaunt, ist diese irreale Verschwommenheit, in der Traum und Wirklichkeit zusammenkommen, ein hohles Geheimnis ohne poetischen Anspruch.*

Eine Geschichte, die jedoch ein bisschen zu niederträchtig ist und sich in Wirklichkeit in einem haltlosen Klima abspielt. Kein richtiger Hass, keine Liebe, keine Gerechtigkeit, keine Verzweiflung, kein Gespür dafür, Stellung zu beziehen. Und dann ist es passiert. Der eine, der sich ein wenig abgestumpft aber immer noch als der »gute Junge« vorkommt, ist der

Mörder; der zweite begnügt sich mit der Rolle des Kaspers, der ja eine gute Absicht verfolgt hätte, ohne dass er dies öffentlich zugeben würde; er hat den Revolver besorgt. Ein Dritter gibt sich viel Mühe bei dieser Gelegenheit in die Presse zu kommen, er ist der Pseudo-Verlobte des jungen Mädchens und der Freund des Opfers. Schließlich das junge Mädchen, für welches Guyader, wenn man so will, getötet wurde: Es tanzt und lacht: »Das ist wirklich meinetwegen passiert, was muss ich für ein schönes Mädchen sein!« scheint sie sich zu denken. Und was den Chor der Eltern betrifft, alles ehrbare Leute, die ihren Kindern immer nur mit gutem Beispiel vorangegangen sind.

> *Dennoch sind alle diese Leute, diese merkwürdige Ansammlung von menschlichen Widersprüchen, diese marionettenhaften Nebenfiguren, die ihre gewichtigen Rollen als Kriminelle spielen, als Opfer oder Eltern, »gute Nachbarn«, Durchschnittsfranzosen, und das ist das eigentlich Alarmierende der ganzen Angelegenheit!*

Eine psychologische Untersuchung zu den Umständen, die das Drama ausgelöst haben, verlangt die Einzelheiten der Lebensumstände der Akteure zu kennen. Eines ist allerdings, ohne sich zu weit vorzuwagen, gewiss und wird auch durch die Presseberichte gestützt: Das besondere Geschehen ist für die allgemeinen Auflösungserscheinungen in unserer Gesellschaft symptomatisch, und zwar nicht nur, was die heutige Jugend betrifft, sondern auch die Erwachsenen.

Aber lassen wir die Erwachsenen beiseite, Narren ihrer Albernheit guten Benehmens und Ehrbarkeit. Betrachten wir stattdessen die Jugend. Unter physiologischem Gesichtspunkt sind es bereits fertige Männer, in Wirklichkeit noch Kinder, um die man sich kümmern muss, wenn sie noch keine finanzielle Unterstützung erhalten, kein affektives Zuhause haben,

keine moralische Unterstützung bekommen, keine Verantwortung. Junge Leute ohne Bestimmung. In der Oberstufe
lernen sie fernab von den konkreten Dingen, ohne klares Ziel.

> *Eines Tages sind sie Abiturient, »weil man sein Abi-*
> *tur machen muss«. Kein Wunder, wenn man dabei*
> *den Sinn für das Leben verliert und sich sein Abitur*
> *mit schwammiger Passivität und abgehetzter Büffe-*
> *lei ergattert. Und das alles ohne intellektuellen An-*
> *spruch, ohne geistige oder ästhetische Neugierde,*
> *ohne Liebe, und nur, »weil es sein muss«.*

Und was soll man schon anderes machen! Natürlich verfügen
sie noch über keine genitale Sexualität (wenn ich das Wort
»genital« hinzufüge, so deswegen, weil die Psychoanalytiker
bei der sexuellen Entwicklung nach Freud aufeinanderfol-
gende Phasen unterscheiden, die ein bestimmtes affektives
Verhalten gegenüber einem geliebten Objekt betreffen). Untersuchungen legen nahe, dass zu dieser Zeit (1947) die jungen Leute ganz harmlose affektive Beziehungen untereinander hatten, vielleicht ein paar unreife Gefühle, die man als
kleine Schwächen nicht weiter beachtete, unwürdig sich von
ihnen fesseln zu lassen, alles in allem also keine echte Leidenschaft füreinander empfanden.

Der junge Claude P. ist dafür ein Musterbeispiel. Gehen
wir etwas näher auf sein Problem ein. Er ist achtzehn Jahre.
Seit zwei Jahren ist er von seiner Statur und seinem Schnurr-
bart her ein fertiger Mann. Von seinem gesellschaftlichen Status her ist er aber noch ein Kleiner, der mit seiner Mutter ein-
kaufen geht. Seine Eltern sind geschieden, der Vater schickt
das Geld. Die Mutter lebt mit ihrem großen Sohn allein. Er ist
nett zu ihr, hat viel für sie übrig. Er tut keiner Fliege etwas zu
leide. Er ist zurückhaltend, geht regelmäßig zur Schule, trifft
sich am Wochenende mit seinen Freunden, hat keine Freundin, engagiert sich nicht politisch, treibt keinen Sport, ver-

traut sich niemandem an. Nur ist er von einer Leere erfüllt, die er nach Außen hin nicht ausdrücken kann. Und eines schönen Tages liefert er sich, psychisch wie an Händen und Füßen gefesselt, einem Kumpel aus. Er macht sich zum Ausführenden einer Idee, mit der man sich seines Inneren bemächtigt (so, wie man ihn ebenso mit Schulwissen und Taschengeld voll gepumpt hat). Claude P. fühlt sich dabei völlig ohnmächtig. Bernard P., der Kumpel, der ihn beeinflusst, hat einen sozial geachteten Vater, einen, der für das Gesetz eintritt, für das Normale, wohingegen der Vater von Claude, der »die Mama im Stich gelassen« und »Unrecht gehabt« hat seit seiner Kindheit außerhalb des Normalen angesiedelt ist. Arme Mama, man muss ihr treu bleiben. Weder sein Vater noch seine Mutter hätten ihm diesen Revolver geben können, der symbolisch für die Macht im Dienste des Rechts und der Gerechtigkeit steht, nur Bernard, der Sohn des Polizeibeamten. »Revolver von seinem Vater«, vier Worte die der psychischen Struktur eines kleinen Jungen entsprechen. In einem Alter mit unbewussten homosexuellen Phantasien und in dem die Beteiligung an der Macht des Vaters zur eigenen Stärke beiträgt, bleibt Claude P. in seinem kindlichen Stolz verletzt. Und Guyader, sein anderer Kumpel, der, den er töten wird, ist auch mit der Macht des Vaters ausgestattet, eines präsenten Vaters, dem er sagen muss, wohin er geht. Ein Vater der mehr macht als nur Geld zu schicken, ein Vater, der sich für den Stundenplan interessiert, für die Hausaufgaben seines Sohnes, für die Klassiker, die Geschichte, ein Vater, der durchaus anerkannt ist, der Vorträge hält, ein ehrenwerter Beamter. Bernard P. beneidet Guyader. Claude P. beneidet Guyader auch. Sie sind durch dasselbe Gefühl miteinander liiert. Claude steht leerer da und ist weniger vorsichtig als Bernard P. Aber Bernard wird Claude bewundern, wenn er Guyader tötet. Und genau dieses Gefühl hilft Claude selbst dann noch, als er zur Tat schreitet. Bei dem Mord, der aussieht wie ein homosexuelles Verbrechen, handelt es sich vordergründig um etwas anderes, nämlich um ein Verbrechen aus heterosexuellen Motiven. Auf jeden Fall eine seltsame Vorstellung. Jetzt ist man wer, wenn auch nur ein alberner Fatzke. Claude P. möchte auf jeden Fall ein toller Typ sein, von Bernard bewundert, und vielleicht, wenn Guyader nicht mehr da ist, wird ihn Nicole oder eine andere beachten.

> *Hätte Claude das Gefühl ein Verbrechen aus Leidenschaft zu begehen, wäre er subjektiv vielleicht gerettet. Dann hätte er es nicht mehr deswegen begehen müssen um überhaupt jemand zu sein, sondern es wäre der Beweis gewesen, eine Art von innerer Hierarchie bilden zu können, fähig zu sexuellen Beziehungen zu sein und diesen seine Handlungen unterzuordnen; der Beweis, dass etwas von einem Erwachsenen ihn retten würde, dieser arme, kleine Junge zu sein, der einer Wertschätzung als »typischer« Mann nachrennt, einem Kampf unter Männern um daraus als Sieger und »erfahrener« Mann hervorzugehen.*

Die Beweggründe für sein Verbrechen sind Claude P. offensichtlich nicht klar. Eher als alle anderen Beweggründe hat man aber den Eindruck eines Dramas latenter homosexueller Eifersucht.

Die junge Nicole ist ganz in ihrem Element, wenn sie im Gerichtsgebäude tanzt und trällert, denn ihretwegen wurde das Verbrechen ganz und gar nicht begangen, sondern eher schon gegen die Frauen allgemein, d.h.gegen die Freundinnen, die noch keine wirklichen Frauen sind, d.h. psychisch noch unreif. Und Nicole ist ebenso wie die kleinen Jungen noch ein kleines Mädchen und hat kein Gespür für das Drama, das sich da ereignet hat. Nicht um Nicole zu bekommen wurde Claude getötet, sondern der Mord war gegen sie und Guyader gerichtet und wurde für Bernard P. ausgeführt. Was

Bernard betrifft, hat auch er Nicole nicht geliebt, ebenso wenig wie G. und je ein anderer Junge. Weiß sie eigentlich, dass sie ihre Verführungskunst nur gespielt hat? Nicht einmal das. Sie alle spielten sich zu beherrschen, sich nicht gehen zu lassen, bloß nicht von einer Gelegenheit zu profitieren. Eine kastrierte, gescheiterte Jugend, für die wir verantwortlich sind, wir alle miteinander. Natürlich besitzt jeder der Akteure seine individuellen psychischen Eigenheiten. Die Psychoanalyse kann viel dazu beitragen, aber im Grunde handelt es sich um Durchschnittsfranzosen, die in ihr Gegenteil umschlugen. Keine Mörder aus Veranlagung oder physiologisch Degenerierte. Die ins Auge springende sexuelle und affektive Unreife der Erwachsenen in dieser exemplarischen Gruppe von Menschen ist eine Tatsache.

Die Unreife dieser Kinder, einer zweiten, wenn nicht dritten Generation, die mit der derselben Ignoranz und Vernachlässigung von biologischen und affektiven menschlichen Entwicklungsgesetzen erzogen wurde, ist nicht erstaunlich. Sie ist nichts anderes als das normale Ergebnis einer Erziehung, die sich zwar seit sechzig oder hundert Jahren zivilisiert nennt und dennoch nichts anderes zustande bringt als die Triebfeder der Persönlichkeit auszulöschen.

Ein Prozess, der sich durch die Abwesenheit der Väter während zweier Weltkriege noch beschleunigt hat.

Die spontanen aggressiven Vorstellungen von Kindern in ihrer Phase oraler und analer Sexualität ziehen magische Schuldgefühle nach sich. Sie verschärfen sich, wenn Männer sich einer Gefahr ausgesetzt sehen oder durch den Tod ihrer Väter. Beschleunigt von einer lang sich hinziehenden Schulzeit und der besonderen persönlichen Aufwertung durch Zeugnisse und Abitur bzw. eines nicht mehr altersgemäßen Wettstreits um theoretische Leistungen, bei denen es nur ums

Lernen geht, wird ein regressiver Weg eingeschlagen. Die persönliche Aufwertung auf Grund von Zeugnissen wird von keinem erworbenen Wissen begleitet, das den Betreffenden fesselt, sondern sie wird im Gegenteil immer mehr dadurch gemindert, wie die jungen Leute ihre Leistung nur aus Pflichtgefühl erbringen. Die meiste Zeit entsprechen die Zeugnisse nicht ihrer geistigen Verfassung. Schließlich führt diese Form des Lernens zu keinerlei nutzbringender Lebenserfahrung.

> *In der Kindheit ist es richtig noch keine Verantwortung tragen zu müssen, aber ab fünfzehn Jahren stellt ein Leben ohne materielle Verantwortung, ohne physische Anstrengungen, ein Leben, das sich auf passive Art und Weise in den verschiedenen Institutionen der Schule abspielt, wo eine Gruppe von Gleichaltrigen eingepfercht ihr kümmerliches Leben fristet, ohne affektiven Austausch, ohne soziale Anerkennung, einen täglichen Mord an Millionen von Energien dar, die langsam absterben.*

Sollen junge Frauen, die lernen wollen und können, ihre Pflicht vernachlässigen eine Frau zu werden, von der schließlich vieles abhängt, unter anderem auch die psychische und affektive Gesundheit einer ganzen Gesellschaft? Dürfen begabte junge Männer, die sich von dieser oder jener intellektuellen Disziplin angezogen fühlen, deswegen den Erwerb praktischen Wissens vernachlässigen, das im Alltagsleben doch ebenso wichtig ist? Sollen sie sich mit der abstrakten Kultur Magenkrämpfe holen?

Was machen diese jungen Leute mit ihrer Sexualität, wenn sie wie durch ein Wunder das Alter genitaler Sexualität erreichen, obwohl sie in den vorangegangenen Jahren derart verletzt wurde? Wie sollen sie diese in ihrem schwärmerischen Eroberungsstreben anders als durch den bloßen Ausdruck fleischlicher Gelüste sublimieren, wenn ihre Aufmerksamkeit auf den Schulstoff sich nach der Uhrzeit zu richten hat, nach zentimetergenauem Wissen? Man soll von allem ein wenig wissen. Keine echte Begeisterung und sei sie auch noch so flüchtig für diesen oder jenen speziellen Schulstoff, sondern ein Begraben der Hoffnung sich mit denen zu messen, die die Gesellschaft für würdig hält, dass man sie unterstützt.

> *Welch eine verlorene Zeit, welch ein verlorener Auf-*
> *wand auf beiden Seiten, Kindern und Erwachsenen,*
> *im Rahmen einer Erziehung ohne Ziel, unergiebige*
> *Anstrengungen, weil sie keine Begeisterung wecken,*
> *erniedrigender Druck, weil er nicht die Lebenskräfte*
> *stärkt, sondern hemmt und auch so empfunden wird*
> *und der totale Verlust wirklichen Verantwortungsge-*
> *fühls. Was macht denn diese städtische Jugend außer-*
> *halb der Schulzeit?*

Eine inhaltsleere Langeweile legt sich über Teile des noch kindlichen Vergnügens, über die Freude am Sprechen. Sie haben das Kino, wo ihnen künstlich eine Lebensillusion verkauft wird, bezahlt wird mit Vaters Geld. Es ist höchste Zeit etwas dagegen zu unternehmen.

Man sollte sich daran erinnern, dass Vercingetorix neunzehn Jahre alt war, als er die Schlacht bei Alesia anführte und andere Soldaten und Heerführer im gleichen Alter oder jünger. Livingstone lernte mit zehn Jahren die Spinnerei, war mit neunzehn Jahren Facharbeiter, wie man heute sagen würde, und sein Gehalt und seine Freizeit erlaubten ihm parallel dazu in Glasgow zu studieren. Newton und Pascal nutzten ihre Möglichkeiten von Kindheit an um mit zwanzig Jahren Meister zu sein. Velasquez besaß sein Talent mit neunzehn Jahren. Und mit fünfzehn oder sechzehn Jahren fühlten sich alle, ob Jungen oder Mädchen, im Recht und in der Lage für sich selbst und ihre Ziele Verantwortung zu tragen und suchten sich einen Partner, mit dem sie leben wollten. Das heißt, sie schrieben sich auch als sexuelle Wesen ins soziale Leben ein. Ihre Arbeitskraft wurde vom Vertrauen einer Gesellschaft unterstützt und gefördert und von ihrem Bedürfnis manchmal für eine bestimmte Berufung zu leben, aber immer für ihr Heim und für eine bestimmte Aufgabe, für die sie sich durch ihre Praxis immer besser ausbildeten. Zwischen sechzehn und zwanzig bei den jungen Frauen und achtzehn und zwanzig Jahren bei den jungen Männern wurde meistens geheiratet. Und was macht unsere Gesellschaft mit jungen Menschen in diesem Alter? Sie sollen nicht wirklich tätig werden, sondern gehorchen, schwach bleiben und auf alle Fälle unfruchtbar. Sie sollen Schüler bleiben ohne dafür bezahlt zu werden, ihrer Familie und dem Staat weiter auf der Tasche liegen, der im Übrigen ihr Studium nur bezahlt, weil er dafür im Austausch nichts verlangt, und sie sollen sich, wenn sie ihr Diplom nicht schaffen, darüber im Klaren sein ihre Jugendjahre für sich und die Gesellschaft gänzlich verloren zu haben.

Das Thema lässt sich an dieser Stelle nicht weiter ausführen.

> *Wir wollten den Leser auf ein soziales Geschehen hinweisen, das uns dazu veranlasst, die Prophylaxe neurotischen Geschehens schneller in Angriff zu nehmen, welches heutzutage besonders unter den städtischen Jugendlichen allmählich die Ausmaße einer Epidemie annimmt.*

Psychoanalytische oder andere Therapien reichen hierzu ebenso wenig wie die Sexualaufklärung in der Schule aus. Größere Lösungen müssen gefunden werden, gesellschaftliche Lösungen, die Kindern in jedem Alter wertvolle und kreative Ausdruckmöglichkeiten zur Verfügung stellen. In ausreichenden Freiräumen sollen sie auch praktisch tätig werden können, aber nicht bloß in »freien«, spielerischen und unbezahlten Aktivitäten, sondern wirklichen Beschäftigungen, bezahlt ohne dabei ausgebeutet zu werden. Ihr Verantwortungssinn muss gestärkt werden und in diesem Sinn auch ihr Freiheitsempfinden. Dafür müssen die Schulen und Stundenpläne verändert werden und die Art und Weise, wie man Kindern und Jugendlichen etwas beibringt. Dann werden die Schwierigkeiten, die sich auf die Konflikte in der frühen Kindheit beziehen, ihre Übergangsobjekte finden und nicht auf Symptome verschoben, die der Gesellschaft schaden und von allen Mitgliedern der Gesellschaft mitgetragen werden müssen.

Sachregister

Quellenverzeichnis

Über die Unsicherheit der Eltern in der Kindererziehung, *L'École des parents, 1979*
Die aktuelle Situation der Familie, *Jeunes femmes, 1961*
Die Erziehung in den ersten Jahren ist unauslöschlich, *Revue Notre Dame, 1988*
Probleme der frühen Kindheit, *Mit freundlicher Genehmigung von Francis Martens und Rachel Kramerman, 1949*
Die Ernährung der Neugeborenen und die Entwöhnung, *L'enfant et nous, 1950*
Damit aus dem jüngsten Kind kein »kleiner Nachzügler« wird, *Femmes françaises, 1946*
Konflikte zwischen Kindern in ein und derselben Familie, *Femmes françaises, 1946*
Meine kleine Tochter sagt zu allem »Nein«, *Femmes françaises, 1946*
Die Sauberkeitserziehung aus ungewohnter Sicht, *Femmes françaises, 1947*
Schlafstörungen, *L'École des parents 1952*
Das Kind und das Spiel, *Mit freundlicher Genehmigung von Frances Martens und Rachel Kramerman, 1987*
Der verbale Austausch mit den Jüngsten, *Parents 1979*
Die frühe Kindheit verstehen, *Readers Digest, 1979*
Gewalt ohne Worte, *L'École des parents, 1984*
Die Entdeckung der Wirklichkeit bedarf eines regen Austauschs, *Parents et maîtres, 1980*
Die Aggressivität beim Kleinkind, *Pratique des mots, 1981*
Die Krisen der Kindheit, *Mit freundlicher Genehmigung von Francis Martens und Rachel Kramerman, 1947*
Die Rolle der Erziehung bei der Entstehung der sexuellen Identität des Kindes, *Mit freundlicher Genehmigung von Francis Martens und Rachel Kramerman, 1975*
Vier Jahre alt, *Nos enfants et nous, 1979*
Der Einfluss von Tieren, Steinen und Pflanzen auf die Psyche des Kindes, *L'École des parents, 1953*
Wie ein gewöhnlicher Abiturient kriminell wurde, *Esprit, 1949*

Magie der Kindheit

Richard Lewis

Leben heißt Staunen

ESSAY

Von der imaginativen Kraft
der Kindheit

BELTZ
Taschenbuch

Viel zu oft wird die reichhaltige Phantasie und intellektuelle Erfindungsgabe von Kindern nur als vorübergehende Erscheinung angesehen, die keinen oder nur wenig Bezug zum späteren Lernen hat. Richard Lewis dagegen zeigt mit Texten, Gedichten und dem Spielen von Grundschulkindern auf, wie deren imaginative Fähigkeiten den eigentlichen Antrieb für jegliches Lernen bilden. Fern davon, »nutzlos« zu sein, stellen sie die reichhaltigste Quelle jener Welterfahrung dar, an die jeder Unterricht anknüpfen kann. Darüber hinaus spiegelt das kindliche Denken, wie es in diesem Buch auf wunderbare Weise zum Ausdruck kommt, Werte, die uns als Erwachsenen und unserer Kultur im weitesten Sinne verlieren zu gehen drohen.

»Irgendwo in der Kindheit wurden wir zu Wurzelgräbern, die den Dingen auf den Grund gehen wollten, begabt mit der Fähigkeit, aus dem Reich des Unbekannten wieder an die Oberfläche nachvollziehbarer Tatsachen zurückzugelangen.«

Richard Lewis
Leben heißt Staunen
Von der imaginativen Kraft der Kindheit
Beltz Taschenbuch 2, 144 Seiten
ISBN 3 407 22002 2

BELTZ
Taschenbuch

Kinder verstehen

Dieter Baacke

DIE 6-12 JÄHRIGEN

PÄDAGOGIK

EINFÜHRUNG IN DIE
PROBLEME DES KINDESALTERS

BELTZ
Taschenbuch

Kinder zwischen sechs und zwölf Jahren, – Schulkinder, Medienkinder, Kinder zu Hause und auf der Straße, spielend und lernend, kreativ, emotional, neugierig, manchmal schwierig. Wir wissen einiges über sie, und doch ist es kaum möglich, einen ganzheitlichen Begriff von Kindheit zu bekommen und Kindern wirklich angemessen zu begegnen. Indem wir das eine hervorheben, schotten wir manches andere ab. Dieter Baacke fügt unter pädagogischen Gesichtspunkten zusammen, was es an Aussagen und Wissen über die Kindheit gibt: informierend, lebendig, manchmal erzählend. Sein Buch hilft Eltern und Pädagogen, Kinder zu verstehen und unbefangen zu erziehen.

Dieter Baacke
Die 6–12jährigen
Einführung in die Probleme des Kindesalters
Beltz Taschenbuch 5, 437 Seiten
ISBN 3 407 22005 7

BELTZ
Taschenbuch

Kinder sind Philosophen

Doris Daurer

Staunen Zweifeln Betroffensein

PÄDAGOGIK

MIT KINDERN PHILOSOPHIEREN

BELTZ
Taschenbuch

Staunen, Zweifeln, Betroffensein – in vielerlei Hinsicht sind Kinder uns Erwachsenen darin überlegen. In ihrem praxisorientierten Buch beschreibt Doris Daurer anhand vieler Beispiele, wie wir diese Fähigkeiten der Kinder im Unterricht, aber auch schon im Kindergartenalter fördern können. Die originelle Methode, nach der die Kinder untereinander und mit dem Lehrer oder der Erzieherin ins philosophieren kommen, stammt von dem »Kinderphilosophen« Dr. Thomas Jackson, der in Hawaii bereits seit Jahren Philosophieunterricht gibt – dort ist es von Schulanfang an ein eigenes Unterrichtsfach. Ihr besonderer Vorzug besteht darin, daß man mit ihr neben philosophischen Fragen auch ganz alltägliche Probleme philosophisch vertiefen kann, so daß sie sich bei uns auch im Rahmen des »normalen« Schulunterrichts, zum Beispiel im Deutsch-, Religions- oder Ethikunterricht, leicht für einige Schulstunden anwenden läßt. Alles, was man braucht, ist die »Werkzeugkiste für schlaue Denker«, die Daumensprache und die gemeinsame Freude daran, den Dingen einmal auf den Grund zu gehen.

»... empfehlenswert, da es den Blick für ein wesentliches und bisher wenig beachtetes Phänomen kindlicher Welterschließung öffnet.« *Kindergarten heute*

Doris Daurer
Staunen, Zweifeln, Betroffensein
Philosophieren mit Kindern
Beltz Taschenbuch 14, 215 Seiten
ISBN 3 407 22014 6

BELTZ
Taschenbuch